政协商都县委员会 编

第十一辑

商都文史资料

中国文史出版社

图书在版编目（CIP）数据

商都文史资料. 第十一辑 / 政协商都县委员会编.
—北京：中国文史出版社，2024.2
ISBN 978-7-5205-4597-6

Ⅰ. ①商… Ⅱ. ①政… Ⅲ. ①文史资料—商都县
Ⅳ. ①K292.64

中国国家版本馆 CIP 数据核字（2023）第 250427 号

责任编辑：赵姣娇

出版发行：中国文史出版社

社　　址：北京市海淀区西八里庄路 69 号　　邮编：100142
电　　话：010 - 81136606　81136602　81136603（发行部）
传　　真：010 - 81136655
印　　装：廊坊市海涛印刷有限公司
经　　销：全国新华书店
开　　本：787mm×1092mm　1/16
印　　张：21.75
字　　数：282 千字
版　　次：2024 年 9 月北京第 1 版
印　　次：2024 年 9 月第 1 次印刷
定　　价：68.00 元

目 录

报海钩沉

本节收录的内容为 1936 年至 1937 年全面抗战爆发前各报刊发表的有关商都县的报道。其时，商都作为日伪进攻绥远的最前沿，经历了复杂的斗争。

绥远通讯　阴晦丛集的商都

天津《益世报》记者

　　这是上月底天津益世报记者到商都视察后的通讯，现在虽已经是明日黄花，但是读者们对于这一片落到敌人手里去的国土，一定想知道一些其中的情形的，所以把它转载在这里。

　　因察匪暂时无力亦不敢反攻，而沉寂了多时的绥远，就目前说，渐又谣诼纷起，什么匪伪预定旧年前后第三次犯绥，什么匪伪战略将对绥东取守、绥北取攻，显然自相矛盾彼此抵触的情报，逐日不断地传入绥东每个人的耳鼓，当然从事战地采访工作的记者也无从例外，不过消息的传来，一经我们的判断，就令人扑朔迷离，莫名真相。譬如本月23日，此间官方有德王、尹绍先部开抵商都的消息，但同时也有德王将于25日率所部及王英匪部向古北口方向开拔的情报。无论消息的传播，和谣言繁炽，当然总有他所以传播和繁炽的理由，不过像这样同时传来而又极其矛盾的消息，的确令人费解，实有另辟蹊径，设法证明孰是孰非的必要。

　　消息虽沉寂，而又不能不停留此间等待继续工作机会光临的我们，因为生活的无聊，记者久有赴察北一行俾期别有收获的计划，前曾就商于社中，唯因危险性大，来函嘱慎重。月之23日，此间某机

3

关在商都别有公干之某君来访，言明日将去商都以同行邀，经记者考虑结果，认为"不入虎穴，焉得虎子"，决将一切牺牲置之度外，与彼同到商都看一看去。

由集宁到商都，走经大六号及三和堂的路是大道，不过因为其是大道，所以匪方边境设卡，盘查极严，我们为避免工作未尽身先死的危险，是走的到大六号后转经刘五村前往的小路。由集宁到商都的交通工具，在从前日有轿车来往。但是，现在我们已无法享受，原因是时局非常，集宁的车户已根本不敢再去商都，更因集宁军运繁忙，车辆不足，征作军用，即是转走他乡，再则是我们自己因恐招人注意，不敢乘坐，缘伪方对乘车旅客盘查更为严厉。24 日的早晨，天气是那样冷，记者和同伴因为职业和任务的差异，怀着不同的心情，一骑自行车，一骑银白马，去奔向我们的前程。青年人的脑中，只有光明与胜利的追求。记者此行，在别人均为我大大地担心，但自己却一切处之泰然，危险与艰难，根本就未加考虑。沿途前半段是走的与由集宁至红格尔图的同一路线，到大六号折向东北，不平的道路，经常地震荡着记者的车轮，傍卓资山崎岖而过。本日宿住的地方刘五村已在目前，精神为之一振。到后先至一村民家休息，因该处已到察绥之交，我们为顾虑说不定哪位是匪探，为免彼等一旦注意，跟我们到商都，将我们捉去，所以不敢出门，天色方黑，我们就一同睡下。黑暗的室中与同伴静静地研究明日如何对答匪方盘问，各自的心中并默祝此行的顺利。刘五村属兴和县，唯距商都县城只二十几里，村内装有电话，可通兴和，我方的商都谍报，顷刻可由此经县城向平地泉报告。据民众说，在从前该村指导员毕景何君任职时，曾不辞劳，时常的亲自去商都刺探匪伪情况，我方军事，裨益良多，这当然是毕君发扬为国宣劳的精神，令人钦佩；但绥省近年努力造就乡村指导人才，及兴和县各区村电话灵通冠绥东，绥远傅主席和新旧任兴和县长的功绩，尤其值得我们喝彩！

25日，天明了，我们赶紧起来，略略地吃了一点东西，就起身向察北匪伪的根据地商都县小心翼翼地徒步出发。刘五村到商都分明听说是二十几里，但行来总要有30多里，这大概是我们不惯走路的缘故。前行5里到了商都华李桃盖，村极小，因天寒，我们未见一人，不过荒凉之象，以及人心不安的情况，我们在屋外的一切表现上，均可不问自知。被一层薄雪蒙盖了的坎道上，再行经过咸盐海子，走在高阜之上，我们的目的地商都，已在正北低洼里历历可见，我的心情惴惴着，因为我们已到了名为我有而实际正在异族统治下区域，我们国家的力量已不能保护我们了。虽然北途并无一兵一卒，迎头盘问，但不幸而被发觉，那还有什么客气的吗？记得邹韬奋在《萍踪寄语》上曾这样说过："不出国不知道国家与个人的关系重要，出了国代表你的只有国，而无个人。"记者这时的心情与邹极其同感，我们的国家方走上复兴与统一之途，但陕西最近偏偏横出事端（西安事变），前途尚莫测。我们的国家何时再能踏上了光明的坦途，叫我们国民不至于受意外的侮辱呢？当时在行进中的记者，实不胜其感慨。

商都的城是土筑而成，与集宁绝无二致，所多的是城之四角各多一炮台，城门比集宁这稍微高大一点罢了。记者等所进者为南门，门外路旁有大店，但车马皆无，好像向我们报告，集商路阻，行人已稀。靠近城的地亩，看上去有垄有畦，意会大约是菜圃无疑。城门口快到了，记者在情绪紧张中极力镇静，城门口有卫兵7人，服装是草绿色，左袖上戴着红色的臂章，一律戴尖帽，枪倒均是新的。一个正吸纸烟，望天遐想，其余都袖手呆呆地站着。他们全体发言对我们盘问，同伴的对答自有他的一套，记者则扬称在化德县充小学教员，因事赴包头，记者并告诉他们校长是谁。因为我们无有行李，只在我们身上乱搜一阵，仅将同伴身上的一盒纸烟拿去。记者等遂在他们笑嘻嘻彼此抢夺纸烟的声中安然进城。

进城以后，沿土筑的一条马路，直向北走，路旁有片断的民房，当时街上除去尚有几个士兵行走之外，叫我纳闷的是为何这时一个行人也没有呢？荒凉之象，可见一斑。北行40余分钟，到了热闹中心的隆盛街，街心也有"洋广杂货"的布幌，较大一家铺子是裕源魁洋布庄，其余的是恒德茂、义盛兴等几家，商都的精华，荟萃于此，记者等遂按原定计划，食宿于某处。商都现在尚用旧的度量衡，记者曾重去大街到裕源魁假充购货问了问洋布价钱，每尺卖到一角五，比集宁约贵二分之一。

我们不能不佩服某方人干事的精神，他们政治力量到达的地方，就有马上跟着来的经济势力。从前国内有句俗话"凡是有狗叫的地方，就有山西人"。以言经营普遍各地也。但现在五洲之大，虽关税壁垒森严，但哪里不是日货的倾销场？商都南门根刘三拐子院现设日商大蒙公司，完全卖人家的国货，不过以食物居多，因其多甜味，不合上着胃口，销路不多，至其主要业务，系大宗收买胡麻，运回东瀛，并代销大炭，缘大炭自绥省对察北封销后，该地所用者均该公司用汽车每日由张垣运往，现每百斤售洋三元，寒地隆冬，销路畅旺，获利极丰也。

毒化中国这是某方对华的策略之一。商都自事变以后，鸦片及白面，曾同时公开。后不知何故白面忽禁止售卖，并枪决毒贩二人。现全城有烟馆10余家，伪匪官兵吸者极多，故烟馆俨若兵营，平民瘾君子不敢问津也。

商都向外的交通，以往返走集宁最便捷，自事变被阻后，现仅有某方所办之文林汽车行的汽车来往张垣，现该行在商都南门附近之豫德店设有办公处，唯汽车来往无定，旅客叫苦，交通的不便，可以直接间接影响地方上的繁荣。如现在商都粮店，有粮不能运销，仅能运一点胡麻油出城，其他如仙岛牌纸烟每小盒已涨价至七八分，鸭梨一斤卖到六角四分，京白菜一角一斤，好在商都的民众吃莜面山药蛋已足果腹，这些东西还用他不着。商都的商人们所受的痛苦，已不堪想象，但他们尚能忍痛停留，一则因舍不得抛弃他们毕生精力所经营的事业，二则尚静观事变，希望国军对察北最近有积极的行动，还有继续他们生意的希望，不然相信他们将不约而同地陆续逃回他们关南的老家去了。

满钞是商都市面上现行的法币，不过商民虽通用而均不欢迎，现在每元易我们的法币要贴水在二角以上，这还是零星的找换，百元以上即难于贴找也。商都物价高涨，这也是原因之一，不过在市面上的中国钞票，伪币太多，传系某国大批印发，专在察北流行，商民受骗者比比皆是，山西省钞，在商都前曾极好化用，但近因伪方侦查极严，现在如用晋钞时有被认为谍探一流的危险，所以现在不禁用日见其少了。商都原名七台，在民国七年未建城以前，原是荒原一片，仅在现在的西门外，有蒙人几家，过着游牧生活，及民七后逐渐繁华起来，至事变前人民已增至七八千人，在以往均相信如再有几个丰收而天下太平的年头，商都一定还会日上蒸蒸的，但事变后地方已萧条多了。现城内人民已有五分之三逃往故乡或避入绥境，就记者所见城内空房连比，正可充作匪伪既方便而又不用代价的兵营。匪伪的纪律坏极了，据某君说，匪兵可以随便地出入人民家中，老百姓当然敢怒不敢言，即他们的官长和每日在街上巡查的伪宪兵即遇见亦视若无睹。他们所以视若无睹的缘故，因为自己也是一样行为不便责人，此其一。匪伪多亡命之徒，所以投匪，本想可以为所欲为，如有人加以约束，好比给野马戴上笼头，说不定就要泛驾而弛，甚或有伤人的危险，此其二。"绿虫子一冬就死。"这是商都民众在无可发泄环境中诅咒伪匪的话，意思是说伪匪是绿虫子，不耐严寒，经冬必死也。记者在商都的那一天，据闻，商都只李守信部、尹宝山一师及蒙古保安队一队，王英部则仍驻八台，连日各报所发表的到伪军若干，均属子虚。尹宝山系李守信第一师师长，现兼商都警备司令，他的司令部现住城内东北角裕兴粮店，所部则分驻东门外大营房及城内民房。该部的编制系一师分三团，一团有三连骑兵，一连迫炮机枪，大约共有2000余人。他们现在训练极疏懈，但终日演习实弹射击，却甚积极。该部的薪饷亦颇充裕，经记者的采问，大概每兵一月20元，上尉官100元，少校官160元。据闻尚能按月发放，不过王英等部则享不上同样待遇。所部每团有某方指挥官一人，凡发号施令，系以彼等马首是瞻，因为某日人的跋扈非常，以故李部虽蒙人士兵，也对某方人有极坏的情感。他们常对人说："为什么中国人都那么胆小呢，不敢与他们碰一下吗？"有老百姓告诉记者，当蒋委员长在西安的时候，伪方造了很多的谣言，无论大街小巷，均贴满了许许多多的离奇消息，但至蒋委员长脱险回京，伪方的高级人员，均显出极端的震惊，他们已知道中国再难借一点外人力量来任其欺侮了，李守信前确有投诚准备，但久而无信。记者愿在回集后的今日致意本部，中国已踏上复兴之途，你们如能急流勇退，赶快反正投到祖国的怀抱来，尚不失为国之勇士，如仍执迷不悟，恐将来四海之大，除非你们永远去当人家的地道走狗，国内无君等立足之地矣。

事变后的察北县政，县长虽仍由中国人充当，但已无实际的权力，一切一切的事，均须仰某国的顾问官的鼻息，无论公文的收发，和地方上一切事务的支配，非经某国顾问签署那是不发生效力的。现在商都的县长是朱敏痴，据熟悉他经过的人谈，他是北平的旗人，现年三十几岁，因为稍通一点日文，前年经人介绍到张家口某国领事馆，教授国语，后因那位先生忠于职守，某方也认为他可以利用，察变后即派往张北在地方政府服务，以后才调至商都。朱胸无点墨，在北平时曾与胶皮团员（人力车夫）为伍，方今居然为百里之侯矣，察北的一般政治可以想见。商都县府内共分三科，计总务科相当我们县府的秘书办公室，总理一切，科长为刘荫榛；财务科相当我们的地方税捐征收局，科长为燕青云；保安科相当我们的公安局，科长为孙尔昌，现全城共有警察 40 余人，每天稽查旅店，那是他们唯一的职务，其他则不敢闲问矣。察北各处某国顾问的气焰之高，难描述。如化德县以往的那一位某国顾问，每次出门均佩其八十洋所买的军刀，偶不如意，辄向对方乱砍。当由张垣雇画匠一人与彼裱刷寝室，未悉何处不洽心意，画匠竟在刀下被结果了。化德商会会长某次与彼会晤，竟先赏给耳光数个，但旋又约请该会长晚餐，居心不测，举止尤令人啼笑不得，但结果彼因一汽车司机与德王不睦，始被调他去。商都县现有某国顾问 2 名，他们的态度比较尚文雅，不过他们在商都虽有鲜妓十数人和潇湘院的土妓，但仍令人寻找华人良善妇女陪宿，以侮辱国人。商都的教育原极可怜，仅男女小学各一处，以一县之大，就教育而论，确尚不如平地泉附近之玫瑰营子的一切设施。现男校有地方人士公举王子峰先生维持，女校由张如九先生负责，共有学生 200 人上下，唯从前的教科书全数奉令焚毁，将来教科书将由伪教育部颁发。现在过渡时期，系暂用油印讲义，小学 10 岁以下的儿童也添上了日本语。人们常说，现在列强亡人国家，是以武力为前导，经济为骨干，教育为基础。武力所以压迫使你就范，经济所以榨取令你依托，教育所以麻醉叫你愚昧，人家在察北已处处用心，已在教育上愚昧我们的民众了，同胞可不猛醒！

记者在商都共计停留了半天一夜，一切蒙友人的照拂，所写的一切材料尤赖某君多量供给，因为记者初不料到商都后竟连秘密的活动，也如此的不易。26 日上午，记者绕经商都西门回集，同伴因在商尚有工作，未偕回。归途无可记，正午到了刘五村，好似孩提失迷重获慈母，有说不上之安慰，稍事休息，遂鼓余勇乘车在夜幕重重中回到了平地泉。

（原载《黄县民友》1937 年第 5 卷第 6—7 期）

傀儡组织统治下的商都农民

任子寿

任达之（1910—1989），曾用名任子寿，1910年生，山西阳高城关镇人。1938年7月参加八路军，1939年1月加入中国共产党。抗日战争时期，历任察绥游击军支队政治处主任，晋察冀军区察绥游击队政治队除奸科长，晋察冀边区应（县）山（阴）联合县县长、公安局长，晋察冀军区五分区供给处副处长、处长。解放战争时期，任晋察冀军区四纵队总兵站站长，北岳行署供应部长，晋察冀军区三兵团二纵队代后勤部长，中国人民解放军二十兵团六十七军后勤部政委。新中国成立后，任第六十七军后勤部政委，华北军区空军后勤部部长。1955年为解放军后勤学院学员。1957年毕业，任北京军区空军后勤部部长，1970年任北京军区空军副司令员。1978年任北京军区空军顾问。1983年离休。1955年9月被授予空军大校军衔。获二级独立自由勋章、二级解放勋章。1988年7月获独立功勋荣誉章。1989年9月28日在北京逝世，享年79岁。

——编者注

察哈尔北部的商都，在过去是被人们叫作我们阳高的殖民地的；因为在它的所有人口的构成上，由我们阳高迁往那里垦殖的农民和往常旅居的手工业者以及小本商人等，占了绝对的优势，而且掌握着地方经济大部的实权。它虽不能说是察省的一个商业中心，但因为它拥有广大而且肥沃的土地，所以成了察省粮食出产——以麦、黍、豆类为大宗——最丰富的县份之一，同时也可以说是我们晋北各县粮食供给的一个泉源。可是自从民国十八至二十年，连续受了三年旱灾的打击以后，农村经济就急剧地衰落了，而且，自从去年奉送给敌人，划成傀儡组织的领域之后，农民大众更开始尝着亡国奴生活的苦味儿了！

掠夺粮食东方的恶魔

我们的"友邦"，为着要完全独占被占领地的经济起见，对于商都第一步便实行了经济封锁的政策。本来，一般农民们为了还债、纳税等的紧急需要，往往在秋收后就不得不出卖大半粮食。但在粮食充斥的本县市场内，谷物的价格是非常低下的。所以他们往往运往省外求得比较高些的价钱。可是，因为某国积极准备战时粮食，便禁止粮食外运了！同时，用着两种掠夺方式来努力收购农民的谷物。第一，农民要出售粮食，都必须售给他们指定的粮食买卖机关：在低得不能再低的价格之下，强迫收买，还用大斗小秤来残酷地折扣你一次。比方：古历八月间运至晋北、阳高的每斗麦子的价格是一元五角七分，除每斗二角的运费外，剩余一元三角七分；这里却只能卖得八角二三分。农民们明知吃了大亏，但是在淫威之下，只好紧紧地捏着拳头，带着愤懑愁苦的面孔走回去。其次，便是用政治权力征派粮秣，那简直和强盗的掠夺差不多。那些效忠恶魔的伪官方，确是令出法随，丝毫不苟；如果你交纳略有延宕的话，立刻就有伪组织的警察光临，一条绳子拴了你去尝那铁窗子的风味；甚至于给你戴上一个"反动分子"的头衔，置之死地。还有当地的驻军，随时下乡打着"剿匪"的旗号，搜刮农民的粮食做马料，同时并假借着搜贼的名义，劫掠农民的金钱衣物！

抽取重税强迫种烟

在恶魔的铁蹄没有踏入商都以前，汉奸卖国贼便到处赞扬恶魔的王道。"东三省，重见天①，买卖、种地不纳捐。"这是农民们受了汉奸的愚昧宣传后，时常可以听到的几句时髦谚语。可是自从恶魔的铁蹄深入这里和傀儡的组织实现了以后，不但未曾减轻了他们的税捐负担，反而益加苛重了！固然，表面上打的是免除杂税的旗号，然而实际上却把旧名目去掉，又翻出许多新花样来；什么建设捐呀、筑路捐呀、飞机场建筑捐呀，就是畜牧也迫令登记纳捐……因此，农民们负担的税捐，每顷地比从前加重了 2 倍以上。每逢丘八老爷下乡收捐，一般无力交捐的农民，受打挨骂，当然必不可免的了。甚至奸污妻女，翻箱倒箧，稍微值钱的东西，都被掠夺无遗，有耕畜的牵走耕畜，无耕畜的便带你到县追收！在苛重的税捐之榨取外，还要强迫种大烟。据官方规定，每百亩田，要种大烟 5 亩；不足百亩的，按百亩种 5 亩的比例折算；百亩以上的照例递加。每亩抽烟捐 5 元，在播种前预先缴纳，不许不种；如果发现已纳捐而未曾种烟或少种的，即给你一违背法令的罪名来惩办你。这样，耕地面积的缩小，谷物收获的减少，黑籍同胞的增多，当然是意料中的事情了！

傀儡汉奸的丑态

到底还是绅士老爷们格外机敏，手腕高明。在伪李守信部进占察

---

① 天是所谓专制时代的天子"溥仪"，是逊清的皇帝，现在又做了东三省的第一号傀儡皇帝。——原注

北的时候，别县都比较花费点力气，唯有商都，绅士老爷们——汉奸看着国军不能存在，便一翻脸，把他们撵出境外；反过来在伪军一弹未发之前，就前往高喊欢迎，接进商都了。这样一来，他们当然取得了恶魔的欢心，于是县长、科长、局长等等的位置，也都是让他们这些人补缺接充：恶魔只派来一位高等顾问官和几个指导官，分任各机关的指导职务。傀儡剧的人物配定以后，就让他们到前台表演了！

这一场傀儡人物，确是善歌善舞的名角，对他们的后台老板——顾问和指导——真能比别县格外要好。对同胞极尽残害之能事，对异族则屈意招谀。初来的一位高等顾问官，感到腰包有点太小，上峰又委来一位两位来和衷共济了！

这些绅士老爷们——汉奸——固然在地方经济整个被恶魔统治的场合，有时也要受一点损失；但他们有的是部分的政权，他们可以加紧向农民剥削；他们强役农民给他们种地，不但不给工资，并且终日几乎不得一饱；甚至还要特别的延长劳动时间，使农民们饿着肚皮工作，有时还得挨打挨骂。其次，如果知道某人还有点稍微值钱的东西或者几亩土地，便假捏文契，诬赖借债未还，来强行没收了！此外，如税捐的额外勒索，伙同浪人设立俱乐部——里边吸鸦片、食白面、押宝、摇花会，甚至兼管典当，赠送大烟土……简直是无恶不作！

你如果吃了他们的亏要和他们讲道理，可是司法官还是从前的检验吏擢升上去的，你想这样傀儡，懂得个什么法律、什么公理？使你们打官司伸不了冤，还是小事儿；有时甚至被他们在穿木屐的顾问官面前说上一句你是反动分子和土匪的话，那你杀身之祸，立刻就要光临的了！

征兵与拉夫

东方的恶魔，现在又开始进占绥东了，商都现在成为进攻的重

13

要根据地了！所以备战的风云，一天紧张一天；而补充兵力和进行战事，也特别起劲儿，因为商都是进扰的后方根据地，商都的农民们又大倒其霉了！最得宠的汉奸李守信既要招募新兵，后进的汉奸老匪首王英又要重整旧部：所以各派出许多贴心走卒，到处游说号召。可是大批的增兵谈何容易？能有多少甘心做敌人的鹰犬以攻打祖国而入伍的人？结果，他们唯有抽拨壮丁，强抓青年，只要一拉进他们的营门别给换一套服装，一个兵就算给你补上了！此外，还有些爬不上台的准汉奸们，也趁这个机会来愚弄乡民，诱惑无知，凑合三五十个人，以作进见之礼，投在汉奸能手的门下，图一个小扒狗儿做。其实恶魔能够这样宽宏地容纳，无非是为实现他"以汉制汉""以蒙制蒙"的一贯主张罢了。

其次，除每日正式征调数千的民夫外，还要下乡去拉，临时乱抓，驱到指定的地点，掘战壕、筑炮台、运送粮秣。只发些很少的食粮，你如果工作不力或迟慢的话，那拳头和木棒的滋味，总要让你尝个十二分的饱！所以民夫们也有因饿急或用力过劳而倒在战沟的；也有因掘地洞被土塌下来压死的；更有因不胜其苦逃走而被抓回来乱棍击毙的。近日战争空气更紧张了，恶魔们更强迫他们不断地运送大批的军火到前线去，同时更加紧地勒令民众代烙饼干，并征大批的车骡来听候差遣。这样，我们中国的农民同胞，便抛弃自己的家事和农事，被驱使着供他们这些恶魔牺牲，来和自己的弟兄同胞残杀，抢掠自己的土地！

（原载《中国农村通信》1936 年第 12 期）

商都重光

《大公报》社外战地通信记者陈幼谌

由平地泉出发

为参加全民族复兴工作而生活在国防最前线的人，随时都希望有个突发的环境，和前进的路子，使自己整个精神和生命有所寄托，及充分活跃的机会。

到了红格尔图，深知伪蒙匪军之不足惧。百灵庙、大庙克复后，而益信敌人策动之结果，决不能动摇我蒙疆，侵略我边陲，其所必欲实现的"大陆政策"之美梦，可以完全打破。

捷报频传，在"八一四"晚上10点钟，于国军英雄壮烈的牺牲之下，商都终于克复了，令人非常兴奋。查商都自沦陷到现在，计日恰为一年七个月零十二天。没有了祖国的同胞，一旦重见天日，无不额手称庆，感谢政府。

避免敌方飞机轰炸汽车，记者与骑兵第一师司令部李军医长，经10余名护兵的照料，遂于15日晚10时，由平地泉出发，那正是商都克复后的第二日。

夜卧朔漠之野

平地泉去商都，由东门出城，过霸王河到大六号 60 里；转东北入兴和县境，绕哈归庙 60 里，入商都境；再 60 里而达商都城。旅程之全长共为 180 里。平时汽车通行无阻，至多三小时半，可以直达。但自军兴以来，汽车未得稍息者，已整个三夜了。司机弄得有些模糊，甫出东门，拼命一跑，不知把车朝什么方向开去了；待开回来时，道已错出很远。

"人"的功用，也是与机器一样的吧，机器使用时间久了，应当修理或者"加油"。人工作到一定程度，也应当使之休息，或者吃些东西。这是物理学上最普通的原理。总之机器使用过度不灵，人工作过度，免不了出乱子。

所以掌握我们全车生命安全的司机，虽一再叮咛之余，过大六号未久，终于把一辆笨重的大汽车，又硬给开到与道无关的土洼里去了。汽车的偏差，距洼底仅有尺许的深度，便要翻过来看车腹。只得派人在四五里外的村子去，邀请老百姓从睡梦中起来合力抬车。

记者既不能参加起车，乃走到一边，裹了毛巾被，以朔漠原野做帐幕，就麦林而高卧了。

错在没有"灯号"

在星月模糊的天幕下，寒风唏嘘的氛围中，兀自高卧于大自然里，这孤独的心，而生孤寂的想象。以为一个有灵魂的青年，是绝对以其身参加抗日救亡工作的。现在全民族已一致踏上抗日救亡之路，当引为慰藉。同时更应该检讨自己，是否可以做一个抗日救亡的战斗员。假若羞愧的话，汗和泪会自然地从内心激发到体外来。

汽车猛然发射出两炬怒光，一声长啸，笨重地拖着疲乏的轮子，继续前进。检视时计，已是16日午夜2点半钟了。

论任何事业和工作，我们要使之生出一种力量，须有精密的组织和详确的计划，否则会发生不必要的损失。

比如我们的两辆汽车，开过齐大庆以后，发现相对而距离较远的一个山坡上，有二三十辆汽车，发出雄伟的灯炬，先是在关电灯，嗣即莫名其妙的没有了灯炬，俱停止进行。当令护兵乘车前进，以观究竟，未几亦停止，始终不能判断是自己汽车，抑或是敌人的汽车。相持甚久。天将拂晓，谁亦不敢保险。只得使之"开倒车"，其顾忌有三：一是我们的车中满载炮弹，为骑兵送接济的，战士没有了炮弹，无异失掉灵魂，我们当然重视；二是前敌指挥官的行辕距此后方不远，敌人采用拂晓攻击，乃军事上之惯例；三是商都克复后不及二日，行前未接商都电报，敌匪是否有反攻的能力，不得而知，由此三忌，乃"开倒车"！

可是我们的汽车，开到一座堡子去以后，便发现迎面而来的汽车正是我们自己的，都是从商都装运战利品——汽油而来。因此深觉管理军事交通的人，以后应替"开夜车"的设想，使之永远没有"误会"，无妨每天给汽车规定划一的"灯号"。

到 了 商 都

汽车翻越了两重山关，渐次可以见到殷红的血迹，和军装的碎片，呵！战士的血，民族之花呀！此时的心凝重了。对前左右三方，凡是目光可能接触的任何东西，都予以特别注意。

"商都到了！"同车的人，都显示出一种紧张的情绪，与得意的风格。因令司机把车开得缓些。天已明，一切景物正浴于晨光熹微中。

商都为"察北"多伦化德等九县局之一，原为内蒙古牛羊群、马群于六、七、八台王公地。城在七台旧址，筑土为城，宽一丈二尺，深一丈，周围四千步。在察哈尔省西北极边。东与张北、康保接壤；南界"绥东"之兴和；西北仍为内蒙古之贡红沟，与退狐神庙等地。县境东西宽120里，南北长160里；面积约为18000余方里。地势平衍，无高山大川。

民国二十四年冬季，日关东军在策动所谓"张北事件"之后，策动热河伪匪李守信军进攻沽源、宝昌。未几我商都驻军张书田部骑兵亦被迫离开。自是我商都县641村，11495户，62299男女同胞，遂亦失却祖国的保障，被加上个"亡国奴"的徽号。于是察北各县局完全为外人势力所有了。

能牺牲的代价

车入商都，道经南门，转到县府街以后，可以看见很多的行人。我们的同胞，我们的战士，都显示出一种欣快的颜色。衬出新的有生命力的活气，笼罩着整个的商都。

国际间只有民族战争，壮烈而伟大；只有为民族战争而牺牲的战士，才有意义和价值。死得其所，虽死犹生。

由平地泉出发之前，知道进攻商都，有骑兵第□师，骑兵第□师，陆军步兵第□□旅，及炮兵等部之各一部，在彭□□师长指挥之下前行攻击，为操必胜之券，故在步兵方面，牺牲最烈，颇能为民族战争放一异彩，值得崇敬。

入商都后，彭（毓斌）所属各部长官都已率部前进，遂先访此次步兵长官旅长董（其武）氏。董为傅作义将军部之少壮军人，长于军事，富于民族思想，记者与之见面仅有一次。平时舆论，誉为祖国未来之将才；与其赞襄戎幕之张参谋长，堪称伯仲云云。

计划收复察北，为时已久。重以整个局势关系，迄未实现。但国家全体性的战争开始了，收复失地，为我全民族共同必由之路。因在绥察方面，决于 8 月 10 日以后，收复察北。绥东由平地泉等地出发，限于 13 日以前，我所有队伍在商都附近集结完毕，开始进攻。

以战略关系，我军于 14 日拂晓，进逼商都城下，步骑炮兵，以密集的炮火向城内射击。时敌匪在城内者，计有蒙古军第二师尹宝山部一师人及蒙古保安队一中队，但合计全数不满一千。可是匪亦早有准备，据查截至 8 月 13 日止，日人田中某某，尚下令尹宝山死守商都，此故匪之第一道防线，承认已大量之军火军队，为之接济，并称将派飞机若干前来助守。因 12 日尹匪会派其心腹密由商都绕红格尔图到十二苏木，晤新编骑二旅旅长石玉山，请先攻化德，彼等在商都不动，伺机反正。唯据判断结果，此种陈说，未必可靠，而来人亦不能有具体保证，当挥之去。另一面而我已兵临城下，尹匪尚未之知也。

白昼攻城，是否有利，不得而知。然事实告诉我们，基于民族复兴，收复失地的场合下，盖无时无刻不可以攻城，虽有万难但不难克服，以求达其目的。14 日自午前 6 时起到午后 10 时止，敌匪以 30 余挺机关枪在城之西北角上凭着坚固工事，向我步兵密射，终赖英勇壮烈，前仆后继的战士，于大炮掩护，骑兵的协助之下杀进城去，克奏全功。是时城内外高呼着"中华民国万岁！""国军抗日胜利！"等口号。遥相应和，声遏云霄，是何等的壮烈啊！何等的伟大啊！是役计死敌匪参谋长以下 600 余人，余在逃。我军伤亡 300 余名。

15 日晨，由商都各界人士，列队恭迎彭指挥官、门师长、董旅长等入城，安抚我一年余以来，被异族蹂躏压迫的同胞，许多年老的国民，莫不热泪盈眶！回想过去的积愤，到今日方得吐一口长气以至欢喜的痛哭失声！更彻底自信中华民国终有打倒日本帝国主义的一天，真是扶老携幼，箪食壶浆，以迎国军了。

入城以后，先是检视尹宝山司令部，除点验各种文卷册籍，清理军用必需品外，方知敌匪确欲固守商都。启视库藏，有新近由张家口运到之汽油 700 余箱，由多伦等地运到之子弹 10 万余发，由张北运到之大炭 50 万余斤。至于军食，以商都为出产粮食之区，刻正计划征收统制运销之中。于是——由董旅长派员封存，作为战利品。

在尹宝山司令部后面，为其公馆。我们发现□□团的大炮的神威，有一炮弹正恰恰射中尹匪寝室侧旁之护兵室，当死尹匪亲信随徒一名，秽血遍地，使尹匪心胆俱裂，遂弃其爱妾二人而狼狈逃去。现其妾二人尚在城内，由我方派兵保护，并送给食品，以彰我宽仁之德。

嗣即在县政府巡视，除县长朱敏痴及翻译官等三名在逃外，余自总务科长以下，均系当初被迫降敌，全留待罪未去，当由董旅长分别亲加抚慰。同时，就近召集全城士绅，公推代理县长，暂维县政。当推定前县府总务科长，河北任丘人刘荫榛代理县长职务，其余各科长，由士绅分别负责，准于暂行留职。当令将县政府之顾问室撤去，所有顾问室之一切文卷封存待查。

其次为日株式会社所分设之大蒙古公司，及商都俱乐部，均行分别验封。惟电报邮政各局之负责人在逃，目前不能继续供应交通上之需要。

当商都沦陷后

察北在日关东军策动结果，而宣告沦陷。由内蒙古之德王与卓世海出任傀儡，背叛祖国。伪设蒙古军政府，及察哈尔盟公署。根据其实际情形，前者为军事的，后者为政治的。商都县因隶于察盟公署，改县政府为县公署，设总务、财政、保安三科。县公署内设县长、科长共 4 人，翻译官及股长共 7 人，三科之科员共 40 人。为囊括地皮，压榨人民之膏血计，以财务科设员最多，占科员全数二分之一。

县公署之县长办公室，又为日籍顾问室，凡关行政者，事无大小，顾问有最后决定权。一切文件须经其签字盖章，方能发生效力。商都克复之日以前之日籍顾问，为朝场秀二与尾坂武雄。此二敌匪，当推朝场最富于政治手腕与殖民经验。其态度之和平及措施之迂回，颇能麻醉县公署一般中上级职员及其平日所接近之士绅。至今竟有称道其贤者，殊堪痛恨。

县公署之任何册籍，均用成吉思汗纪元纪年，简称成纪，现在为成纪七三二年八月。

日株式会社，在商都设大蒙古公司，其目的与作用，对于出产之运销，规定物价，包买包卖包运，调查商都全县之生产量等，要之为日本军阀后面，统制农工商各业之总机关是也。

其次为俱乐部之设立，表面为招商承办，实际亦归大蒙古公司经理。提倡嫖赌烟酒，毒化一般善良人民。开设未久，每日可得捐税三四百元，不到数月，其全部经营所得，常在六七万元以上。青年同胞沾染此种恶习，如不能自拔，无异断送祖国之生机。日人之阴狠恶毒，令人不敢想象。

城办之商会、公安、电报、电话、邮政各局，均有日籍指导员插足其间，任各该会局之指导，并将旧有一切交通行政组织，一律改变成与伪满洲国所通行者一样。有电话局田局长为河北省人，原由涿鹿调商都，商都沦陷，彼坚决与其职务共存亡。一年余以来，受尽指导员之凌辱压迫，其所过生活，为指导员执劳役之生活，取烟送茶，未敢或慢，稍不顺意，动辄得咎。此次我们在商都见面时，彼涕泪交流。讲述亡国后公务员之惨痛，不忍卒闻。

商会被支配后，遂通令所有商号，通用伪满洲国之中央钞票及铜制辅币。计钞票有五角、一元、五元、五十元、一百元等六七种。辅币有五厘、一分者数种。现在商都既经克复，关于金融之改革，应是一切首要问题。

教育方面，城区男女高初小学校所用课本，均系伪满洲国文教部所编订之课本，其中完全为歌颂日本皇室与日本军阀者，其词句充分显示奴化性。至于人民所受之痛苦，一种是捐税之压榨，一种是兵匪之劫掠。商都全县捐税，计有 79 种，如所谓阿片税、阿片印花、禁烟特税，各种附加、罚款，税外收入，俱乐部捐等，每半年度之收入，为 88130 余元。商都实在人口仅有 36000 至 40000 之谱，合计每人每半年在正式规定之捐税额下，应有三元以上之担负。至兵匪劫掠，为害之烈，更无论矣。

查商都位于察北之西，密接绥东，为察北伪蒙匪军之第一道防线。为图长治久安计，伪蒙自背叛祖国以后，无日不在招兵买马积草囤粮之环境中挣扎，并企图扩大地盘。自去年 7 月以后，王道一匪军奉伪命开到商都，正值人民收获时期，以进攻红格尔图为借口，到处劫掳，欲其所欲为。

9 月初王英又在商都编练军队，强令各乡供给草料及摊派车辆，损失较王道一时更大。及至 10 月，王英军队编成，察北各匪军，准备进袭绥远，云集商都，抓车征夫，城乡之交通因以断绝。山西之石炭不能运入商都，各乡之食粮不能运往城内，以致每一小车牛粪，平时卖五六角钱者，遂一跃而涨至四五元，米面更贵。人民至此，生活困难已极。

11 月以后，王英军与蒙古军第八师包悦卿部，先后在绥边溃退，道经商都，奸淫劫掳，任意横行，衣物银钱，被劫一空。乡民窖藏粮食马铃薯等皆被匪军掘出，饲喂马骡者十之二三，糟蹋抛毁者十之六七。人民受害之重，无过于此矣。

国旗飘扬在商都

因自己职务关系，在商都只能留住两日。行前曾一再访问县政府及学校。嗣应刘代县长及各士绅之请，与沙茫同志为商都各界会同组织了一个"商都县民众庆祝国军抗日胜利大会"，照内地开会法，拟了一个开会秩序，规定了全县即日悬挂国党旗，推行党歌，制定标语、口号，撰了商都县民众庆祝国军抗日胜利大会告民众及敬告前线抗日将士书两种。会定8月20日上午8时在城内马王庙戏楼广场举行，可惜记者18日午后筹备完了，就要离开。据说，日本人到商都后，限制各机关及商店一律将中国之国旗与党旗及总理遗像烧毁，改悬日本旗与蒙古旗。但除总理遗像，确已无从求得外，原有之国党旗，商都城内几每家都存在。当记者离开商都时，我中华民国之国旗早已飘扬在商都了。（商都克复之第六日在平地泉发）

（原载《大公报（上海）》1937年9月5、6、7日）

商 都 通 讯

霭 士

霭士即纪果庵（1909—1965），散文家，历史学家。原名纪国宣，曾用名纪庸，蓟县（今天津蓟州）人，1933 年毕业于北京师范大学国文系。曾在宣化师范学校任教，抗战胜利直至新中国成立后任苏州江苏师范学院（今苏州大学）中国史教研室主任。纪果庵自 1935 年起就在《宇宙风》《人间世》《中流》《文化建设》《文学》等杂志发表散文和纪实性文章，并根据自己的见闻和调查研究撰写了《察哈尔与绥远》一书，是研究察绥地区近代史的重要资料。曾是沦陷区知名的作家之一，与散文家金性尧先生齐名，有"南金北纪"之称。

——编者注

自从我们的军队攻克百灵庙以后，在全国人心里已显然造成一个新的观念，他扫除了过去畏葸的态度。我们深切地明白了自己的力量，深切地知道了民族战争的最后胜利将归谁属，这真是划时代的战争啊！近日报纸消息说绥北匪军虽数度反攻，但我军终于扫荡了他们的残余势力，不久也许就会出兵绥东进而收复察北，甚至打进热河省以及长春伪都，痛饮黄龙，也不是什么幻想的事吧？

当绥北战争发动以先，敌兵的目标原系绥东。绥东的要镇，足可控制四方的要算集宁。所以他们打算分两路向西进迫。一路自商都迫陶林，由王英匪部担任；一路由张北迫兴和，李守信部担任，而最终的目的全在集宁。攻陶林的一路，目标在先取红格尔图。红格尔图在土牧尔台东南50里，土牧尔台是内蒙古汉蒙交易的最大市场，北至滂江红木，南通集宁，为平滂路线中枢，往外蒙古必经的要道，位于陶林东北。红格尔图附近是肥沃平原，乏险可守，人民多以种植为生，有天主教堂，故多信奉天主教。今年夏天，匪军王道一部首先向此地攻击，结果被打败，王匪个人也在商都被他的主子枪决。11月中旬的战事在绥东那已是第二次了。红格尔图的驻军是傅作义部董其武旅的四连人，势力很是单薄，王英匪部的大本营在商都城西20余里的达拉村（大拉子村），有日方的飞机约十架，并由商都用骆驼输去子弹共百余驮，载重汽车尤多，有某籍军官在里边指挥一切。11月13日，当地大雪蔽天，某方飞机结队向红格尔图前线侦察，匪部亦全部出动，向红格尔图进袭，但因风大雪厚，飞机在上方迷失道路，未能飞至红格尔图上空，便将炸弹掷下，计每机带炸弹六个，全都抛在匪部自己的阵线中，死人甚多，这也可以说是天不亡我了。次日，匪军约一团人携带犀利火器，进攻红格尔图。因为在夏季受了王道一匪部进攻的教训，故红格尔图附近掘有竟约丈余的壕堑。据当地来人云，匪部进攻时，战沟上全铺着木板，故他们得以顺利地通过，及至进到里面，只见到几个衣服褴褛的老头子，被他们抓来遛马，所有村中住民，大部逃避一空。有的人家中还摆着尚未用完的饭，好像是一听到匪军攻入的消息，就仓促逃走的一般。故而匪军非常欣幸，以为兵不血刃而占有了这块土地就全部开入。正在大肆搜刮和找房休息时间，忽从村堡四周跑出埋伏的晋军，一起包围上来，用机枪和手掷弹向他们猛射，匪军措手不及，什么也顾不得地向外拼命逃走！但当他们走近战壕时，才知木板早已撤了，于是又狼狈地奔回，自相践踏。这一次一团人中据说只跑回去是13个人！我军完全占了胜利。

王英和日本顾问正在红格尔图附近一小山头上观战，一看形势不佳，才急急乘汽车跑回达拉村本部，也险些送了性命。

11月14日的报纸上曾登载着我军攻克达拉村、破坏匪巢的消息，这事情原委是如此：匪自败退后，锐气大挫，在不补充以前，已是没有反攻的力量。据说忽然这一天，傅主席给他们打来电报，意思是愿意和平退出红格尔图，但须匪军停止攻击。在大胜之后，忽有这种举动，自然是很可疑的。但那些匪军却全然不理会，王英尤其喜欢得屁滚尿流，就在当晚下令全部休息，自己也和某籍军官置酒高会起来。约在半夜时，我军的敢死队以每十人为一队向匪军进迫，全用手掷弹袭击，匪兵们猝从睡梦中惊醒，东西莫辨，只有糊里糊涂地逃命。这一次死的人的确太多了，王英和某籍军官赖苏美龙匪部的保护，得以向东狼狈逃去，当时大约只有苏美龙部约数百人守住附近的达拉沟，还能稍稍抵抗一下，其余的人恐连全尸而死的都少！匪军的军火一百驮，汽车和大炮四门，全部被我军获得。

王英退入商都城，城里的日本参事官也慌了，把重要文件和财物都装上铁甲汽车，预备向东边的加卜寺逃亡。商都的城门都紧紧闭住，不许出入，把一个塞外孤城，造成一片恐慌世界。后来听说我军又自达拉村退出，才只将文件送到加卜寺，人却没有走。

在红格尔图四周的雪地中到现在还满满地陈列着没人掩埋的匪尸，作为野狗的饲料！

红格尔图本是一个小村，只因在军事策略上不取得此处，便不能进窥土牧尔台和陶林，所以才有这两次的战争。村里人既多天主教徒（在口外，天主教要算最有势力的宗教了），大家都有着"殉身"的勇气。这两次战争，颇得教民们的臂助，就是外国籍的神父也在里边指挥，毫无退缩之意，可见公理和正义的力量有时会让人们自动泯除国家的界限的！在另一方面给国军以重大助力的又有绥东五县剿匪司令正黄旗总管达密凌苏龙，这一位能征善战的蒙古老骑士，简直是内蒙古人民的偶像。他的年龄已有 60 岁左右，很长的胡子在下巴上结成一条细辫，看去真是好玩儿。他手下全是蒙古骑兵，蒙古人骑马的技术不是内地人所可比拟的，又加以特别强大的力气和准确的射击，那真是无敌的劲旅。所有口外土匪"绺子"（匪群也），没有不知道"七疙瘩"的，七疙瘩就是达密凌苏龙的别号，说他的本名，倒不见得有人晓得呢。他剿匪时不作兴派几十几百兵前去的，往往只派几个人，不怕土匪是几十或几百的一群，他们只把枪斜背在背上，抓上一匹无鞍无鞯的野马，用袍袖子抱了头，飞也似的向匪人驰去，转瞬间我们只能看到一股烟尘而已。当他们走到匪人切近时，总是从旁边一抱，就将一个匪人拖下马来放在他的马背上，一个人不愁可以抱下三四个的，等他们把人带回时，也不用枪来打死他，只是用手抱紧了腰在背后用生硬的牛皮靴子一踹，这个人便一命呜呼了！

我们听了这种战争，真觉得富有原始人的意味，但就这样，他完全征服了绥东的土匪，无论哪一个村堡，只要插上杆"七疙瘩"的旗帜，土匪是要望风而去的，不管是否真有七疙瘩的兵在里边！

王英部的匪众，本都是临时招募的，除去一部分积年为匪的以外，好些人根本就没受过训练，也没有过放枪的经验，故而一到正式战场上，有好些人只是瞪圆了眼睛呆看，因为他已经吓得傻了。战死的人，大部都是此辈。还有一部分由民间征发而来的大车夫，真是冤枉得很！至于那些积匪，却早已散到各处劫掠去了。刻下，察北已成土匪世界，行旅断绝，居民迁避一空，加卜寺到张家口的汽车已数十日不通，只有商都的汽车还往来，但也时时有受洗劫的危险！而且日本人在张北县检查得非常严厉，凡言语不对，服装不入眼的人，都是立刻拖下去就地枪决，人心惴惴，达于极点，带钱在一百元以上的，也要无条件没收！

商都县城内本有相当的繁荣，察北粮食，大半以此为集散地，山东、山西各省商人在此做交易的很多，大街上栉比的店铺全是粮行，据说从先盛时每年也有 30 万元以上的钱汇出。自匪军占此后，几乎变成死城，近日战事连日失利，城里更入恐怖状态。王英部匪兵白昼随意向商店勒诈财物，不给则继之以抢，米面食粮一律停止外运，非由驻军收买不可。近来听说每家面铺每日要供应 100 斤白面，官价只给七元五角（市价在 10 元以上），商人叫苦连天，但也无可奈何。尤可怕者，自战事发动后，法币一张不见，只有满洲银行的票子在市面流行，商人知道这东西是靠不住的，于是纷纷抬高物价，往往涨上一倍有余。有一个名叫协利生的货店，一天去了一个人拿满洲票子买东西，问他们使不使，他们起初说不使，后来允许打八折，哪知那人正是某国侦探，掏出枪来，就强迫老板上县公署，说他扰乱金融，非枪毙不可，幸而一个科长也是这商店的股东，跪倒地下给那个某国人叩头如捣蒜总算饶了他。但是虽是如此，却使老百姓更降低了对他们的信仰心，无时无刻不盼望中国军队快快到来，好解除他们的痛苦！某国人在那儿宣传得是很厉害的，他们甚至敢说飞机已经炸死了傅主席，可是言者谆谆，听者藐藐，无非更显露他们的虎头蛇尾罢了。况且许多人都偷偷把粮食运到绥东售卖，只要一到那里，他们一点儿困难也碰不见，有高的价钱，有热烈的同情，即是一个愚昧者，不是也会比较一下到底谁对他好吗？察北各地防备的都很疏忽，并没有多少工事，除了热边和多伦一带以外，大都是听其自然。我们可知匪军心里一定以为只要战事发动，我军是要不攻自退的，哪知我们已不是五年前的样子了呢。还有察北的粮食和燃料都非常恐慌，尤其是燃料，当地既不出煤，全是由张家口和绥东一带输送。刻下来源告绝，而且年成又歉收，禾秆也没有多少，在零下 30 多度的气温里，想来他们是没法支持的，有人说若再过一个月，饿也把他们饿跑了！我们觉得最好冀察当局乘这个机会收复察北，想来胜利是可操左券的！

加卜寺本是内蒙古政府的政治中心，且近来因战事发动，德王已回到滂江德王府，军事重心又在商都，于是骤然沉寂下来，只作为军事的后防而已。刻下，那儿汉奸活动得很厉害，最著名的一个名王继周的，原系察省涿鹿县人，曾在中学毕业，为人极圆滑而善交际，察北事变后来加卜寺大肆活动，不久就得日籍顾问桑田的信宠，任他为德化市公署的密探，专门调查各种职员的活动以及当地士绅的状况和知识分子的动向。每举发一事，他都可以得（提成）若干，以故数月以来，被他害死的人不知要有多少！当地人士既怕他又不敢惹他，只好躲避，他却自以写字画为名向各士绅家中请教，于是加卜寺满街都成了王继周的字，绅士们既搪不开他，也只有和他结纳之一道。在军事紧张声中，这类的浑蛋，命运当亨通了罢！

12 月 8 日晨

（原载《文化建设月刊》1936 年第 3 卷第 3 期）

商 都 杂 写

许锡五

许锡五，1923 年在《晨报副刊》发表《国语字母钢笔书写法的草创》，提出罗马字拼音的方案与蔡元培、黎锦熙、赵元任、林语堂、周辨明等掀起了"国语罗马字运动"的浪潮。1935 年前后曾任国民党集宁县党委，后任新 × 师驻榆通讯处主任，1941 年代理蒙旗三青团书记长。著有《零念简集》。氏著《集宁设治县与改县之确实时期》（《大公报》1935 年 9 月 6 日）是研究集宁设治沿革的重要文献。在《向国人谈一谈绥东：一个平地泉人自写》（《大公报（天津）》1936 年 11 月 23 日）中写道："作者关心边疆未开之文化，和初恋自己丰美之经济地理；与夫现在所站国防之地位，都有无限的感触。"

——编者注

匪伪军两次进犯绥东的大本营，就是现在每日腾跃报纸上的商都县。不知道的人，以为是什么金城汤池，大不得了的地方，充其实在，不过是张库间的一个重要台站。现在让我将商都过去和现在的情形，略为介绍给读者。

商都过去种种

东北沦陷、热河弃守以后，对方马上取多伦攻沽源，以达其侵察犯绥的企图，但凡是有常识的人，都知道是这么一回事。他们第一个毒计，是挑拨蒙古同胞，这时候有头脑的人，都避之唯恐不及，只有卓什海不但受人家的利诱，而且还成立什么保安队，作为图谋不轨的根据。第二个毒计，便是要挟将察哈尔改盟，拿盟长作为毒钩。卓不审利害，愿上钩竿，从此引狼入室，愈中毒愈深，以致察北六县完全被敌侵入。其主要原因，可以说是卓一人的罪孽。后来再加以某王的王迷，便中了第三毒计，遂将我察北汉蒙同胞，都给陷在水深火热之中，不幸的商都县，遂落在伪匪手里了。

商都被侵以后，正黄旗总管所在地的十二苏木（红格尔图东南十里），即有某方信使，往还不绝于途，威胁利诱，无所不用其极。所幸达密凌苏龙总管交了些洞明国内外大势的好朋友，毅然决然表明个人拥护中央的态度，这是何等光明而正大的举动。某方见最有实力的正黄旗不为利用，四处收集匪徒，作为犯绥的工具。而商都也就成为崔苻遍野，伏莽潜滋的最不幸的地方。

商都在张库间之地位

说起商都这个地方，原来是从张家口到库伦台站的第七台，所以现在还有人叫七台。民国十九年，范县长才用土板墙筑起约莫有 10 里大的一个土围城墙，留有四个城门，跟集宁城墙大致仿佛。城内不像别处中有十字大街，而商都却取了井字形大街。居室与商店大小约有一千家，大街上洋式门面，大半为有功地方的郭振礼所有。市内交易，以粮畜为大宗，其次为布匹山货等。气候较集宁寒冷，全城燃料太缺乏，除大部分烧禾秸、柴草，牛、羊、马粪外，烧炭者最少。应时小菜亦少。全城内外，未见有大树一株，所见者均系新栽小树。

商都与集宁

商都距集宁，夏天的轿车一日可达。按汽车的里数表135里强，不足140里（人们平常称170里）。不但与集宁交易频繁，就说种地的也不一定。一面在商都经营，一面在集宁经营，十顷百顷以上的大地主是不稀罕的。今年种这个地方，明年种那个地方，没有一定。地主不过有土地权，种地的人，种分收的居其大半。什么是种分收的，就是地主工人分取收成，比如你有土地我有人工，当然交粮纳差，全是地主分外之事。人工、牛犋、种子等全是工人分内之事。一赶到了秋收，分捆子、分粮，各随自便。不过分粮不能分草，分捆子即带着草，因为草即可抵消场面人工的。至于分粮成数，三七、四六都不等。三七者地主分三成，人工分七成，四六呢，不用说地主分四成，人工分六成。如果对半分粮，那就叫伙种，意即合伙种地。地主还得出牛犋、籽种与日用的口粮。在绥东丰镇、凉城、兴和以北，整个集宁、陶林，与察属商都、康保、宝昌、张北等处，除自己经营耕种外，大半都使用这种制度。到了近几年，因为粮价贱，粮差重，往往地主倒了霉，人工倒发了财。说也似乎没人相信，事实上衙门的纳粮、地方的摊差和其他的花销，有时较收得、分收得的总粜价为多，不免就亏蓄了。自去年粮价上涨农村正在抬头的时候，忽被匪伪军侵扰，于是浪人匪徒，大放官烟官赌。不但要草要料，还要鸡要猪，迫令家家夜不闭户，任凭兵匪居住。有不遵者，即以通敌论。并闻种烟不种烟，每亩八元捐，一切的一切，都是混混乱乱。像这样的情形，真是欲哭无泪了。商都的同胞们，竟遭受了这种的灾难，痛心不痛心呢？所谓民不聊生，想就是这个吧。

讲到商都的四郊，东南两门外，都是平川带沙土地。我那年中秋日前后在那里，就看见了许多沙鸡群，使我为之一惊。听说是住在附近的，还看见由张家口往甘州、凉州一带的大驼队，都是从商都城内经过，也就不能不算是一个要镇了。北门外往北七八里略有山坡地，山也不大。西门外约10里有大山，他们都叫十苏木山，与陶林属的红格尔图，正东西相对，出不了20里路，横亘南北，不大连绵，算不上什么天险要地。所痛者，商都既被侵占，我们为种种缘故忍着，哪想到对方一面收匪抢马，一面运粮储械，明目张胆地想不费一兵一卒的攻城略地起来，根本来欺侮我们，我们还有什么话可说？末了有一件最可追述的是当大战正烈时，有飞机七八架前来轰炸，故意在天空停留，表示他们的威风，想不到我们炮瞄准了，吱的一声白烟往上冲，一接触，一个鹞子翻身跌下来，结果了两个人的命。昨天有离红格尔图十里村庄的人下来，谈及他们远远地看见白烟往上冲。飞机着火打跟头，真是何等兴奋。又有朋友昨天接一位排长来函，述及当时击落飞机两架，和全战场守土将士欢呼的情形，我们是何等的兴奋欲狂。写到这里我个人不得不高呼中国防空万岁！中华民族万岁了！（11月25日写于集宁）

（原载《拒毒月刊张垣通讯》1937年第108期）

商都收复以后

梦　蕉

　　察哈尔最西之一县与绥东距离最近之商都，于本月 14 日为赵承绥师攻克以后，同时察省刘主席电告，并有张北在攻袭中，日内可下。李守信接洽反正之语，而据中央社 17 日南京电，谓去年反正之王子修部，已于 16 日攻克南壕堑。该社同日归绥电，谓化德设治局，即日人卵翼之蒙政府所在地者，亦于 16 日晚 10 时，为我收复。17日晚 9 时，并由察军刘汝明部将崇礼县收复。另据该社 17 日保定电，尚义县亦有收复之报。吾人就其地域之关系而论，商都与南壕堑均为敌窥绥东最近之途径，该两地为我所有，则绥东可以安枕。化德设治局，为敌人拥戴傀儡，借以号召之中心，一旦复归版图，则依草附木之徒失其凭借。张北距张家口省垣，不及百里，实具扼亢拊背之势，收复之后，省垣多一屏障，此数处均极关重要。就近日发表之电文而论，除商都收复，经过一日夜之激战外，其余各处，进行颇为顺利。盖以匪伪所部，本在日人迫胁之下，并无壮志，一旦我军开到，觉悟者必自拔来归，依违者亦未必肯出死力。而日人方大举以窥察南，对于北路亦不能竭力兼顾。匪伪既无坚决主持之人，形势不免于涣散，加以察北民军，遍地潜伏，我军既至，内外援应，遂成破竹之势。凡此虽为各方报告所未及，而情势不难揣测者也。察北形势既松，则察南之犄角益固，凡此实与全局有益。目下察北各县之尚在敌手者，为多伦、沽源、新源（系从沽源析出之一县）、康保等五县。康保收复，以大势论，不成问题，而沽源为多伦之屏蔽，多伦又为热河之屏障，长城战役未结束之前，日军即先以支队袭据。塘沽停战协定以后，又为我军一度收复，不久仍复为敌人攻陷，其后又袭据从沽源析出之第二第四两区所谓新源县者，凡此皆在迫退察北防军。一两年之前，日人盖据此以为西进察省，东固热河之阶梯，故我军如欲完成收复察北之任务，必须顾及多伦、沽源。而多伦、沽源，日人视为必争之地，势必以死力守之。盖我军一破多伦，则即有蹈入热河省境，为规复东四省之起点。而战局可以全部改换，至于李守信陷敌最早，上年曾有拟谋反正之说，唯以条件过苛，迄未就绪，致未获与绥远之金石安王葛五部，同时来归，受国民之讴歌，建大功而全晚节。识者惜焉。今当全面抗战开始，祖国安危所系，正豪杰奋志立功之会，邱迟报陈伯之书所谓"见故国之旌旗，感平生畴昔"，李氏其勉之矣。

（原载《新闻报》1937 年 8 月 20 日）

商都的最后一课
——一个小学生的自述

蛰　宁（纪国宣）

　　天气怪冷的，今天又得上学了；老照昨天那样过阳历年，多好！放假，还演戏。李仲去那个日本小鬼打中国人，像透了，我简直有心去给他两耳刮子。呐，可是，今儿个又要坐讲堂上温书了；大考就在五号，听校长说，这回不及格的连降班都不行啦，一直就开除！暑假我的数学才得了五十二分，危险！

　　我今天穿上爸爸的"七月皮"①裤子，还冻得直哆嗦呢！整个商都县都叫雪围严了②，听说达子沟就冻死许多的羊跟骆驼，爸爸这几天也正在唉声叹气，莜麦③面涨到三十个铜子一斤，骆驼这几天也没草吃，饿得直叫。我一边想一边走，街上没什么人，协利生和本生泰两家大糖店还没有开门呢，只有几个蒙古老汉儿，穿着"加登"④咯吱吱的在雪地里走，咕噜咕噜地翻着蒙古话。我的胸口上结了一层薄

---

　　①　"七月皮"是口北七月屠羊时的皮，因为毛不好，往往刮去毛只留革板，乡下人多拿它做裤子，说是可以抵御寒风。——原注

　　②　1936年1月间，口北各县皆大雪，即在此时，日军兵不血刃而占口北六县。——原注

　　③　为口北平民日常食物。——原注

　　④　加登：蒙古人所穿的毡靴。——原注

冰，那是呼气变成的。"哈，今儿个可以的啦！"这是我一进学校大门碰见李仲的第一句话。

课是停了，老师们都在那儿谈笑自如，抽"哈德门"，喝"白毫"①，我们却在课堂上嗡嗡的念了半天书；炉子也不吹，好不容易放午学了，我和李仲、张金堂（大块头，我们叫他"大山药"）、吴灰鬼（协利生吴掌柜的小儿子，没有好心，我们就叫他灰鬼，也有人叫他灰孙子）在大街上打上半天的"滑擦儿"，才把脚暖过来了，吴灰鬼叫我给绊了个大跟头，差点哭了，我心里倒高兴：那回我上他们那儿打煤油去，没有带钱，他爸爸就不赊给我……

中午吃的是莜面卷子，挺香的，爸爸出去了，妈妈还给我买了腌茄子和一块豆腐呢，像风一样我卷完这些东西，就高高兴兴地跑出来，我想，我一告诉他们吴灰鬼让我摔个大筋斗，他们说不定怎么乐呢？

我正和范和计算着算术怎么抄个"小抄儿"，吴灰鬼来了，大家一起向他笑起来，他脸红红地向我说："樊光起，今儿晚上放学你敢再干吗？"我说："灰孙子，怕你吗，上哪儿我不敢去？别看我打煤油你爹跟我那么端架子，要揍你，还不是一锤子一个！"

"你小子不用吹牛，今晚上有你受的！"

"灰孙子！怕不着你呀！"

"哈哈哈……"大家附和着我的话笑了，他的脸更红起来。

"嘟儿……嘟儿……嘟儿……"

"怎么回子事！不是不上课了吗？怎么李先生又吹起哨子来啦？"我们都惊讶着；可又不由己地向院子跑去，体育李先生还在那儿使劲吹，西院的初级生也来了，于是李先生让我们像每天做课间操似的排好，谁也不晓得要干吗，我的前面照例是吴灰鬼，我就拿脚踹他屁

---

① 口北人常吃的一种贱价红茶。——原注

股，他一口唾沫啐在我鞋上。

校长出来了，他站在台阶上，戴着黑边眼镜，和每天一样，但脸色可真不好看。也许生谁的气吧？我心里直害怕。忽然，他说话了：

"今天——晌午——县政府——来公事，事嘞——日本人，——就要，来咱们这，这厢，叫——叫，——咱们学校——出队去，去迎接：——嗳，这事，这事，真是没法子！——好些话，说，说给你们也不懂：——反正我，我们是——没法子！现在，——就让李老师领上你们——出，出东门吧，——好好走，——县长还去呢！——回来——的时候，——也不要——散队！听清楚没有？"

"听清楚了！"

"听倒是听清楚了，可是这是怎么回子事呀！昨天演新戏还喊打倒日本帝国主义呐，怎么今天就欢迎起来啦？"我正一边思索一边瞟李仲，想问问他听见什么没有，因为他爹爹在县政府当"收发"。可是，"立正，向右转，开步走！"李先生已经带我们出大门了。

铺子里的人好像都有些慌张，有的几家门上已在挑着一竿血丝呼啦的红心旗，我很奇怪，为什么挂起这种旗子来，——协利生就挂了一个，走到跟前，才知道是纸的。我们全像闷着气，谁也不敢说话，李先生把哨子吹个不停，"嘟——嘟儿……嘟。"脚底下的雪咯咯地响着，每个人面前呼出一团白气。

东门外是一片雪海，西北风卷起雪花，单往脖子里钻，用旧大车道改修的马路上，连一个车轮子的印迹也没有，只有几团野羊屎和驴蹄子走过的瘢痕，但是，走到半里开外的校场，忽然有一大群人遮断了我们的视线，那些人好像都穿着大氅，有的叼着卷烟，把手插在衣袋里兜圈子。还有两个拿盒子炮的巡警拉着两匹马在溜达，我心里立刻就断定这是县长骑来的。我们的队伍停住了，校长就上前给县长鞠了个大躬，好像说了几句话，但我没听见什么；后来就向别的人周旋起来，其中有一个我顶熟悉的面孔，原来是吴灰鬼的爸爸，协利生的掌柜这混蛋，他也来干吗？

等的工夫很不小了，那几个大胖子虽然还在喷烟圈，可是脸上已经露出焦急的神气来，又过了一会儿，他们全聚集在县长面前，叽叽喳喳的不知道说些什么，县长点一下头，立刻就扯起嗓子叫："李达贵！"

遛马的兵很快地过来一个，大声嚷着"有！"县长吩咐他几句话，就见他骑上马，把腿夹了夹，一直向东跑去，地下的雪花全被马蹄子践得飞起来。

忽然，从冷风里传来一阵呜呜的声音，大家立刻跷起脚来向东望去，打头来的却是李达贵，那马跑得从脊梁上直冒白烟，他还没下马，嘴巴里已经在嚷着：

"来了，来了！"

烟卷都弄灭了，大道两边站着整整齐齐的两列人，李先生狠命吹着哨子，"立正，向右看齐！"我们都像棍子一般直立着。

看得见深蓝色的汽车影子，共两辆，这在我们这还是第一次呢，因为我们只见过从张北跑商都的长途汽车，那神气，坐着并不舒服，可是这回的车可真阔气呀，漆的那么亮！这当儿，县长陡地从口袋里扯出一个血红心子的小旗，很快地装在一支小棍子上，于是就迎风飘起来。

滴——滴——车子叫唤两声，在我们面前停下了，车前面也就插一面小小的红心旗，开车的是一个30多岁的流氓相的人，嘴上蒙着一块白布口罩，深蓝色制服。后面坐着那个，穿着虾米青呢子的军衣和大氅，鼻子底下一撮硬毛小胡子，硬毛胡子下面是两个金牙，鼻子上面是没边的金丝眼镜。领子上有两块红红的领章，他旁边还有一个穿大毛坎肩戴皮帽子的家伙，腰上挂着一只盒子炮，后面那辆车上坐的人多些，好像全有枪，我没怎么看清楚。

小胡子从窗子向外一望，县长赶快上前答话。话，我们是听不清，只见县长和他坐到一起，向我们摆摆手，"咮"的一声，车又开走了。

我们，以及那些胖子们，只有嗅着汽油的臭味，很败气地走回城里来。边走边和李仲说："那小胡子就是日本人呀，你信不？""那一定，瞧着就别扭，咱们也闹不机密（清楚）是怎么回子事，先别瞎说吧，回去咱们问问曹老师。"

想不到一回学校，校长就告诉我们赶紧回家，谁也不许停留，并且把书都得拿回去。

曹老师瞪着眼睛看着我们收拾书，样子很可怕，我几次想问他话都不敢说出来，只得低着头把教科书整理好，搭在石板上，抱着走出讲堂。李仲一面跟我做鬼脸，一面瞟着吴灰鬼。我说："快回家吧，我今天老有点害怕。""怕啥，日本人也是人，我就不怕！学堂也许快散嘞。散就散，我爸爸正不愿意叫我念呢；他说念书还不如在家放羊，倒省一个人的吃喝。"他嘴里叨叨着，我也没理他。

爸爸正在喝酒呢，当我回去的时候。他一生气就喜欢喝点儿，所以今天我准知道他在不痛快。自从大雪围了城以后，粮食贩子只在张北做生意，我们这儿就没人来，爸爸就仗着养骆驼驮脚挣钱的，这些天一直闲下来，骆驼也没得吃，全瘦得皮包骨了，他差不多天天唉声叹气地过着，有时也和妈妈吵架。今天我本想把学堂里的事告诉他的，一看那种神气，就没敢说。

我和妈吃饭——山药蛋粥，忽然学堂的听差老黄来了，他骑着学堂里的自行车，只在门外告诉我说明天照样上学，一定得去，只是不许带着社会和公民两种课本。他说完，又慌忙地向别处去了，我怀了一肚子的疑问睡下来，夜里做了许多可怕的梦。早晨被妈妈叫醒，天还是那么冷，爸爸还在睡。喝了一碗高粱粥，照常抱着书去上学，可是今天没敢带社会和公民课本。我走着，想起曹老师对我们讲过的许多故事来，朝鲜人亡了国不许念本国书呀，十家用一把菜刀呀，德国怎么侵占法国呀……我想我们总还不至于就亡了国吧？因为今天还让我们照常上学，一定不会有什么事。想着想着，已经走到协利生门口了，吓，好大的红心旗子，今天换上布的了，我不禁骂了一句："妈的！"

学堂里静得像座庙，真怪！我走进二门的过道，那儿本是校长室的外间，里屋的门正开着，"樊光起，进来！"这是校长的声音，我立刻到里面去，校长在北面的椅子上坐着，南面窗子下的办公桌边，却坐着昨天我们接进来的那个小胡子，他和昨天一般的装束，只是腰上多挂了一把黑皮鞘子刀，他一旁站着那个穿皮坎肩拿枪的家伙，我很快地向校长行了立正礼，只见他脸上神气更难看了，一句话没说，只用手指着南面："那边！"我转过身去，小胡子就带着怒气地问我道：

"你的，带书来了？"

"带来了。"

"拿过来！"

带枪的家伙把一叠书从我手里拿过去。小胡子把我的书翻了又翻，用鹰一般的眼睛瞪着我，问道："家里还有没有的！"

"没有了！"

"真没有了？你的要说实话！"

"真没有了！"

"叭！"一只肥大手掌打在我的嘴巴上，正是那小胡子的手。

"巴格！小孩子的，就不说真话！到底还有没有的？不说我要打死你的！社会，有没有的？"

"有，放……放……在家里了！"我的眼泪就要流出来了。

"为什么不拿来的？"

"老师——"我看着校长，流下眼泪来。

"快说！"

"老师说今天不让拿！"

"好的！好的！你去吧。"

我退出来，耳朵上还在发烧；泪越来越多，我想哭出来才痛快。

曹老师正在讲堂上转来转去地走着，好多同学都呆雁似的坐在那里，不说话，也不看书。李仲也在里面。我走进座位，偷偷地坐下，照样地沉默着，心里老在嘀咕着：为什么呢？就打我耳刮子？学堂也许不上课了吧？这就要亡国了吧？

又进来几个同学，眼里也潮湿着。忽然，校长进来了，脸黄得简直不像人。他颤巍巍地登上讲台，用变了味的嗓子说：（完全像哭）"今天……我们不上课啦。你们回家去吧……听学校的信儿再来。还有，社会、常识、国文的课本子，不管新的旧的一律都找出来，今天晚上学校派人去收，连带着告诉你们什么时候上学。"

一阵收拾书和石板的响声把沉静的空气扰乱了。我仍旧抱着石板走出来，小胡子已经不见了，我低声问李仲他挨耳光没有，他说耳光倒没有挨，可是那带枪的护兵把他耳朵给揪肿了。"妈的，日本鬼子真不是东西！我长大了一定当胡子去，专打日本鬼子。"他气得脸红红的，我赶紧叫他不要再嚷。

一出校门，街上的样子完全变了，一个人也看不见，铺子门前都有一杆红心旗子在飘着，门可闭得紧紧的。转过十字街，走到米市巷，天主堂的尖顶上挂出三色的外国旗来了，我好像记得这旗子非兵变不挂，那时候好多人都跑到教堂里躲避，大兵就不敢进来。可是今天为什么挂上了呢？李仲和我说："快走吧，你看见没有？教堂的外国旗？"我们俩的脚步不由得紧起来。

在仓道巷南口我刚想转弯往北走，从东门那边忽然开进一大队穿着虾米青色军衣的人来，个子都不算高，皮帽子，皮坎肩，后面还有骑自行车带刀的兵官。这一定不是中国兵，我赶快向小巷里钻进去，可是，"砰，砰。"枪声响了，李仲顾不得说话，撒腿跑起来，我已经迷晕了，大腿在颤抖着，一点也走不动，只得待在巷里，幸好那儿有一家住户的大门，容得下我藏身。我偷偷向东望去，原来是一条狗，因为对他们凶叫着，就被一个兵士打死了，子弹正中在小肚子上，淌了一摊血，肠子也流出来。我心里想：假使那是一个人呢，肠子不是也要流出来吗？还好，我正颤抖着瞎想他们已经踏踏地走过去了。

一口气跑到家，门闭得那么紧，上前一叫，妈妈正在里边等着呢；见了她，我哇的一声哭了。妈妈说："可急坏我了，听说日本兵进城啦，又有枪响……唉，孩子，我以为你回不来啦。看你爹，也不晓得跑到哪厢去了，听，枪还在响哩。"

几阵狗吠声和着几响尖利的枪响，使我又哆嗦起来了。

失魂丧魄一般地度过了这多半天，爸爸到点灯才回来，妈妈直抱怨他，但爸爸说："妈的，我怕个蛋哪，我除了脑袋是产业！你们怕，你们有钱是怎么的？"妈妈一声不言语地哭了。

"当！当！当！"有人很凶地砸起门来，不害怕的爸爸先把脸吓黄了，他叫妈妈出去看，自己却藏在米瓮后面。妈妈只得去开门，原来是公安局派来的人，说，日本兵还没吃饭，每家派烙十斤大饼，以后由商会还钱，谁家不烙就带了走。

爸爸气得什么似的从米瓮后跳了起来，"什么东西，我天天吃莜面，倒要给他们烙饼！要烙饼就发下面来呀！我那点白面还留着过年哩，10多块钱100斤哪！我 × 他们的祖宗的！"

生气也不成，终于得烙饼，妈妈就又忙起来，饼还没烙熟，公安局早催了两次了，说：10点钟以前送到关帝庙，不然就带人。

爸爸挎了篮子去送饼，母亲嘱咐他快去快回，不要到别处去喝酒。他走出去不到五分钟，学校的听差老黄又来了，他告诉我学是上不成了，学堂已经住了兵；把曹老师他们给拘在一个小院里，不许出去。"校长昨天晚上到县政府开会，去了半天，今天气气嚷嚷告诉我说：'把他们的课本子收回来，人家不让念了，明天堆在一起烧。再跟他们说，开学没日子！'"我听完他的话，禁不住又要哭，忍着眼泪把许多旧课本子交给他！我心里在想：就和这些书本永别了吗？唉！之后，我又问他那些兵到底是日本人不是，他也弄不清楚。只知道当官的不会说中国话，而且不吃白面，非要大米饭和鸡肉才行。他最后又说："我看这样子中国是完啦，明儿我也要收拾铺盖回家去了。"

爸爸半夜才回家，把篮子往炕上一丢，开口便骂："什么日本兵，妈的高丽棒子和汤二虎的旧人，只有军官是日本人罢了。真要日本兵来，还不至于这么不说理哩，协利生的吴掌柜，那狗 × 子包办支应局，跟公安局勾着，谁说家家都烙饼？敢情是为的他卖面！听说今儿一晚上他就卖千把斤，哪有什么面？尽掺糠！妈的，让他当汉奸罢！早晚脑袋分了家，养孩子也不会有屁股的！妈的！还听说他要领东开官赌局哩，叫什么俱乐部？带卖大烟白面儿，也是日本人的命令！唉呀！世界翻了呀！"

我又想起吴灰鬼来，什么时候我痛痛快快揍他一顿呢！

夜里我的噩梦更多了！

第二天早晨起来，天气阴得沉沉的。又要下雪吗？我偷偷跑到大街上去，红心旗子更多了，协利生门口挂着"商都县支应局办事处"和"太阳俱乐部筹备处"的牌子。吴灰鬼也许还没起来吧，我啐了它两口唾沫，"呸呸，你妈的！脑袋早晚要分家"。

学校门口有兵抱着枪站岗，刺刀贼亮贼亮的，我没敢走向跟前，只见一块红纸上面写着：

"大日本军驻商都守备队。"

（原载《中流》第 2 卷第 2 期 1937 年 4 月 5 日）

战 报 实 录

本章节选取了国民革命军在商都进行的两场战斗实录，是战后向上级报告战况的原件，具有一定的史料价值。原件保存于南京中国第二历史档案馆。

　　其一是红格尔图战役。参战的是陆军骑兵第一师暨临时配附部队。虽然战报是以全景式的大略描述，但我们从中仍可以看到一些端倪。这是一场击溃战，没有消灭伪匪主力，但趁势光复商都，史称的"商都攻坚战"。与以往一些记述红格尔图战役的史料有些许出入，击落日军飞机以及长胡子达密凌苏龙部参战的经过，在这篇报告中并没有出现。

　　其二是商都天成梁战报，参战的是国军陆军骑兵第七师。天成梁现属兴和县管辖，与我县小海子镇相邻。这场战斗原设计是阻击战，但国军刚接触就后撤，商都及南壕堑、尚义、化德就此沦陷，直至 1945 年 8 月苏蒙联军进入商都。从战报中我们可以看到，商都、天成梁战斗中，国军装备与伪匪差距较大，指挥官固守的决心不大，指挥所远离战场，战斗失败成必然。

陆军骑兵第一师暨临时配附各部队在红根图^①及商都境之土城、达拉村一带剿击伪匪王英全部及尹宝山一部战斗经过

甲、战斗前彼我形势之概要

本年 8 月上旬,王道一被我军击溃后,日人以该匪不足有为,一面将其枪毙一面利用王英为绥之傀儡。因王英为绥人,昔日在五原曾有相当势力,也自 8 月下旬以来,该匪得日人之接济,以商都为根据地积极招收散匪,强迫人民当兵并诱使苏美龙洋烟之利,常子义、石玉山、曹凯、夏三子等股,一面招收昔日国民军及孙殿英旧部如雷中田、金宪章诸人,又收拾王道一余烬如赵奎阁、王子修等,并给以旅团长名义由此呼朋引类等,辗转号召,至 10 月下旬已编有骑兵二旅,均系土匪收编。又有步兵二旅,则多系昔日国民军及孙殿英之旧部,其临时招募与强迫而来者亦多编入步兵中,计其人数已达六千以上(匪部编组及各主匪姓名如附表)。又有日人发给之山炮五六门、机枪七八挺、飞机七架,自 11 月初旬以来,即扬言由百灵庙绕侵绥

---

① 红根图即红格尔图。——编者注

西，以为声东击西之计。却逐次移动于红根图、土牧尔台以东各地区。至 11 月 13 日下午 7 时，方正式下令以占领包头之目的，先向红根图进攻。

本师自前击溃王道一后，即积极作再战之周密准备。至 9 月 15 日奉令，由骑三旅改为第一师后增属第三团。一团更复秣马厉兵，时刻准备出动。其时骑兵六团之一、四两连，由中校团附张著率领，驻红根图。其余由团长张培勋率领，驻高家地。均积极从事构筑阵地与碉堡，对商都方面严密警戒，骑五团在七苏木红帽营子一带，一面筑碉一面对南壕堑、张北方面严行警戒。骑三团在集宁，以待机之姿势集结训练。至 11 月 14 日夜半，接红根图张团附电话报称，我在阳坡村（红根图东约三四里属商都）之警戒哨已与匪接触。次日（15 日）上午 10 时，复接电话，云有匪军千五六百人，由红根图东、北、南三面向我进攻，并由飞机四架向我阵地投弹，其东方高地有炮四五门向我射击。正在通话之间电线突然中断，但已经判明王英匪部系真面目向我红根图进攻矣。

乙、战斗经过

11 月 15 日上午 10 时余，红根图电线断后旋得张团附电报，大意如下：一、我阳坡村之哨兵与匪接触已退回本阵地；二、删早 7 时红根图北面方之小井子、高烟筒及南山一带均发现敌人，各五六人。有敌机一架在我阵地上方低空侦察；三、10 时，敌机七架向我阵地掷弹四五十枚，继以山炮向我射击，其目标在破坏碉堡。至 11 时 30 分，匪步兵即向我进攻，正在沉着应战；四、匪此次攻击激战约两小时，我仅军士一名阵亡，死伤六七十名。得报后并知其他方面尚未发现情况，判明匪系真面目向我红根图攻击。

阎、傅、赵三公处置

一、令高家地张团长率领该团在高家地之二、三两连及机枪一排利用夜晚增援红根图；二、令周团长率该团在七苏木之一、四两连及机枪连进驻大六号，原在大六号之该团第二连进驻乔家地，在红帽营子之该团第三连进驻九股泉；三、以上各部队均于删日下午3时出发限当夜12时到达。

以上各情形曾经删申参电报在案。至下午8时司令赵已由大同到集，乃指示张团附事项：一、全般情况判明后即有进一步具体办法，胜利可操左券；二、张团长已率队前往增援，计拂晓前可到；三、我军人为国守土，此正效命疆场之时，即不增加援兵亦应抱责任牺牲精神，决心死守，即为壮烈牺牲正乃无上荣誉。亟望该团附鼓励将士与阵地共存亡；四、以上各节由该团附切实传知各连长为要；五、张团长进入红格图后即该回报；六、除攻红格图以外之敌是否有西窜情形速侦明电报。

本日（15日），自午间攻击被我击退后不断向我阵地炮击，其步兵经过东山向我进攻数次，均被击退。

下午1时，奉主席傅删午参电："如解决攻红格图之敌，需用步骑兵力若干，何时出动，意见如何仰电复。"当即回复：一、匪虽现以真面目攻我红根图，但李守信部尚未发现，而南壕堑步骑联合之匪千余人有向商都前进之样，为企图在红格图附近及其以东地区与匪速战速决并为顾虑新情况突然发现后之应付预需兵力如下：第三、四、五、六等四个骑兵团，步兵两营，山炮四门、高射炮两门；二、预计铣日将以上各部队齐集，筱日出发。

又以删申参二电请主席傅今晚来集，以便有所禀承。后主席于夜12时余，亦由绥到集。又得红根图张团附报告，黄昏时匪增加兵力及山炮四门、重机枪四挺，向我三面猛攻，数次均被我军击退，匪伤亡甚多，我士气颇旺等情。

16日早7时，接张团长铣一电称，职率队已于铣早2时由西门安抵红格图，即加入阵地防匪。拂晓反攻，士气益振等情。旋又接该团长铣辰一电称，匪军于铣早7时向我东北、正北阵地，以密集队形猛攻数次，经我官兵沉着应战，迨至近距离以冲锋枪、轻重机枪、土炮同时扫射，匪伤亡60余人，匪气少馁，遂即退去。我守备队长张存德及队兵2名受伤，匪仍不断以炮兵向我阵地射击，至9时尚未发现敌机。又下午1时30分，有敌机七架向我阵地东北、正北方面猛烈轰炸，断以步兵机枪猛攻，均被我守兵击退。机枪连排长熊吉成受伤，士兵亦伤亡三四名。东北碉堡被匪击毁上部，但仍能在内防守，刻匪距我阵地约200米对峙中等情。除转报外当即复电：

奉主席傅司令赵面谕，该团守土胜利欣慰异常。并规定自开火之日起如能守至7天，每日赏洋1000元。

又奉司令赵谕，骑四团亦归该师长指挥。命骑四团张团长立即出发来集，限今16日到乌德沟口子、土城子集结待命。

16日上午12时奉到傅、赵命令：

命　令

（11月16日上午11时30分于平地泉）

一、伪蒙军王英及尹宝山部昨15日起对我红根图开始攻击，我骑六团与其对峙中。

二、本军拟先歼灭此股匪部。

三、骑兵彭师长率所部及骑四团附董旅率步兵两团（第四二二团、四三六两团）、炮二十九团之一营及小炮二门以极迅速之手段歼灭该匪，步炮兵均用汽车输送。

四、余在集宁

军长傅作义　司令赵承绶

彭师长、董旅长、张团长、高大队长当即招集所属在集营以上各军官并师旅部幕僚会议，决定以歼灭该匪之目的，利用夜间施行奇袭匪之侧背，务一鼓而解决之。遂下命令如下：

命 令

（11月16日下午1时于平地泉）

顷奉主席傅司令赵11月16日上午11时30分命令，伪蒙军王英及尹宝山部昨15日起对我红格图开始攻击，我骑六团与其对峙中。本军拟先歼灭此股匪部骑兵。彭师长率所部及骑四团附董旅长率步兵两团（四二二、四三六团）、炮二十九团之一营及小炮两门以极迅速之手段歼灭该匪。

一、师以歼灭该匪之目的，向十二苏木一带集结。务于明17日下午10时以前集结完了。

二、董旅四三六团于今16日夜间到丹代沟，明17日下午10时到十二苏木。

三、董旅四二二团今晚先以两连进驻大六号，明17日晚以一连进驻高家地，该两连即负防守警备大六号及高家地之责。其余明17日下午4时由霸王河东岸上汽车，当夜9时以前到十二苏木。

四、董旅附炮二十九团之炮兵一营归该旅长指挥，一切行动希即迳令该团、营长遵办。

五、我骑五团第三连于17日夜间进驻洞河子，对商都方面警戒。

六、骑三团、骑四团、骑五团（欠第三连），统限于17日下午 10 时以前到达十二苏木一带。

七、各部队须自备三天熟粮。

八、装甲汽车四辆，由董旅编成后归师部直接指挥，并务于今晚 6 时以前编成送交本部为要。

九、联络记号另。

十、各部队行动均以在夜间，并极力秘密为原则。白天停止于某一村时，须禁止士兵无故出室外及该村人民之外出。

十一、余现在平地泉，师部明 17 日夜 10 时在十二苏木。

师长彭毓斌

当日下午 10 时，师长即令师部行李辎重先行出发。17 日上午 10 时，师长率各高级幕僚及直属机械化部队经大六号、高家地，于下午 5 时到达范家村。事先用汽车接到达密凌苏龙在彼相候，并报告刻下情况。匪军于本日下午增加 2000 余名，达拉村、土城子为其指挥部，头股地、三股地及其以北高地亦已被匪占领。仍一面集各将领幕僚会议，将已定之计划稍有修正；一面令汽车迅速往前输送部队（步兵）。当即下达命令：

命 令

（11 月 17 日下午 6 时于范家村师部）

一、匪军约三四千余围攻我红格图，分驻于土城子、达拉村、台道湾等处，我骑六团仍在红根图与匪对峙中。

二、师以奇袭该匪之目的，拟于今 17 日夜间行动，于明 18 日拂晓向该匪侧背施行攻击，务期歼灭该匪于红根图以东黑猫沟以西一带地区。

三、董旅长率该旅四三六团及四二二团附山炮一营，经过头股地向土城子一带之匪施行攻击，成功后务占领土城子以北一带高地，再行停止整顿待命。

四、骑三团孙团长率领骑三、四两团附野炮一连，经三股地向达拉村施行攻击，务以疾风之势歼灭达拉村之匪军后竟向台道湾施行迂回，于占领台道湾后再行停止整顿待命。

五、骑五团周团长率领该团在骑三、四两团右翼后为师预备队，并向商都方面施行警戒，务遏止匪之援军。

六、余现在范家村。于攻击开始时在十二苏木攻击成功后，率机械化部队及特务连由红根图向阳坡村前进。

攻击成功后红根图有伤兵收集所。

信号枪之规定：发现匪情时单发二次，攻击成功时双发二次。

骑兵于明 18 日上午 1 时半由十二苏木开始；步兵于明 18 日上午 2 时半由十二苏木开始。

以上命令所定攻击计划成功后，全军各部队共赏洋 2 万元，生擒王英者赏洋 2 万元，击毙者 1 万元。

师长彭毓斌

至下午 11 时，即向十二苏木开始。惟四〇一团因汽车运输车数不敷，调用关系未能到达指定位置，故未及参加战斗。各部队于 18 日上午 2 时 30 分即行展开，各就总攻。5 时 30 分，将阳坡村、头股地、三股地一带及其以北高地上之匪军驱逐，即向土城子、达拉村之总攻击。于上午 7 时匪军不支，分向西北及东北方向白银不浪、屯垦地、妈妈山一带溃退。师长于 7 时 30 分率领预备队（骑五团）、野炮连、特务连、小炮队装甲车、汽车即向红根图推进。至不浪山之北，适逢溃退之匪已至不浪山，师长当即令骑五团附野炮一连追击当面之敌，师长于 8 时 30 分进入红根图。此时我各部已将达拉村、土城子及其西北高地完全占领，第三团已追击溃匪至台道湾。第五团至小井子、高烟筒一带，骑四团在达拉村及其以北高地停止，对商都方面施行警戒。此时各团除已派一部追击外，其余正在原地集合整顿。匪机忽来，即在红根图、土城子、达拉村一带掷弹数十枚，我官兵微有伤亡。至12时，师长在红根图奉到主席傅、司令赵之训令，使迅速集结攻取商都。乃派人至前方招致董旅长及各团长到红根图计议，决定先将各部向高家地集中，由高家地经阿圭山利用夜间奇袭商都。及于下午12时，各部队均先后到高家地后又奉傅、赵命令要旨：

一、董旅（第四二二团、四三六两团）驻高家地、贲红以西地区，四〇一团驻大六号附近。

二、骑三团驻涧河子一带，骑五团仍回七苏木原防，骑四团驻大六号附近。

三、师部及直属部队驻大六号。

当即转令旅团，遵照移防分赴各地，于拂晓以前开始出发。当日下午5时以前均先后到达指定地点，剿击伪匪王英。战役至此告一段落。

丙、战斗后可供参考之意见

一、汽车每次运输以不分割建制为佳。例如按现有车数，一次运输某某一整团或一整营，如此一则指挥便利，二则到达之后如情况许可，便可毅然决然担任一方面之任务，毫无牵拉淆乱之虑。

二、须指定负责指挥调遣车辆人员。以期时间车数载重之经济。

三、各部队须指定上下或装卸汽车之指挥官，以免秩序紊乱多费时间。

四、司机生应受夜间行车之训练。此次为秘匿行动，特于夜间运输。范家村距敌只 20 余里，尤应特别注意严禁开灯。当时虽因夜暗路生，加以风雪，指定只限先头军开灯，引导其余鱼贯随行，结果不只一律开灯，而且笛声乱鸣，灯照数里，其暴露反较白昼为尤甚。

五、随时随地注意防空。我军官兵虽亦时常讲究防空，但颇缺乏防空训练，虽知之而不能实行。尤其当敌机活跃之时，常现甚暴露之目标。以为此虽违背防空法则，但不过五分钟后即可完了。岂知一分钟内敌机猝来躲避不及，便生巨大损害。

六、驻在地民众防空常识之训练。当敌机来时我军人马虽均知极力荫蔽，而一般人则或仓皇四走或聚众仰观，以致常召敌机之轰炸。

七、认清敌人应以大胆出之。我军两次剿灭王匪，如知以人数而言我军尚不及匪军之半数，均能克奏肤功者，实以我能认清敌军素质既劣又毫无训练，士气涣散实乃乌合，故以断然出之，否则只计众寡鲜不误事。

八、百般准备夜间行动。夜战功能曾经主任阎百般晓谕，其利益之多与大，已为人所共晓。唯须事先有周到详密之准备，方克届时不敢用虽确收克敌致果之效。

附：王英匪部军官

伪蒙汉防共自治军军长王英（10 月下旬该匪复改称大汉义军）

特务团团长常芝义

手枪队队长王铁南

独立骑兵团团长赵万

骑兵第一支队队长李健生

骑兵第二支队队长赵大中

骑兵第三支队队长杜子美

骑兵第四支队队长朱 ×

骑兵第五支队队长何×

汽车队队长石守一

传令队队长路荣芝

少将教练官雷中田

骑一旅旅长石玉山，统第一团、第二团团长苏美龙，第三团团长曹凯、骑二旅旅长杨克佑、第四团团长常寿义、第五团团长王凤钧、第六团团长××。

步一旅旅长马玉田，统第一团团长张家骥、第二团团长王子修。

步二旅旅长金甲三，统第三团团长赵奎阁、第四团团长姜子斌。

国军陆军骑兵第七师商都天成梁战斗详报

1937 年 9 月 14 日至 16 日

一、战斗部署

8 月 28 日，单境河以东敌情渐紧，本师乃由南壕堑又进驻谢家窑牌单境河之线，时伪二师第五团朱子文第六团井得泉请求反正，自动移于十字街一带，伪二师长尹宝山、伪三师长王振华、伪炮兵队长丁其昌均在台路沟，亦请本师派员前往商洽反正办法。井得泉部后经新五旅接洽，受编为新编骑兵第二师。尹、王各部以张家口于 27 日失陷，反正又生变化，尹师开回馒头营子，王师开回庙滩。伪一师仍驻公会，伪四、五、六各师在张北及其附近，张北并有日军二三百人，飞机十余架，战车及汽车甚多。

9 月 1 日，奉赵司令战电，派十九团前往商都接防，其余仍驻原地警戒。本日派往伪一师刘继广部劝其反正之副官秦子扬回部报称，刘反正心颇切，唯认为时机未至，须待国军将日军驱逐口外，或对察北增调重兵方可。

9 月 2 日，据报日伪军决议，一路以蒙伪军攻尚义、商都，一路以日兵进攻南壕堑、兴和，以掩护柴沟堡敌军右翼，并定 6 日开始动作。

9月3日夜，奉赵司令江西恭战电训令："着孙师、安旅以尚义为根据，彭师以南壕堑为根据，门师以商都为根据，石旅以化德为根据，对张北、公会、康保、西苏尼特旗方面严行警戒，并不时派部向敌游击扰乱。奉电后开始移动，到达后并将配置情形报查。司令部拟支晚移驻丰镇。"本师除十九团已于2日到达商都接防外，其余各部于4日早6时开始向商都移动，是日夜到达高乌苏①及其附近宿营。接安旅长江未代电称："顷据探报确息，伪军一两日内派一、四、六各师分攻尚义商都，日军酒井部队攻南壕堑"等语。5日早，师长召集参谋长及参谋，就围在一起研究本师守备商都之后方针及部署，即据下达命令如下：

骑七师作战命令第 29 号

（9月5日上午11时于高乌苏师指挥部）

一、敌情及友军情况。如贵官所知。

二、师以"守点攻击"（阎副委员长②手定名称）敌人之目的。即将主力集结于天成梁、三大汗、商都各要点并以一部占领高乌苏、十八顷之线，对敌警戒搜索。

三、第二十一团应以一连位置于高乌苏，对张北方面之敌警戒，并时向尚义南壕堑联络，主力于本（五）日下午7时30分由现地出发，移驻天成梁及其附近，并以一部今驻小海子、三成居，左与我二十团保持联系。

该团无线电班，即日归还建制。

四、第二十团应以一连位置于十八顷，并时派一部经四台坊子向公会方面搜索。主力于本日下午6时30分由现地出发，移驻雷家村、田家村、三大汗西界租地一带，右与我二十一团左前

---

① 即高勿素。——编者注

② 指阎锡山。——编者注

与化德友军保持联系。

五、第十九团仍在商都，与化德友军联络，并派骑兵一连以屯垦乡为根据，向西苏尼特旗之敌搜索并相机扰乱之。该团无线电班，即日调师部服务。

六、师部及直属部队依师部、通信连、特务连之顺序，于本日下午6时30分，在高乌苏北门外道上集合由吕主任纪化率领，循台道向商都前进。

七、各部队到达指定地点后，迅为防御配备，并尽力构筑坚固之工事，备报细核。

八、通信以传骑为主，无线电补之，并由通信连指导，尽量利用地方电话线，与各团通话。

九、携行粮秣应速备足三日份，平时人马给养，主购地方物资，并商由地方各据点储存十日份粮秣，以备价购。

十、各部弹药多已超过一个基数，短期内不再补充。

十一、患者收容所在商都开设。

十二、余现在高乌苏，下午6时后，先往商都。

5日夜，本师各部均到达指定地点。6日拟定本师作战计划如下：

第一，方针

一、拟将主力集结于天成梁、三大汗、商都各要点，采取守点攻击之战法，以期将来攻之敌人逐次消灭。

第二，指导要领

二、主力分别集结于商都、三大汗、天成梁各要点，利用村落，并构筑工事，各自完成防御配备。

三、各要点受敌攻击时，受敌主力之围，应利用要点工事竭力据守，其不受攻击或仅受佯攻之各团，应留一部固守要点，主力疾趋敌人主力之侧背，夹击而歼灭之。

四、为防各决战要点万一被敌击破，于城南之骆驼盘及城东北之朱侉子村附近，设置预备要点。应由预定退守之团，派遣官兵，即日侦察构筑工事，力不足时，可用民夫。

第三，搜索

五、师为明了张北、公会、西苏尼特旗之敌情起见，并用搜索队斥候及密探等办法，严行搜索。

六、参谋处对张北、公会方面之敌情，以联络军官及便衣侦探搜集之，并与土牧尔台区指导员联络，以取得西苏尼特旗方面之敌情。

七、各团应自行派出斥候①若干组，向敌方严行搜索敌情，并将所得情况，随时报告师部。

八、搜索队及斥候之通信，以传骑为主，若有地方既设电线，应尽量利用之。

九、搜索情况，贵求迅速确实，秘密报告，各部务于各种手段，以达此目的，而使用时供给指挥官决心处置之资料为妥。

第四，军队部署

十、第十九团除派小部队在城厢附近搜索警戒外，主力在商都城内担任城防。

十一、第二十团除分派小部队向敌搜索警戒外，主力集结于雷家村、田家村、三大汗一带，构筑坚固工事，防敌进袭，并与化德友军联络。

十二、第二十一团除分派小部队向敌搜索警戒，并以一部分驻宋家村，阻绝道路外，主力集结于天成梁、李占青附近，构筑工事，防敌进袭。

十三、师部及直属队驻商都城内，必要时于相当地点设战斗指挥部。

---

① 指侦察兵。——编者注

十四、第二十团于朱侉子村、不冻河村、魏家村一带，第二十一团于商都城南之骆驼盘、王长林村一带，派员侦察，构筑工事，作为各团之预备要点。

第五，通信

十五、通信以传骑为主，无线电副之，并由通信连指导，尽量利用地方电话线，与各团通话。

十六、受敌攻击，电话线被敌破坏时，或对重要命令通报时，应以同样公文二件以上交由传骑分组递达所要之机关，或传骑无线电并用之，以期确实迅速。

十七、十九团电台调师服务，其任务为与二十团、二十一团、卓资山、集宁各部电台服务，并收听军政部之通报。第一班电台，担任与各友军及上级机关之联络。

十八、各电台之值班人员务随时守听，以发挥无线电之效能。

第六，补给

十九、携行干粮应补足三日份，平时人马给养主购地方物资，并商由地方与各据点储存十日份粮秣，以备价购。

二十、各部弹存，多已超过一个基数，短期不再补充。

二十一、各团部应自控置一部弹药，以便各部消耗程度，随时补充，师部在当地储存相当弹药。

三十三军械处所存之防毒面具，运来前方，分发备用。

本日下午，下达本师调整态势之训令如下：

训　令

（9月6日下午1时于商都城）

一、敌我情形，无重大变化。

已投诚朱井团，在四台坊子附近对敌监视。

二、师拟将现在态势稍加调整。

三、第十九团除以一连分驻屯垦乡，对西宿尼特旗①方向搜索警戒外，其余各部均驻商都城内外，担任城防。

兹派朱团长钜林兼商都城防司令负责城防事宜，着由该司令负责统筹。

四、第二十团除仍以一连驻在十八顷，对公会四台坊子方向搜索警戒外，其余各部应集结于雷家乡田家村、三大汗（三大汗为通公会及化德要道，要特别注意）一带，构筑坚固工事，防敌进袭。现驻租地之郭家油房及宋家村一部，着即日撤归主力方向。

五、第二十一团除自以一连驻高乌苏，对张北方向搜索警戒外，应专派一部驻小海子租地之宋家村（汽车路上），对敌搜索警戒，并担任该团与二十团之联络，俟高乌苏之一连撤退后，应将租地宋家村以东之汽车路切实阻绝（租地宋家村以东有小河一道，此滩甚宽）。

六、曾驻高乌苏、十八顷、屯垦乡之各连，受优势之敌攻击时，应由外翼撤回各该团主力方向，但须将当面之敌情侦查明确立报。

七、如有一团受敌攻击时，其余两团除留一部固守原地外，应以主力夹击敌人，以求歼灭敌人之效。其实施方法，临时令知之。

八、第二十团应酌派人员先在朱佟子村、不冻河村、魏家村一带侦察准备，并构筑工事，作为该团之预备据点。

九、第二十一团应酌派人先在商都城南之骆驼盘、王长林村一带侦察准备，并构筑工事作为该团之预备据点。

十、关于补给事项，应照5日命令切实注意并准备为要。

---

① 现称苏尼特右旗。——编者注

十一、余现在商都城内师指挥部。

综合本日所得情况如下：

一、骑二师武本参谋长电话称，伪军一四五六四个师，炮六门，重机枪一连均集结于公会，预定本月 8 日实行向我攻击。

二、傅司令官之孙参谋电话称，张北到有日军千余（内有骑兵四百名）装甲汽车四五十辆，准备进攻南壕堑。现南壕堑东南之大红梁发现日装甲车 20 余辆，飞机 2 架。

三、赵司令电，据探反攻尚义总兵力约骑兵四师，其先头约骑兵二三百名、饲粮车 20 辆、野炮山炮各 4 门，估计晚进抵尚义东 20 里之死人洼附近。

四、本师驻尚义联络军官万中电话报告：本日下午 6 时许，尚义闻炮声甚烈，判断敌军攻南壕堑。

自 6 日后，本师各团，即于驻地积极构筑工事，7 日派参谋长视察二十、二十一两团防务，归后以二十一团正面过宽，下达该团之修正训令如下：

训 令

（9 月 7 日下午 6 时于商都指挥部）

查二十一团现在配备，正面过宽，亟应修正：

一、团指应移李占青村，以使居中指挥。

二、右翼以天成梁为据点，以右各部队均向中间移动。

三、左翼以郭家村为据点，但在宋家村仍应设置暗哨。

四、车辆可先移至骆驼盘，以便构筑工事及警戒敌方。

综合本日所得情况如下：

一、兴和孟县长电话，我骑兵第一师三点已放弃南壕堑。向兴和以北地区撤退。

二、我骑二师于五日晨移驻尚义以西二三十里一带。

本日据十九团团长呈报商都城防计划如下：

（一）防守计划

团两连照师令以"守点攻击"及"如有一部受敌攻击，其他各部除留一部固守阵地外，应以主力夹攻敌人两翼灭之"之作战要旨，拟以一部分驻城北贾家村，担任警戒，主力集结于商都城内，加紧构筑工事，以备长时间之固守。

（二）警戒部署

第二连驻守东门，警戒及战斗区域：由东南角起至东北角止，并与城外侯家村派出军士哨一个，对敌警戒；第四连驻北门，警戒及战斗区域：由东南角起至东北角止，并与城外田家村派出军士哨一个，对北警戒；随行炮队驻守西门，警戒及战斗区域：自西北角起至西南角止；第三连驻守南门，警戒及战斗区域：由东南角起至西南角止。

第一连以排分驻贾家村，担任对西苏尼特旗之敌之警戒，其主力驻于城内，为策应部队。

机关枪连通信排为预备队。

城内居民之清查，军风纪之维持，火烛之防备，以及城进入军民之登记事项，由团部李中尉梦春及第三连派兵一排及县公安局组织军警联合稽查，负责担任之。

城门每日早 6 时开启，晚 8 时关闭。

（三）对空警报规定

1. 于县政府东南角碉楼上设置警钟一座，并派对空监视哨看守，专司警报之责。

2. 紧急警报。即敌机来时，警钟乱鸣。

3. 解除警报。即敌机退去，警报缓鸣三响。

各连号兵一闻警钟声音，应接吹警报及解除号音。

4. 各部官兵及地方居民，一闻紧急警报，应速隐蔽，禁止通行。

5. 各城楼上由担任警戒速架设轻机关枪一至二挺，准备随时对空射击。

6. 机关枪连有高射架之重机关枪两挺，应常架设于该连驻地附近，担任对空射击，使敌机不敢低飞。

（四）搜索及地查

1. 除驻城外各警戒部队严密对敌方向详搜敌情外，团不时派探到化德、屯垦地剌探。

2. 各连警戒区域，除自行派遣北查地哨。其轮流次序，官长规定之。

（五）工事修筑及障碍物设置

1. 工作人员由地方民夫与本团官兵共同担任之。

2. 城垣外壕，以宽五公尺深五公尺为原则。

3. 工作区域分配。按照各部现任警戒区域规定办理之。

9月7日夜11时，新五旅由大青沟向贲红、高家地撤退，骑二师移驻高乌苏一带，8日上午10时，本师第二十一团驻高乌苏之第三连，撤至马鞍桥。第二十团驻十八顷之第一连于8日晚撤至马家村。9日晚，据探报，四台坊子已有伪八师之一部，当令第二十团准备巡击该敌。

9月10日所得情报如下：

一、伪一、四、六各师及野山炮20余门，均已到达尚义，闻于10日或11日攻击商都。

二、伪八师一部9日午到四台坊子侦察，未停即还。

本日，奉传总司令赵军长电："石旅如不能固守化德时，该旅应将化德全部焚烧破坏后，撤至屯垦地，归贵师指挥。"

11日下午4时，伪军八、九两师，附炮多门，进攻化德，石旅激战二小时，将化德焚烧破坏后，撤至陈家梁、玻璃忽镜一带。

12 日所得情报如下：

一、大同以东 30 里之大桥已破坏，大同仅留步兵一团驻守。

二、阳高已于 8 日失守，大同东聚乐堡、丰镇一带，俱发现敌骑数百滋扰。

三、骑兵司令部今日移至卓资山。

四、井得泉师本日移驻商都东北 20 余里之大土城子。

13 日，大同集宁情况恶劣，因石、井两部西撤，本师第二十团左侧感受威胁，乃令于本日晚移驻预备要点，朱侉子村及其附近，骑兵司令部今日移驻绥远。

14 日上午，奉赵军长电：

一、通报阎传令，派骑兵一师赴左云一带，已令孙师担任，经集宁天成村前往。

二、训令孙师移动后之空线空隙，着由一、七两师兼顾，但能互为应援即可。

本日与我骑一师，已电话取得联络，该师师部驻八苏木，部队驻玫瑰营子、红帽营子一带。

二、战斗经过

14 日下午 1 时，因我骑二师已开始向左云转进，敌骑百余，附装甲汽车二辆、载重汽车六辆，进犯我二十一团第二连宋家村排哨。本师为谋与骑一师保持联系起见，将本师配备命令如下：

骑七师作命第二十二号命令

（9月14日下午3时于商都师部）

一、铁路正面敌情，未得确实报告。

二、据报尚义方面，有伪军骑兵2000余，化德方面有伪蒙骑兵五六百人。

今日下午1时许，敌载重汽车8辆，骑兵百余，到我二十一团阵地宋家村前，当经迎头痛击，现仍相持中。

我骑二师奉令移至左云一带，业已出发前往。

我骑一师现在红帽营子一带，已取得联络。

我马占山部骑兵在兴和一带。

据闻大同现有董其武旅，丰镇现有王子修旅，集宁现有李荣昌旅，分别驻守，许团闻已开回集宁，三十五军曾副军长刻亦进集宁坐镇。

我井师现到驻大土城子村一带。

我石旅现仍在屯垦乡一带。

三、本师为以在商都附近与敌决战，及与骑一师联络之目的，即将现有态势略予分述：第十九团全部附二十团第四连及机关枪连，为商都城防部队，即凭借城垣及坚固工事防守，无命令不得撤退。第二十团第四连着驻北门外之田家村掩护商都城之左翼侧。

四、第二十一团（欠骑兵一连机关枪连）应于本日下午8时由现地出发，向骆驼盘王长林一带转移，到达后即集结警戒，准备策应左右两翼，该团已出发之一连（派驻高家地）应速调回，归还建制。

五、第二十一团应改以天成梁为中心，利用村庄及整团工事防守，敌如直攻商都，须相机击敌侧翼，以期将敌歼灭于我坚城之下。该团前往贡红之一连，应速调回，归还建制。

六、师指及直属部队，应于本（14）日下午9时由商都出发，向段家村转移。

七、余现在商都城中，下午9时出发迁往段家村。

本日为旧历八月初十，各部务照命令转移完毕。

15日早，因段家村房屋过少，且过于靠后，师部乃迁至七大顷。由本日起，天成梁及商都两阵地即渐入激战，以下分述之。

天成梁战区

天成梁位于商都东面30余里，其东南为起伏之高地，其北有赫来沟之水流，到处可以徒步，可以限制敌之装甲车。天成梁有土寨，外壕深宽各八尺，并有蓄水，为一坚固之据点。其附近之李占青、梁常海、史明村、西马鞍桥等村均有围寨，适于防守。我二十一团自9月5日夜移驻该村，已将工事增强之。

14日下午0时30分，商都至尚义汽车道上，发现敌装甲车8辆骑兵80余，与我第三连宋家村之排哨冲突。因汽车道已被阻绝，又经我巡击，其装甲车乃向北迂回，企图渡河。1时50分，第二连连长梁梦元报告："敌装甲车已过河西，汽车道上之敌远望其后续部队，源源不绝，正面已开始攻击，我宋家村孤立，一旦被围，即难以处置。"张团长即令其派兵一排，向宋家村增加。4时40分，并遵师长电话谕知，令梁连长亲往宋家村，就近指挥。接敌至晚，该敌撤至东10余里之刘家村。

下午6时，第四连连长刘东兴报告，万长源已被敌占领，史明村及梁常海村前面均已发现敌情，敌装甲车又增数辆。同时奉师部作命第二十二号命令，于下午8时30分，配备完毕。

15日上午3时许，史明村第四连之警戒兵被迫撤于郭家村。5时许，第二十一团第三连已由贾红召回，令驻丁家村，对苏尔脑包山严行警戒。8时许，第二连斥候报告，"马尼坝子（距史明村约4里，在汽车道北）①东端向西行进之敌七八十名，后有大部继续前进，兵力不详。正观察间，被敌小型装甲车追回。"9时30分，敌骑千余，附装甲车10余辆，开始向我天成梁、李占青、郭家村一带阵地全线总攻。激战一小时余，所有警戒阵地，如第四连之郭家村、张家村，第二连之郭山牛村、王泥匠村等处，均被迫先后撤回阵地，乘敌进入我警戒阵地之各村时，我迫击炮乃利用天成梁碉楼观测，射击敌之密集队，命中良好，敌人马伤亡极重，尤以王泥匠村、郭家村史明村之敌，损害最大。

师长据团报告后，当令第二十团第三连前往增援，归二十一团张团长指挥，并令商都第十九团注意。11时许，敌骑七八十名，向乌兰大坝山延伸，企图包围我右翼。但苏尔脑包山早配有我第三连之一排，迎头痛击，未敢前进。敌因到处受创，锐气稍挫，遂成对峙之势，而枪火仍断续不绝。

下午1时许，二十团第三连，已到大圪垯，对朱家村、李珠子以及马鞍桥之空隙严行警戒。是时我二十一团望见宋家村有装甲车7辆，汽车道上20号地左右有敌2000余，分两队西进。

15日下午4时许，敌山炮、迫击炮在王泥匠村高地向我天成梁村射击。5时许，敌以两连由王泥匠村向天成梁正面攻击，一连由乌兰大坝攻击苏尼脑包，将到四皮匠房，该团长令正面士兵，非至最近距离以内（百公尺）不准妄射。并令第二十团第三连撤至丁家村待命，与二十一团第三连协力准备，向敌逆袭。6时许，攻击天成梁正面之敌，已到我阵地前百公尺，全线突然向敌猛烈射击，我丁家村之两连，亦由苏尼脑包北麓，向敌猛扑，时战况独为激烈，敌死伤惨重，乃撤退于王泥匠村、郭山牛村之东，与我对峙。

第四连梁常海阵地，自下午1时后，敌以三连之众，附装甲车

---

① 即麻尼卜村。——编者注

数辆进犯，渐逼渐紧，至下午 10 时 40 分，敌兵 300 余，包围李占青村，已逼近百公尺附近，该团令第一连派兵一排，从马鞍桥向敌之侧翼攻击，以期驱逐该敌。结果以敌兵力优厚，未达目的。且李占青村给养缺乏，不便固守。奉团长命令，以天成梁为中心，于夜间重新配置。第二十团第三连于下午 8 时 30 分令其归还建制。

是役毙敌数十，受伤者优多，据俘获敌之伤兵供称，攻我天成梁一带阵地者，系伪军第一、六两师，多系蒙人，每师骑兵八九百人。

16 日上午 5 时，该团配备变更完毕。5 时 30 分，占据李占青之敌 200 余，经李珠子四高地，向陈家村前进。七时许苏尔脑包以东之敌，徒步向我二十一团第三连攻击，经我沉着射击，旋即停止。7 时 30 分，马鞍桥被敌占领，并有敌 200 余，经赫来沟向西运动。9 时许第二连梁连长自天成梁电话报告："敌密集部队向李占青村集中甚多，有攻击天成梁模样。"即令第一连连长陈昭壁率兵一排及二、三两连之两班附重机枪 1 挺，迫击炮 1 门，固守大圪垯，与天成梁丁家村成掎角之势。下午 1 时许，当面之敌，陆续抽调部队，向商都转移。

商都战区

商都城西依十苏木山，东南两面平坦开阔，北面高地距城边远，于城防影响较小。城周外壕及掩体，经许团及十九团连续构筑，颇为坚固，并于壕外设置铁丝网一层。

十九团附二十团第四连及机关枪连为商都防守部队，14 日夜已配备完毕。15 日，我石旅移驻贾家村、白脑包房子一带，并师移至池家村。

15 日下午 2 时，商都城东南约 2000 公尺处，发现敌之装甲车 3 辆，经我迫击炮射击，旋向东撤退数百公尺停止。4 时 30 分，复来敌装甲车 5 辆骑兵五六百人，分向我东南两面阵地尽烈射击，经我沉着射击，当被击退。5 时 30 分，敌复增援炮兵 8 门，骑步兵千名，先以炮火向我阵地猛烈射击，掩护其徒步兵前进，先后发炮300余弹，以我掩蔽得宜，仅伤我列兵一名。我士兵沉着守备，待敌至近距离，以火力急袭射击，敌人伤亡甚多，乃撤至距我阵地千五公尺一带，与我对峙，是日傍晚，石振全部向拉嘛板石①、十苏木各山头开进，与我驻田家村之二十团第四连及驻池家村之井师取得联络。

16日上午3时，敌再向我十九团阵地偷袭，经我极力抵抗，敌未获逞，旋于上午4时许向东南方向之西房子附近一带撤退。午前9时，商都东南方向千五百公尺处，复来敌装甲车七八辆，山炮10余门，步骑兵一千五六百人，向我阵地猛烈攻击，激战1小时，忽来敌机12架，向我阵地轰炸，先后掷弹100余枚，射击炮弹五六百发，我阵地多处被毁。敌步骑兵利用飞机炮火之掩护，节节向我前进，战况愈趋激烈。判断敌人有即向我东南角及东北角突破模样，该团将预备队第一连全部增援，殊死抵抗。以我官兵沉着应战，火力焰盛，激战至晚，敌卒未得逞。商都城内汉奸甚多，电线屡被破坏。据各方情报，攻击商都之敌，为伪四师及伪二、五两师之各一部。

师长自15日以来，于七大顷居中指挥，以我电话网未被破坏，通十九团虽有破坏，而修复迅速，故战斗指挥颇为灵活。15日，奉傅司令官寒戌恭战电："我军不应在商都牺牲，兄部行动，已嘱印甫（赵军长别号）规定，可向印甫请示"，经电白副司令哈参谋长代为请示，于16日接刚西恭战电复："贵师对于当面之敌，如以全力尚难驱逐阻止时，即撤高家地、贲红之线，应与固守集宁部队切取联络。又如与石、井等部取得联络，亦请兄就近指挥，借资协力"。遂据前电，下达本师向大六号、贲红、高家地之线转移命令如下：

----

① 即喇嘛板。——编者注

骑七师作命第二十三号命令

（9 月 16 日下午 1 时于七大顷师司令部）

一、敌情如贵官所知。

二、本师奉命向大六号贡红高家地之线转移，以期与我骑一师切取联络。

三、第十九团应自本日下午 9 时起由商都撤退，向高家地及其附近各村庄转移，到达后即对东北方向，严行警戒。

四、第二十团应于本日下午 9 时 30 分起，由现地撤退，转移至贡红一带，并于涧河子、六道沟（贡红正东约 12 公里处）各派警戒队一部驻守，向东方警戒。

五、第二十一团应于本日上午 8 时起由现地撤退，向大六号及胡加尔围赖转移，并分派一连驻守恒茂庄（大六号东约 14 里）向东北方向警戒，右翼与我骑一师驻红帽营子部队保持联络。

六、师部及直属部队应于本日下午 8 时，由现地出发，按通信连师部特务连之次序，向大六号转移，到达后应尽西北端分驻。

七、各部队之撤退，应妥定次序，周密警戒，免为敌所乘。

八、各部队到达指定地点后，即利用地方既设电线，与师部通话。

九、余在七大顷，下午 8 时以后移驻大六号。

并令第十九团就近通知石旅井师，使向红格尔图转移。

三、战后敌我之行动

16 日为农历八月十二日，正月明如昼之时，是日下午 7 时，忽大雨倾盆，终夜阴雨断续，黑暗如漆，故各部与敌脱离甚易，未受阻碍，各向其目标转移。

17 日早，我十九团安全到达高家地附近，第二十团到达贲红附近，师部及第二十一团到达大六号，其第一连分驻恒茂庄，石旅亦于本早撤至红格尔图附近。

四、后方诸机关之设施及运用

8 月 26 日，由南壕堑电兵站部长薛，（一）利用复送伤兵空车，再运七九步枪弹 2 万发、俄造步枪弹 5000 发、手榴弹 800 个、驳壳枪弹 2000 发。（二）商都大米先运南壕堑 50 包，余运集宁。（三）因旧炮弹新炮不能使用，着将旧炮运前方使用。

9 月 4 日，本师奉令向商都移动，当令黄主任素图将南壕堑人员物品运回商都，并电薛兵站部长，本师兵站线仍改为集宁商都间。

9 月以来，铁路正面情况恶劣，尔通报甚少，消息沉闷。巧于 10 日下午收参谋主任吕纪化赴集宁大同一带联络，并处理本师大同集宁卓资山各处留守人员物品。9 月 13 日，吕主任回商都报告："大军皆向雁北转进，奉师集宁卓资山留守物品，已着负责人面运包头。"于 13 日早复令吕主任乘汽车回卓资山，负处理后方事务之全责，凡与作战无关人员物品均运包头，子弹皮衣等由骆驼队及汽车大车运至陶林待命。

13 日起，前方情况渐紧，是晚令前方各部行李于骆驼盘集合，运至贲红。14 日，本师卓资山物品开始西运，骆驼队大车汽车到陶林集宁大同间已不通，本师留守大同物品，全部损失。

五、可为参考之所见

敌训练颇差，战斗力不强，但作战颇勇敢，常用密集部队前进，来势颇凶猛。唯稍有伤亡，即易溃退，我军沉着应付，未有不战而退者。

此次战役，士兵多能待敌至近距离方始射击，颇能予敌精神上至大打击，据事后探报，我于 16 日夜撤出商都天成梁后，敌于 17 日拂晓至上午 10 时许，仍用枪炮猛烈轰炸，待派人侦察后，始敢入城。

缺少炮兵，攻守俱感困难，此役敌飞机轰炸后，即于商都飞机场降落，装载炸弹后再来轰炸，我若有骑炮或山炮，即可射击之。

机关枪火力焰盛，此伪蒙军之所最惧者，唯射击技差，于近距离而不予敌以重大损害，殊为可惜。

指挥官关于攻守大计，应早示师长以概略方针。本战役，若非师长预派军官联络，则后方物品尽失矣。然而在大同者且已不及运回，其他亦损失颇大。

老兵忆旧

七十年硝烟散尽，请老兵忆旧，是为了铭记历史，缅怀英烈，不是为了记住仇恨，而是为了鉴古知今，珍爱和平。文中的主人公大多已是垂垂老矣，有的甚至含笑九泉。为了纪念这些在国破家亡之际挺身而出、英勇杀敌的商都儿女，让他们的事迹永镌史册，永昭未来。愿他们的精神永存。

索立波在大同

索立波，原名李波。内蒙古商都县人，蒙古族，1906 年出生于大同城内鼓楼西街一户普通的家庭。其叔父宋世杰是大同辛亥武装起义的主要领导人之一。

1926 年，索立波加入中国共产主义青年团。任西北国民军排长。1929 年，由李志敏介绍加入中国共产党。曾在唐山、天津等地从事工人运动。1936 年，参加山西牺盟会。1937 年，参加八路军。

抗日战争时期，索立波任晋西北工人武装自卫队队长，绥蒙挺进支队司令员。

抗日战争胜利后，全国人民渴望和平，以期休养生息，重建家园。为了争取和平、民主、独立的光明前途，中国共产党根据国共《双十协定》和 1946 年 1 月政协协议规定，特派周恩来副主席代表中国共产党，同国民党代表张治中、美国代表马歇尔共同组成协商组，叶剑英代表中国共产党，同国民党代表郑介民、美国代表罗伯逊在北平共同组成军事调处执行部，负责调处国共双方的军事冲突，监督双方执行 1 月 13 日发布的停战令。北平军事调处执行部遂向大同地区派出了三人调处执行小组（简称大同军调小组）。中共中央派索立波为大同军调小组中共首席代表。1 月 19 日，索立波同国民党代表温天和、美国代表霍礼乘坐美制 C—47 军用飞机由北平飞抵大同，受到了大同各界人士的隆重欢迎。1月20日，大同军调小组召开第一次会议，在中共代表索立波等的努力、争取和坚持下，会议议定：一、各所属部队恢复13日午夜以前的阵地；二、恢复各村镇之间贸易；三、双方互派联络员；四、非武装士兵可自由到对方管辖区；五、立即互相释放所有俘虏；六、恢复交通要道。1月28日，大同军调小组在丰镇召开调处会议，在索立波等中共与会代表的积极努力下，终于达成议定：大同军事调处三人执行小组辖区为山西北部、河北西部、察哈尔西南之一部分、绥远东南之区域。凡这一地区内所有军事冲突于是日起完全停止。并将此议定于当日公开发表在"北平军调执行部"第六号公报上。1月下旬末，在阎锡山的授意下，国民党大同当局和美方代表在大有仓广场以召开所谓"群众欢迎大会"为名，组织其特务、党棍和地痞流氓来威胁、诬蔑中共代表。中共首席代表索立波以蒋介石、阎锡山八年观战、投降以及准备内战等大量事实，彻底戳穿了敌人诬蔑我党"杀人放火"、农村土改是"一群流氓算富人账"的无耻谰言，博得全场群众，包括士兵在内的热烈鼓掌。这个国民党大同当局阴谋诽谤中国共产党和解放区人民的大会，实际上成了我党宣传、教育大同广大群众的大会。接着，国民党大同当局又在云中饭店及其行政公署的欢迎宴会上，以解放区农村的清算、复仇斗争为攻击焦点向中共代表挑起事端。中共首席代表索立波列举农村地主恶霸对贫苦农民的残酷剥削和压榨的许多真人真事给以有力驳斥，并当场质问美国代表说："你们的国家也有这样残酷恶毒的反动地主、这样野蛮压榨剥削贫苦农民的情况吗?"弄得国民党大同当局理屈词穷，美国代表瞠目结舌。随后，国民党大同当局又组织三青团等反动组织，强迫和欺骗一些所谓"知识分子代表"，包围、质问中共代表，说什么广大青年踊跃参加八路军是"被强迫"的等等。索立波义正词严地宣传了党的政策，揭露了国民党大同当局指派他们前来无理取闹的反动阴谋，对一部分被欺骗的青年知识分子教育很大。经过索立波等中共代表的多次坚决斗争和积极争取，才达成如下协定：一、关于军事分界线：大同以北到孤店，西至青磁窑与小站之间，东至二十里铺与寺儿村之间；铁路两旁各划出两公里的地区为缓冲区；二、恢复交通、邮电和贸易。同时还达成了由中共方面提出的如发生偷袭，由被偷袭一方给以武装报复，并对被袭击一方之伤员给以医疗的议案。2月上旬，中共首席代表索立波就国民党大同当局收编侵华驻同日军、汉奸、伪军一事向大同军调小组提出抗议。在三方代表会议上，索立波严正指出："大同的日军和伪军，不但没有解除武装，相反组成打内战的武装；事实是日军司令板本公馆的警卫队到今天仍全副武装地站在大门口；到现在日本军官还在有暖气、有地毯、有沙发、有艺妓的日军招待所作威作福，这做何解释？"在索立波等中共代表的严正要求下，大同国民党当局不得不让日军做个假缴械，也不得不让日本军官搬出高级招待所。

在大同调停期间，索立波奔波于大同、阳高、朔县、大怀左等地，勘定双方防区和停战界限，为执行停战令和争取和平进行了不懈努力，作出了应有贡献。而他在大同短短的几个月中所表现出的共产党人的高风亮节和一尘不染、廉洁奉公的革命精神风貌也给大同人民留下了深刻印象。时为国民党大同当局主持接待工作的赵一明先生在回忆中写道："从三方代表中，逐渐认识到李波同志是一位值得敬佩的人物。""内心感到，李代表真是一尘不染、廉洁奉公啊！""他那立场坚定、坚持斗争的精神，给我留下极深刻的印象。"

解放战争时期，索立波历任冀中军区参谋长，河北省军区参谋长等职。

中华人民共和国成立后，任第二十兵团军参谋长、副军长、北京军区副参谋长等职。1955年，被授予少将军衔，荣获独立自由解放勋章。是中国共产党第七次全国代表大会候补代表。"文化大革命"期间，遭到林彪、"四人帮"的残酷迫害，于1972年含冤去世。1978年，平反昭雪，在八宝山召开了追悼大会。

围歼叛匪吕维州

褚玉峰 口述　傅国强 整理

　　1947 年是个丰收年。这一年的秋后约 10 月份，驻守在查干宝格都（现商都县西井子镇吴家村）蒙骑十一师（原番号四支队）的留守部队得到可靠情报，得知五区哗变叛匪吕维州潜回格化司台。蒙骑十一师约一个连的兵力，傍晚乘着夜色从后山沟悄悄地进入了格化司台炮台山下的褚家大院。十一师的指战员们进了院子悄声地说："老乡，不要怕，我们是喀啦沁八路。"大院的主人褚永问战士们吃饭没有？连长说：没有吃。于是，褚永安排家人给战士们做纯莜面圐圙。并安排孩子们把自家的新莜麦颗粒新莜麦秸背到炮台山后的后洼喂战士们的战马。

　　叛匪的暗哨发现村里进了八路军，开枪报警。并且边开枪边退至格化司台天主教堂院内。

　　格化司台天主教堂创建于 1924 年，由教堂出资在格化司台修筑了城墙、战壕。天主教堂的院墙用土夯筑就，高一丈，下宽五尺，上宽三尺。四角有瞭望塔、炮台。教堂院内有暗道，通向墙外的地堡。教堂内有 30 人的奋勇队，他们都有枪，平时的主要职责是守护教堂，预防土匪、棒儿手侵扰，队员们的枪法个个百步穿杨，弹无虚发。尤其是一副队长更是枪法如神。如此的教堂实属易守难攻。

十一师指战员们轮番吃饭战斗。由于人多碗少，很多战士是脱下自己的帽子盛上囝囵到院子里的墙下吃。吃了就又上了阵地。囝囵搅了一锅又一锅，直到指战员们都吃饱了。

子弹"嗖嗖"地从教堂方向射向炮台山，射向褚家大院，战士们关心褚家人的安全，把窗户用炕板子堵上，战斗异常激烈。褚家大院距教堂的北墙只有200多米。强攻一时难以攻下，在紧急关头战士们只得采取火攻，于是在上风头点起了麦秸，乘着滚滚的浓烟，战士们迅速逼近教堂的北墙下点起了麦秸火。敌人看见浓烟，知道我军采取火攻，此时的吕维州胁迫奋勇队向蒙骑十一师的战士们开火，叛匪们对着浓烟盲射，致使蒙骑十一师留守部队牺牲8人，伤6人。这时，天已放亮，由于战士们处于不利境地，随后撤出战斗。此战失利，只击毙叛匪3人。令人遗憾的是，叛匪吕维州趁混乱之际逃脱了。

天亮前，褚永用自家的门板、羊毛毡、白布派大儿子褚玉奎及邻居把战士们的遗体送往十一师留守部队驻地查干宝格都安葬。

夜 渡 黄 河

吴存新 口述　　薛占元 整理

　　19 岁那年，我光荣地参加了中国人民解放军，成为西北军区第一野战军骑兵师的一员，由于我生在农村，家庭又比较贫困，所以，19 岁的我已经成熟了。

　　1951 年，我跟随彭老总到朝鲜战场为抗美援朝的战士们送过战马，回队后编入司令部，给胡德利师长当了一名警卫员。

　　1952 年，我又随军离开部队所在地万泉县，来到大同市马军营乡，在那里集训了将近一个月，等待前往西藏增援剿匪的命令。

　　也许有人会问，万泉县距离大同又不远，为什么不在自家的军营里待命，偏偏要把部队拉到大同市去呢？因为，那个时候，万泉县还没有铁路，到西藏路途又比较遥远，光骑马那是万万不可能的，一旦西藏吃紧，我们的兵马完全可以在大同地区用火车运过去，所以，这叫战前准备。

　　果然，我军在大同市待了不到一个月，就被一辆闷葫芦火车秘密送到了甘肃省陇西县，一路上，我们谁也不知道这是要到哪里去，因为军人的天职就是服从命令听指挥，其他的事情无须过问。

　　车厢内，没有灯光，也没有窗户，更没有座椅，我们就各自坐在自己的行李包上，饿了就吃口自带的干粮，渴了就打开军用水壶喝上一小口，也不知走了几天几夜，战士们已经无粮可吃、无水可喝了，嗓子眼干得都要冒烟了，肠子快要粘到一起了，你说躺一会儿吧，哪里有多余的地方可躺，所有的人只能坐在车厢里，你靠着他的背，他依着你的肩，有的人实在困得不行，怀里的长枪掉了都不知道，整个车厢里，充满了汗臭味，至于车厢里的战马，那就更不用说了，这正是：将士金甲夜不脱，身抱长枪入梦乡。

这一次，我们在火车上整整坐了五天五夜，终于到了甘肃省陇西县，并和河南、晋绥两个骑兵师圆满会合，此时的我们才知道这次是要到新疆剿匪去，这才有了三师马踏二狼山，数万雄兵过黄河的壮举。

说起过黄河，虽然七十个年头过去了，但对我这个鲐背老人来说，仍然记忆犹新，感慨万千。

那一年刚好2月，黄河开封不久，河面上还漂浮着少许没有融化的冰块，当我和大部队来到黄河岸边时，我被眼前的景象惊呆了，黄河宛如一条黄色的巨龙横在中原大地，从天的这一边一直延伸到天的那一边，奔腾的黄河水波澜起伏，浩浩荡荡，咆哮着一浪追逐着一浪，还没有融化的冰块在漩涡中来回打转，发出咣咣的撞击声，我们三个师所有的战士，手牵战马，昂然屹立在黄河岸边，以平静的心态去抵制对黄河气势的恐惧，因为我们知道，我们不是来看风景的，渡河，我们都将面临生与死的考验，当然，作为一个军人，从参军那天起，就已经把生死置之度外了，小小的一个黄河，岂能吓倒我们！

胡德利和其他几位师长在岸边巡视了几回，然后用手指着黄河说："同志们！上级命令我们，在天亮之前务必要跨过黄河去，你们也看到了，今天的天气又不咋好，风头又大，河浪一时三刻是不会平息的，我已经派同志们找当地的船民去了，乘此机会，我们不妨找好过河的路线，等当地的老百姓和船民们来了，以便更快地渡河。"话音刚落，就有几位南方士兵站了出来，他们说："师长，我们水性好，这个任务就交给我们吧！"

胡师长掏出怀表看了看，说："那好吧，现在是晚上 7 点，离天明还有一段时间，如果下去了，实在强不过，就赶紧返岸，我们再想其他的办法。"于是，几名士兵二话没说，扑通扑通跳进黄河，奋力向前游去，谁承想，还没有游出几十米，一个急浪打来，他们在漩涡里挣扎了挣扎就不见了，我们站在黄河边，看得那是一清二楚，我看见胡师长严肃的面部抽搐了几下，我的心也一下子从心窝里蹿到了嗓子眼，一分钟、五分钟、十分钟过去了，大家还是没有看到同志们浮出水面，我们似乎预感到了什么。就在此时，又有几位会水的同志站出队伍，还没有向师长请示，又跳入了河流，这一次，又是石沉大海，没见踪影。胡师长一看急了眼，他懊恼地跺着脚，操着一口江西口音喊道："传令下去，没有我的同意任何人不得擅自下河，否则，军法处理。"

我静静地听着，泪水早已模糊了双眼，一种无名的冲动撞击着我的心灵，这时候，出去找船的战士们也回来了，他们领来了好多老百姓，有带绳索的，有扛木板的，还有拿皮囊的。

他们来到胡师长面前，指着黄河说："师长，这是黄河的转弯处，水的回涡量比较大，这里不宜渡河。"最后，他把我们带到一处比较伸直的地方，又从一位老乡手里接过一块皮囊，三下两下，制成一只小船，然后笑呵呵地说："坐上这只小船就可以探路了。"我们一脸的蒙，将信将疑地把皮囊放在河里，有几个士兵早已坐在了里面，用手一划水面，小船果然轻飘飘地驶了出去，大家这才松了一口气，脸上也露出了些许笑容，这时候，又有几十只木船从上游驶了过来，不用说，肯定是当地的老百姓来支援我们的。最后，经过一番讨论，大家制定出一套渡江方案，就是每只船里坐一位有经验的当地老百姓，然后把船用绳索拴在体质好的马脖颈上，由马在前面牵船，船里的人指挥马的动态和走向，其余的人，各自把自己的战马赶下河里，紧跟其后，会水的拽着马的尾巴渡河，不会水的，干脆骑在自己的战马上渡河。当时的场面实在是太感人了。说实在话，我本来就不会水，又晕水，刚开始，确实有些紧张，后来一思谋那几位被河水冲走的同志，顿时勇气倍增，心说：革命是用生命换来的，在国家和人民需要我们的时候，我们早已把生命置之度外了，于是，我解下身上的干粮袋和行李，顺手丢进了黄河，因为只有这样，行驶起来才比较轻快些，我刚刚完成这项动作，就听身后传来一阵阵嗵嗵声，回头一看，见同志们都在效仿我，无数捆行李和炊具在夜幕的见证下，坚定地漂向了下游。

就这样，我们三个师27000多人，一支浩浩荡荡的队伍，在夜幕的笼罩下，只用了十个小时，分两批顺利地渡过了20公里之宽的黄河，同志们高兴之余，点燃了一堆堆篝火，篝火在黄河岸边冉冉升起，映红了半边天。

我和同志们全然忘记了劳累和饥饿乃至于那种刺骨的寒冷，我仿佛看见，我的同志们亲手将贼匪马良活捉。

哈哈，你还真的别说，自打我们进入战场之后，经过一年多的剿匪，在先期进藏部队的配合下，在当地居民的带领下，我们充分发挥自己的骑兵优势，成功地在郎木寺的石穴中将马良活捉。

可惜的是，此次西藏剿匪，有不少同志牺牲在了那片土地上。

敌机轰炸格化司台黄厚骑兵纪实

穆贵宝

这是我耳闻目睹的一场战斗，至今回想起来仍记忆犹新，历历在目。那场残酷的战斗距现在已过去 74 年了。漫长的岁月没有模糊了它，反而越来越清晰。

1946 年，抗日战争胜利后国共和谈不成，国民党大举向我解放区进攻。当年商都一带的我军为了保存实力，向北撤退转移。其中黄厚队伍 1000 多名骑兵于农历十月的一天，撤退行军到格化司台村时，做一个短暂的休整，住了下来。部队的人员抽空帮助老百姓不是担水就是扫院，打扫卫生，忙个不停。

第二天队伍全副武装，集中在村西海沿，进行着紧张的军事操练，明晃晃的刺刀十分显眼，官兵个个生龙活虎，斗志昂扬。那时我还小，远远望去，很是羡慕。下午，我父亲给队伍往 20 里远的大西沟徒步送情报，出村碰见队伍押解魏振华（叛徒）、二满贵（大汉奸）赴刑场。父亲对这些事也不是太了解，还问人家你们干什么去呀？这两个人当天被部队镇压处决。后来父亲给我讲起这事，总说自己很可笑。

这天半后晌，我和母亲在家围在火盆旁，忽听见外面轰隆隆、轰隆隆的声音由远而近响个不停，出门一看地面上什么也没有。抬头一看，才发现有两架灰白色的飞机在天空飞旋。看那个方向，是飞向西海沿黄厚操练队伍的上空。那是国民党的两架飞机，他们从东向西，向操场上的队伍开火。队伍开始一片混乱，两架敌机忽高忽低，来回盘旋，凶猛地向队伍扫射。

村子里的人们吓得乱成一团，纷纷四处躲藏，鸡飞狗跳，很多人慌不择路。我和母亲躲在家中，动也不敢动，更不敢出门。后来又怕子弹从房顶打穿进来，就紧靠山墙。墙是土坯墙，很厚，子弹纵然打进来也不可能打穿墙体。

我们娘儿俩吓得浑身发抖，有几颗子弹从屋顶射进屋里面，把唯一的做饭锅打得稀巴烂，吓得我和母亲紧紧抱在一起，祈求老天保佑躲过这场灾难。

这两架国民党的飞机在操练队伍阵地上空盘旋扫射，战马四处奔跑，横冲直撞。黄厚队伍紧急应战，撤回村里，在老百姓院内进行隐蔽。战士们冒着敌机猛烈的炮火，展开顽强反击，集中火力对空向敌机猛烈射击。格化司台全村天昏地暗，尘土飞扬，有些地方变成了火海，有好几家的劈柴房被敌机子弹打得起火，都烧了净光。敌机视线不清，而作为目标，我军看敌机是很清楚的。经过两个小时激烈的交火，两架敌机身负重伤灰溜溜仓皇向东边飞去。

太阳快要落山战斗结束，我军10多名官兵负伤，有五名战士因伤势过重，壮烈牺牲，很多老百姓痛哭哀悼。出门上街一看，有20多匹战马脊梁被打穿，有的甚至皮毛分离，鲜血直流，疼得四处狂奔乱跑。村里人们担心，思谋这下受伤的战马不能用了，会不会进村要老百姓的马呀？没想到黄厚队伍集中在西海沿北坡的土坡上开会，严格执行三大纪律八项注意，没有征用一匹马，悄悄离开了格化司台村，星夜兼程奔向温都尔庙大沙漠一带。

被敌机炸伤的20多匹战马，在严寒的冬天冻得痛苦不堪，从这家院跑到那家院，成了没娘的孩儿，饿得到处找草喝水，惨不忍睹，非常可怜。人们把受伤的战马领回家精心养护，喂草喂料饮水。伤势严重的几匹马最后只剩下皮包骨头，不久死亡。受伤较轻的慢慢好了起来，日后成了老百姓的精马。

第二天一大早，我上街和好多孩子们忙着捡拾敌机扫射后留下的弹壳弹头耍。这种弹壳弹头有手指大小，和冲锋枪的比起来是又粗又长，到处都是，我足足捡了 100 多个。

现在回想起那场国民党飞机轰炸格化司台情景，仍然有种心惊肉跳的感觉。

如今的生活安宁幸福，而这是无数革命老前辈用鲜血和生命换来的。

珍惜现在美好的生活吧！

我大伯是烈士

贾秀琴

　　我大伯名叫贾玉明，跟我父亲一奶同胞。我奶奶家有四个孩子，大伯为老大，中间是我大姑和二姑，我父亲最小。

　　我奶奶家住在卯都乡卯都村，靠租种财主家的地过日子。我爷爷超级懒惰，又加上身体不太好，所以做田地营生也能省则省，下不了苦功。我奶奶是小脚女人，干不了地里的活。这样一来，奶奶家特别贫穷，吃了上顿不知道下顿。大伯是家里的老大，为了分担家庭重担，14 岁就给同村的财主家当起了长工。大伯是个要强的孩子，由于活干得好，很受财主赏识。即使如此，工钱依然少得可怜。所谓的主子赏识，也只是发放一点鸡零狗碎的小福利。

　　大伯当长工，兼顾家里营生，也仅仅是维持这个家不至于有人饿死。到了成婚的年龄，可是没有哪个姑娘愿意嫁给他。年轻的大伯，多么希望生活能有所改变。

　　抗日战争早已打响，捕风捉影的传说开始在这个小山村里蔓延。大伯也希望自己能加入部队，过那种轰轰烈烈的生活。然而，全家的重担都压在他身上，父母和妹妹弟弟的五张嘴，都等着他来喂饱，怎么能走开呢？

　　1946 年，大伯 21 岁，我大姑、二姑也不小了，能够做田地营生了，我父亲只有6岁，还是个什么都不懂的孩子。这一年，当了八年长工的大伯，迎来了改变生活的机会。全国上下响起了解放战争的号角，征兵的领导就在村里。应征的人几乎没有，除了大伯。因为好多人害怕，即使想当兵，父母也阻拦。最后那一批参军的只有我大伯一人。

大伯毅然决然地参加了中国人民解放军。

大伯走了。临走时的那个清晨回了一趟家。大伯回家时，父亲还没起床。大伯对父亲说："二弟，哥走了，你好好陪着爹娘，等战争结束了，哥会回来的，到那时候我们一起过好日子。"父亲每每给我说起这些，眼里总是充满泪花。他的大哥，就是他的英雄，只是这个英雄，自从走了以后，就再也没有回来。

奶奶心情复杂，有对新生活的向往，也有对大伯的无限愧疚，更多的是对儿子生命的担忧。但她没有阻拦，流着眼泪千叮咛万嘱咐送儿子上了前线。

大伯和新入伍的战友们跋山涉水来到了部队所在地，被编入聂荣臻司令员领导下的晋察冀独立四旅。晋察冀军区是抗日战争时期，由中国共产党领导在河北、山西、察哈尔三省交界地区创建的一支重要武装力量，是八路军在晋察冀边区的最高领导机关。而独立四旅也是一支英勇善战的队伍。

大伯被分配到担架队，负责打仗时往下抬伤员，他无数次勇敢地冲上战斗第一线，救下受伤战友。他跟着四旅官兵们先后参加了解放大同、集宁和张家口保卫战。解放石家庄，使晋察冀与晋冀鲁豫两大战区连成一片。在历史上有名的清风店战役中，官兵们连续抗战八昼夜后仍然急行军几百里给兄弟部队增援，再次打败敌人取得胜利。

1947年底，国民党为统一华北战场的指挥，成立华北"剿匪"总司令部，将其主力部队全面维护北平、天津、保定三角地区，使其在平绥铁路沿线以及察南地区兵力薄弱。晋察冀野战军采取避实击虚的做法，分两路向守备薄弱的察哈尔省南部和绥远省东部发动攻势。大伯所在的四旅也参加了这次战斗。此时的大伯在党的培养下，已经锻炼成一名合格的士兵，他既英勇善战，又成熟稳重地战斗在第一线。这次战斗共歼灭国民党部队1.8万多人，收复了察南广大地区。

1948年4月大伯所在的四旅在河北省唐县罗家村又一次与敌人展开战斗。而这一次大伯没有等到这场战斗的结束，他在救战友的时候，自己不幸中弹，倒在了战场上，只有23岁的他壮烈牺牲了。

大伯牺牲后，上级通知了家属，我爷爷到城里领回了一头牛、五只羊的抚恤金。我奶奶从此不停地哭，眼泪流了一遍又一遍，直至双目模糊，近乎失明！

我父亲到了上学的年龄，由于我奶奶家是烈属，政府给我父亲减免学费，我那一穷二白，做梦都不敢奢望走进学堂的父亲有了上学的机会。高小毕业后，成为一名拖拉机手，在林业部门工作。我奶奶也得到政府部门的照顾，民政局每月给我奶奶发抚恤金。每年正月，县民政局都会派人去我们家慰问奶奶。有一年给我们家发了一个红色的塑料硬皮挂件，上面写着"光荣之家"四个大字。大伯的烈士证，我们至今珍藏着，上面写着大伯的名字和归属于哪个部队，还有发证日期。

大伯是烈士，永远活在我们心中。大伯为全国人民的解放事业奉献了自己的生命，也真真实实改变了我爷爷奶奶和父亲的命运。正是有政府的照顾，父亲能够上学，能够成为一名国营职工。

大伯永远是我们家的骄傲。

我的战斗经历

翁进科 口述　翁　文 整理

　　1927 年，我出生于商都县简家村一个贫苦的农民家庭，1946 年参军，1948 年在部队加入中国共产党。曾先后当通信兵、低炮手、低炮副排长，参加了解放天津战役、太原战役、西安战役和抗美援朝。

　　1945 年 8 月中旬，苏蒙军挺进察北，配合我军作战，于 8 月 13 日开进商都城。8 月 22 日，商都县第一次获得解放。在中国共产党的领导下，首次建立了人民政权。1946 年 10 月，我军撤退后，为适应斗争形势，建立了敌后游击区，也就在这一年，我参加了共产党领导的四支队，当时敌我斗争极其惨烈，国民党政权穷凶极恶，大肆搜捕革命军人迫害家属，我走后，国民党乡公所丁二喜带领一伙乡丁闯入我家搜查，把父亲捆住吊起来，逼迫他说出我的下落，用烧红的铲烫父亲的乳房，父亲几次昏死过去，但是一直咬定我出去当长工谋生，致使父亲的乳头烫掉致残。全村人下跪求情，父亲才苟且着活下来，一年后乳房部位化脓感染入肺含恨离世，母亲双眼哭瞎，不久 80 多岁的奶奶惊吓后卧床不起去世。在乡亲们帮衬下，坚强的母亲挺了下来，抚养我二弟三弟苦熬岁月。

　　当时，四支队驻在查干宝力格（商都西北部吴家村），首长乌勒吉和关保扎布得知国民党地方武装残酷迫害参军家属，便组建了除恶队，化装潜入城内打击反革命的嚣张气焰，处死丁二喜炸毁乡公所。当时我报仇心切，几次要求加入除恶队，因为年龄小未能如愿，但是这支蒙汉组成的革命军队使我深深感受到了温暖，成了我革命的摇篮。

四支队不但坚持巩固扩大根据地，而且还源源不断地向抗击国民党正面战场部队输送人力物力，在贺排长的带领下于 1947 年初，我去了三十六军十八师参加丰台攻坚战，1948 年解放天津战役中我被调到低炮连，后升任副排长，在攻打太原战役中，低炮连八天八夜炮轰太原城，为解放太原发挥了炮火优势，我荣立二等功，受到徐向前首长的接见和嘉奖。

随着解放战争的节节胜利，蒋家王朝被彻底推翻，1949 年 10 月 1 日中华人民共和国成立，历史迈向了新的纪元。美帝国主义亡我之心不死，1950 年悍然发动了侵略朝鲜战争，我所在的部队奉命跨过鸭绿江，奔赴朝鲜战场，敌人之疯狂，战争之激烈，真是闻所未闻见所未见。我们去时已是 11 月，朝鲜北部山区已是寒风凛冽、大雪纷飞，刚踏入朝鲜的第二天下午，忽然响起防空警报声，接着一阵惊喊："敌人飞机来了，快躲避卧倒。"说话间，几十架飞机从低空猛袭过来，轰，轰，轰……几十声巨响，炸得飞沙走石，腾起高高的土柱，我只觉得一股热浪袭来，就被腾起的泥土活埋了。

由于当时我们没有制空权，敌机狂轰滥炸后扬长而去，给我们刚刚入朝的志愿军造成很大的伤亡。我被埋了一夜半天后才被发现抢救出来。当时肋骨炸断，昏迷不醒，卫生员和战友们清理战场时，发现别处都是白雪皑皑，唯有一处弹坑没雪，机敏的卫生员小王马上喊来几名战士挖掘，刨开一尺多厚的沙土发现了我，当时尚有气息，左腿微微动弹，认定我有生命迹象能救活，当场做了简单的包扎，用担架送到随军医院，经过抢救，我终于活了过来，腰部由于受伤严重，直不起来，暂时痊愈不了，部队决定把我送回国，在天津部队医院继续治疗，直至痊愈。

出师未捷身先死，长使英雄泪满襟。我虽然身未死人活着，但每每想起心情十分沉痛，且心有不甘，自己入朝一仗未打一枪未发，一个美国佬没消灭就受伤回国了；一生枪林弹雨闯过来，反而在刚刚入朝时被炮弹炸伤。经过一年多的治疗，1952 年 6 月彻底痊愈了，我还想继续留在部队，组织上考虑我的身体状况，决定让我复员，同年 8 月我转业回乡。

永远铭记的两次战斗

史永春 口述　　傅国强 整理

1926 年 10 月我出生于河北省赤城县马营乡三道沟村一户贫苦的农民家庭。1944 年参加革命工作，进入赤城县通讯班。为县委送信。1946 年调察北骑兵大队任排长。这支队伍属地方武装，编制也是营连排班。在此期间，没有大仗，小仗经常发生。记忆犹新的战斗有两次：

1946 年，沽源大雁滩一带的一个村子里，驻有国民党的乡狗子一个营，有 50 多人。我们准备去把它们吃掉，我们去了两个连有200 多人，因此也不把他们放在眼里，在靠近他们时，我们就立刻冲过去，把他们冲散，然后再吃掉他们。就在冲到离这些乡狗子不远时，突然旁边不远的另一个村子里出现一队国民党兵向这些乡狗子靠拢。我们营长见势，立即命令：一排掩护，其余赶快撤退！当时，我正是一排排长，听到营长的命令，我立即观察周围地形，发现村子的后面有一小山包。我就把我排的 30 多人布置在这个山包上。把马隐蔽在山坳里，由两个战士看守。当时，我们的装备也不行，大都是老套筒，有少量的几支步枪马枪，手榴弹每个人有四五枚。于是，我就告诉战士们：准备好手榴弹，敌人上来了，听我命令，我们同时扔手榴弹。敌人首先派出一个连 100 多人向我们包围过来，快接近我们时，我发出了命令：快扔手榴弹！于是战士们把准备好的手榴弹同时扔了出去。炸得敌人人仰马翻，嗷嗷叫唤。把敌人打退了。20分钟后，敌人通过分析，又精心地组织了第二次冲锋，待敌人上来时，我又组织战士们同时投手榴弹，阵地上顿时浓烟滚滚，敌人又退回去了。大约40分钟过去了，我们的大部队已撤退到了另一个大山包上，进入安全地带。旗语兵发来了信号：任务完成，快速撤出战斗！于是，我发出了撤出阵地的命令。随即，大部分战士撤出来了，只有一个班长还趴在那里，我掏出枪，在他的旁边打了一枪，他一怔，才醒悟过来，然后提枪撤出了阵地。转过两个山包，我们赶上了大部队，到了绝对安全地带，我清点人数，我们缺了3人。此战，敌人死伤30余人，我方牺牲3人。这时，我紧张的心情才慢慢放松下来。感觉裤子里黏糊糊的，手伸进去一摸，又伸出手一看，哪来的血啊？吓了一跳，没感觉疼啊，脱了裤子一看，大腿的内侧被弹片也不知道是子弹擦了一下，于是，卫生员给包扎了一下。此战由于没有缜密的侦察和分析，战后感觉挺危险的。

另一次记忆特别深刻的战斗是在1947年的初冬。地方要进行"搬石头"运动，因为地方人手不够，把我抽到沽源县第五区，任地方上工作组的副组长。所谓的"搬石头"运动，就是清理压在人民群众头上的剥削者、压迫者、对解放军不利的人。把他们抓起来开公审大会，罪大恶极的处以极刑，被蒙骗的一般人经教育放回去。当时我所在的五区共抓了七八个这样的人。我的任务是带领20个区小队队员把他们押到县里去。其中有三名是罪大恶极的重点看管者。走到韭菜沟时，我们就决定住在这里，韭菜沟距沽源县城平定堡20里，平定堡是个大镇，驻着国民党军的一个团。韭菜沟挺长的，有六七个村。为了不引起敌人的注意，我们分别把这些人分散在三个村子里，三名重犯放在一个叫陈家营的村，派了几个人看管着。这个村比较隐蔽。其他人分别住在了另两个村。我住在一个叫一卜树的村。这个村距那两个村都不远。

到了半夜时，枪声大作，惊醒后，留两名战士看管被押人员，我带着短枪，其他人带着长枪赶快向陈家营跑去。快到陈家营村时，看到村里面手电乱晃，我们几个人趴在村外仔细观察，枪声稀疏时，我们快速向村里跑去。快到村里时，突然，从村里跑出一个人，我们截住一看，是三个人里面其中的一人，这个人姓刘。我问他是怎么一回事，他说：刚才来了国民党兵 100 多人，和看押的打起来了，抓了两个，把我们放了。于是，我们押着这个姓刘的悄悄地回到了看押他们三人的那个家。这时，另外的两个人没跑还在，准备天亮了再跑。一会儿，那几个队员摸回来了，于是，我命令他们迅速去县里报告。一边迅速通知其他村里的队员们，押着那些一般分子们向县里靠拢。待把这些人都押到县里后，我们思忖感觉不对，又回到了陈家营，进行摸排，敌人为什么知道我们的事？通过眼线报告，发现有一个灵丘人有问题，经过审问，就是这个人告的密。我们又把他押到了县里。被敌人抓走的那两名战士，被敌人杀害了。

这是我参加革命以来，独立指挥完成了上级交给的任务。仔细想一想，我并没有什么功劳，真正有功劳的是那些长眠在那片土地上的战友们！

史永春简历： 1926 年 10 月 16 日出生于河北省赤城县马营乡三道沟村一户贫苦的农民家庭。1944 年参加革命工作。进入赤城县委通讯班，为县委送信。1944 年 12 月加入中国共产党。1946 年调察北骑兵大队任骑兵排长。1950 年 9 月任商都县十区区委书记。（驻地马天祥村，现大营子村，大黑沙土镇驻地。）1953 年 1 月任商都县纪律检查委员会副书记，兼人事科长。1954 年 7 月任商都县委常务委员。1960 年 1 月任商都县畜牧部部长。

追随门政委剿匪

翁茂胜 口述　　竺元平 整理

　　我叫翁茂胜，1931 年农历正月二十九出生于当时的察哈尔省兴和县大库联郝沟村。我的祖祖辈辈都是贫苦的农民，为了一家人的生活，父亲常年给财主放牛放羊。那时候，天下并不太平，人们的日常生活过得也是提心吊胆，由于军阀横行，连年征战，政权不稳，一些兵匪时常进村侵扰老百姓，使得人们的生活更加艰难，村里卖儿卖女、逃荒要饭的现象经常发生。

　　在这样的背景下，我 8 岁时的 1938 年，记得正是豌豆花开的季节，父亲带着我们一家人开始四处流浪，随着全村逃荒的人群一路向北，沿街乞讨，风餐露宿，也不知道走了多少天，终于在一天的黄昏时分，来到了如今商都县大库伦乡的杜林村。这个村子不大，仅有十几户人家，前村后村之间一条深沟相隔，村子南边是起伏的群山，当时相对地讲，村里人们的生活略显宁静。在乡亲们的帮助下，我们一家暂时定居了下来。天性纯朴善良的父亲，凭着一身的力气，给村里的几家地主当长工来养活一家人，也正是这个时候，华北卢沟桥事变爆发了，日本鬼子的铁蹄已踏上了华北大地，全国广大民众在多重势力的压迫下生活得更加艰难。处于华北地区察北的商都当然逃不出悲惨生活的命运。记得当时我只有七八岁，虽然对民族仇恨一点儿都不懂，但那时我很机灵，对我们一家人从兴和到商都的一路颠簸，来到了这个人生地不熟的村庄的情景，记得很清楚，我常常一个人坐在大门口的石头上苦思冥想：人们为什么要逃荒，我们一家为什么要来这里，来这里为啥还是缺吃少穿，这些幼稚的问题，在我心中不知想过多少遍。随着我渐渐地长大，也好像懂得了一些生活的道理，人要想出人头地，过上好日子，必须先读书。然而，在当时的家庭背景下，家里哪有条件供孩子们念书啊？

现实是残酷的，按我的年龄目前只能帮着家里做些力所能及的事情，像担水、放羊是我常干的事情，再说全村也没有几个识文断字的人，村里的人们基本上都是早出晚归，糊口度日，在死亡线上挣扎。到了我十一二岁的时候，生活的磨炼让我学会了许多本领，农活样样干得好，家里已经不把我当作孩子了，担水、搂柴、拾粪、种地、锄地，都能干。

这个时候，村子里隔三岔五有十几股土匪、"棒儿手"轮流出没，当时人们称"请财神"。每当人们看到大路上快马疾驰，尘土飞扬，一定是土匪来了，全村的人就四处逃散，来不及躲藏的，被土匪捉回来百般折磨，不是要钱，就是要粮，老百姓就像待宰的羔羊，那年月，真能把老百姓逼上绝路。

以共产党领导的革命地方武装县大队和区小队正活动在商都周边村庄，为了打击土匪的嚣张气焰，常常深入乡间小村，调查匪情，企图一举铲除匪患。恶劣的环境下，当时横行商都境内的匪徒有左六子、石玉山、周喜顺、赵连生、苏美龙、陈发、高七子、宋佃元、范五子、杜九子等十几股。

1947 年秋天，以门振铃政委领导的共产党的队伍来到了我们村，进行革命宣传，当时，我已经是十七八岁的大人了，全村的老乡都集中在村中央，听门政委讲革命道理，我越听越觉得共产党是为咱穷苦人打天下的，门政委通俗易懂，深入浅出的讲话，深深地打动了我，让我暗暗产生了要当兵入伍的想法。回到家里，经过一家人的商量，父母竟然也同意我参加革命的请求，我便成了一名新的革命战士，从此，我跟着门政委爬雪山、钻地道、挖战壕、修工事、苦练本领，活动在广大的商都地区。参军后，在门政委的领导下，多次与土匪作战，把商都地区的土匪打得闻风丧胆。从我参加革命到商都的彻底解放，几年来，我跟随共产党的队伍走遍了商都地区的各个村庄。当部队休整时，苦练本领，骑马射击，到了战场上，英勇杀敌，冲锋陷阵，特别在商都北部的尹司令围子、库伦图、西营子、一卜树、章毛勿素等地区留下了无数的战斗足迹。

有一次，部队行军几天后，正要埋锅造饭，突然，后卫部队发现有一支像是敌人的骑兵部队，沿路飞马疾驰，足有100多人，这时门政委十分镇定，命令做好战斗准备，我们暂时放弃了计划行军的路线，转入了一个布满荆棘的山沟里，所有人员都做好了迎敌的准备，当时还有赵秀、王建奎、邓军、刘庆国配合我们作战。经过一个多小时的仔细观察，发现骑兵队伍松散，不像是敌骑兵，后来证实，这是牧民的马群在倒换草场，一场虚惊过去了，表现了我们共产党领导的队伍具有极高的警惕性。这次行军，我们胜利地到达了锡林郭勒草原的一个叫辉腾尼圪素的地方，顺利地完成了转战任务。

枪林弹雨中，在门政委的率领下，经过多次剿匪作战，我英勇顽强，不怕牺牲，加上思想进步，头脑灵活，1949年光荣地加入了中国共产党，成了革命队伍中的骨干，后来又被提升为部队某班四班长。在那艰苦的岁月里，门振铃政委率领我们爬雪地、踏沙漠、摸敌情，深入虎穴，冒着枪林弹雨，从一个胜利走向另一个胜利。在战场上，我多次受到了上级领导的表扬，令人痛心的是，1950年在化德县刀棱山与土匪的一次激战中，我的一个战友董万友（外号二牛倌，西营子村人），献出了年轻的生命，这次战斗给我党造成了一定的损失。如今，我们进入了社会主义新时代，战争的尘嚣早已不复存在，但我们要不忘先烈遗志，牢记初心使命，共产党永远是我们的大救星。

1952 年到 1953 年，商都全面剿匪期间，我受上级组织委派，多次到蒙绥军区、河北徐水华北六团进行军事集训，学习战斗经验，提高作战能力，组织上也多次为我颁发了纪念章，遗憾的是，由于常年转战各地，环境恶劣，居无定所，致使一些纪念章遗失，成了我终身的遗憾。

在彻底铲除了商都土匪的 1954 年，我光荣地从蒙绥军区退伍转业了，回到了老家杜林村，从事农业生产，几年来，又为改变家乡的面貌做出了榜样。转业地方务农期间，先后在张家口汽车大修厂做过保卫工作，也当过汽车司机，1961 年到 1989 年，在商都县城关镇南关、东关任党支部书记，带领社员兴修水利，打大井、修堤坝，为农业生产尽心尽力，做出了应有的贡献，1991 年，退居在家。

老 兵 孙 瑞

岳瑞平

1929 年正月，孙瑞出生于商都县小海子镇西大井村。

1948 年，19 岁的孙瑞参加中国人民解放军，所在部队是华北军区野战军聂荣臻部，同年 12 月参加解放张家口战役。

1948 年 11 月 30 日，华北野战军第三兵团占领柴沟堡、万全，华北野战军第二兵团将傅作义派来援助张家口的三十五军阻在新保安，并对其"围而不打"，对平、津、塘"隔而不围"，以便在敌人难以觉察之中，完成整个平津战役的部署。聂荣臻还按照中央军委部署，在平南、石门、德州等地迅速构筑数道阻击阵地，以防止敌人从陆上逃跑。这样就撒下了天罗地网，使华北的敌人插翅难逃。

12 月中旬，孙瑞同志所在华北第二兵团根据既定部署，在西线对敌三十五军开刀，12 月 22 日，新保安战役我军胜利结束，全歼傅作义"王牌军"三十五军 1.9 万余人，击毙军长郭景云。23 日，张家口守军率部出大境门，妄图逃往绥远，被我华北第三兵团、东北野战军第四纵队堵击围歼，12 月 24 日，张家口解放。

1949 年 1 月 15 日，解放军经过 29 个小时激战，堡垒林立的天津被攻克，全歼守敌 13 万人。

新保安、张家口、天津战役的胜利结束，为和平解放北平（北京）创造了有利的时机。三次战役结束之后，部队短暂休整，孙瑞同志因在战斗中表现突出，被提升为副排长，光荣地加入了中国共产党。

北平（现北京）和平解放之后，孙瑞同志所在部队按照上级部署，步行行军25天赶赴山西，参加解放太原战役。太原战役历时半年之久，战斗分外惨烈。盘踞在太原的阎锡山部凭借太原多山，易守难攻的有利地形条件据守太原，同我军展开了长达半年之久的战争。孙瑞同志同战友们一起不畏困难、不怕牺牲、服从命令，英勇作战，终于取得了太原战役的全面胜利，迎来了太原这座历史悠久古城的胜利解放。

解放太原之后，孙瑞所在部队执行上级命令，整装待发，准备凭着两条腿奔赴西北战线，参加解放宁夏的战斗。部队起身不久，宁夏马鸿宾部起义投诚。孙瑞同志所在的部队又一次完成中央军委的战略任务，回驻天津。

1950年7月25日夜7点，孙瑞同志所在部队接到中央命令，连夜行动，雄赳赳气昂昂跨过鸭绿江，开赴朝鲜，投入炮声隆隆的抗美援朝的战斗中。

1950年12月，朝鲜清川江围歼战打响。战斗进行了七天七夜，一度进入白热化。孙瑞和战友们不顾零下30多度严寒，脱下单薄的棉裤，跳进结冰的清川江，江水冰冷刺骨，岸上枪炮不绝。坚冰刺破了战士们的双腿，鲜血染红了清川江。英勇的志愿军战士们怀着对祖国人民的热爱和对美帝国主义的仇恨，以崇高的无产阶级斗争精神冲上岸来，奋勇杀敌，一举取得了清川江围歼战的胜利。

1951年2月11日，朝鲜横城阻击战打响。孙瑞同志带领全排战士深入敌腹，奔赴物安里投入战斗，在531高地遭遇敌坦克攻击。孙瑞带领战士们巧妙地利用高地坡陡，坦克行动不便态势，抓住战机，以手榴弹火力牵制敌人，孙瑞同志在战士们火力掩护下主动出击，把五六个手榴弹捆在一起投到敌坦克下，使敌坦克受到重创，为我军主攻赢得了宝贵的时间，胜利地完成了横城阻击战的战斗任务。

横城阻击战胜利结束之后，孙瑞同志所在连队获得集体二等功，孙瑞同志本人获得个人一等功。

抗美援朝战争结束，孙瑞同志回国后于 1956 年复员回乡，自此之后一直在商都县小海子镇西大井村务农，直到 2022 年 4 月去世。

孙瑞同志在解放战争年代参加大小战斗无数，表现突出，立功受奖。全国解放以后，又义无反顾奔赴朝鲜，参加抗美援朝战争，在历次战斗中奋勇杀敌，表现了一个共产党员的大无畏的革命精神。复员回家之后，孙瑞同志安心参加生产劳动，从未向国家提出特殊要求，高度体现出一个共产党员的优秀品质和优良传统！

热血洒唐山

——记抗震救灾牺牲的袁有来同志

翁　文

袁有来同志 1957 年出生于商都县西坊子公社小翁家村。7 岁那年，母亲积劳成疾过早离他而去，15 岁那年父亲又得了肺气肿，当年冬天命赴黄泉，20 世纪的五六十年代，农村农民生活本来就紧巴巴的，而袁有来更是雪上加霜，日子过得可怜，吃了上顿没下顿，就是有吃的也不会做。半年后，隔壁表叔单身汉二全何看他实在可怜，不顾自己体弱年迈收留了他。

苦难的童年，命运的多舛，历练了他倔强而善良的性格。炎热的夏天，太阳炙烤着大地，不冻河水库（当年不冻河水库蓄水量饱和）游泳划船的人络绎不绝，袁有来更是每日必去。他长在不冻河畔，10 岁就学会了游泳，而且十分娴熟，除了上学其余时间就是游泳摸鱼。一天，来了几个成年人和一个七八岁的小孩划着一只小筏向水库中央驶去，这个小男孩顽皮，看见水中的鱼儿伸手去捞，不慎栽入水中，危急时刻，正在岸边和几个小伙伴耍水的袁有来听见呼救声，一个猛冲潜入水库底救起小男孩，救命之恩比天大，那个男孩的父母买了一身秋衣和一个西瓜感谢他。这是他来到这个世界第一次穿上这么光鲜的衣服，更是生平第一次吃了一颗圆溜溜的大西瓜，那年他才 13 岁。

1970 年，他考上初中，可是因家穷读不起书不得不和二叔种地干农活。也就是这一年，解放军野营拉练，小翁家村住了一个连，生性勤劳好动的他一有空就缠着这位连长跑前跑后也要当兵。连长知道他的家境后看着眼前这个勤快灵活的小男孩动情地说，"你现在还小，不够年龄，等你长大了我一定带你当兵。"几天后的一个夜晚，部队悄无声息地走了，倔强的袁有来第一次无奈地失声痛哭，他暗暗下决心，我一定要当一名解放军战士。

和二叔干了五年农活，直到 1975 年 18 岁的他终于实现了当一名解放军战士的愿望。那时征兵大部分是农村义务兵，所以名额相对较多，他第一个报了名。在大队党支部书记郭连恒和民兵连长的力荐下，他幸运地被录取了。参军走的时候，穿着一身绿军装，显得整个人英姿飒爽，全村人都敲锣打鼓地欢送他。大队党支部书记亲手送他一支钢笔和一个笔记本，勉励他好好学文化，为国争光，为全村父老乡亲争光，人们都夸他是个好小伙，去部队肯定有出息。

经过三个月的短期训练，他被分配到唐山军区当通信兵。每天在野外拉电线修电路，由于小伙子勤劳认真，表现突出，荣立三等功。消息传到村里，别说亲人二叔有多高兴，就是乡亲们都伸大拇指，夸奖他果然有出息，不负众望，是个好孩子。

1976 年，是一个惊天动地的年份。7 月 28 日凌晨 3 时 40 分许，一个黑色可怕的瞬间，灾难在睡梦中发生——河北省唐山市发生特大地震。袁有来所在部队距离震中百余公里。疯狂的地震惊醒了熟睡的大地，也晃醒了熟睡中的战士们。巨大的轰鸣，闪亮的白光，抖动的大地，相继倒塌的房屋，指战员们开始以为遭到了原子弹的袭击，毕竟那是一个战备弦紧绷的岁月。袁有来没等号令响起，操家伙冲了出来。余震继续袭来，这时人们才意识到是地震。连队的平房没有倒塌，但雷达室和相对稍高的建筑都支离破碎，驻地乡亲们的院落一片狼藉。他们自觉投入救灾中，一部分人抢救被掩埋的物资，大部分人都到驻地救人。这时，他们还不知道震中心是唐山，这座百万人口的城市遭到毁灭性破坏，几乎被夷为平地。

唐山大地震，牵动了全国人民的神经。党中央决定，以中共中央第一副主席、国务院总理华国锋同志为团长的慰问团第一时间赶赴唐山，视察灾情。中央作出历史性选择，凝聚万众一心，举全国之力对决重大灾情。军委命令附近驻军火速驰援唐山，以人民解放军为主力，与唐山人民共克时艰。人民子弟兵热血铸就，危难之际显身手，党中央一声令下，一支支钢铁洪流奔腾向前，从四面八方奔赴唐山地震灾区，用青春热血谱写了一曲曲抗震救灾的壮丽凯歌。

袁有来所在的部队接到命令后，徒步奔赴唐山。道路被震得裂开一个个大口子，铁道铁轨被震成麻花。由于灾情严重，命令紧急，再加上准备仓促，开进的部队没有大型机械，甚至连铁锹、大锤、钢钎也不能保证人手一把。工具不足，但他们都有一双温热的手，临时能找到的棍棒代替铁锹镐钎，用双手扒开砖瓦，掀起一块块沉重的楼板，扯断一道道钢筋，从废墟中救出一个个痛苦呻吟的人。

他和战友们不顾余震的危险，救出十几位市民。正当他们准备休整的时候，从另一处废墟里传来妇女和孩子的哭喊声，他赶紧再次冲进断壁残垣里，来不及找工具，徒手搬砖块、大石头、土块，不一会儿，一位妇女被刨出来，她身下还紧紧搂着一个两三岁的小孩，战士们把妇女和孩子刚抬到空旷地带，又听见废墟中喊救命，他和另一个战士赶快转身跑进废墟寻找，就在这时，又一次余震，建筑物再次抖动，紧挨着他的一堵水泥墙轰然倒塌，把他压在底下，战友们边喊边奋力刨，等到刨出他的全身后，他已经毫无生命体征了，他永远地离开了战友们，离开了这支英雄的部队，走完了他年仅19岁短暂而宝贵的人生之路。

　　春风和煦，大地染绿，46年过去了，此刻，面对不冻河畔树木葱茏，层林尽染，我忽然想起毛主席的诗句：为有牺牲多壮志，敢教日月换新天。是的，放眼共和国的大好河山，缅怀46年前唐山大地震牺牲的英烈们，振兴中华民族，这是我们对英烈们的最好纪念。

文　艺　精　英

商都虽够不上物华天宝，却也堪称地灵人杰。新中国成立之际，从这片贫瘠的土地上涌现出许多青年才俊。他们凭借着刻苦勤奋，将自己的天赋发挥到极致，在文艺的百花园中大显身手各领风骚，成为天之骄子。这是我们商都永远的骄傲。

商都籍画家刘巨德

舒　正

　　画家刘巨德像他的巨幅画作《生命之光》那样，一生散发着激滟的生命之光。自然界的万物万象，皆在他的画笔下显得生动逼真，浑然天成，写载其状，托之丹青，内可乐志，外可养身，为画坛奉献了一份真正的艺术瑰宝。他是塞北家乡商都人的骄傲！

　　刘巨德1946年出生于商都县十八顷镇唐头营子村，蒙古族。1970年毕业于中央工艺美术学院，1973年任云南美术出版社编辑，1978年考取清华大学庞薰琹教授研究生，研究学习中国传统装饰艺术与西方现代艺术之比较，毕业后留校任教。曾任清华大学美术学院副院长、学术委员会主席、学位委员会主席，是清华大学首批文科资深教授。现为清华大学美术学院绘画系教授、博士生导师，清华大学吴冠中艺术研究中心主任，中国美术家协会理事，北京美术家协会理事，中国画协会常务理事。享受国务院政府特殊津贴。

　　刘巨德虽然出生在农村，但幼年就表现出对绘画的痴迷。他常常被村里丧事中的金童、玉女、纸人、纸马、庙堂画、棺材画吸引，还跑到村里民间艺人家看捏泥人。上了小学，看乡镇街头的大壁画，感到特别有兴趣。他13岁考入十八顷中学，遇三年自然灾害，身患有疾，仍在阅读小人书、临摹连环画。1962年，他考入商都中学，参加课外美术班，随石如珠、曹锦明老师学习绘画，画静物、画雷锋连环画、宣传画，受到班主任龙贯如老师的特别鼓励和资助。1965 年，他考入中国工艺美术学院，入学仅一年，"文化大革命"开始了，看到学校墙上的"黑画展"彩墨人物，懵懂中着迷，深受感染和影响。1970 年，他随全校师生下放到河北省涿鹿县李村，接受再教育期间，被怀疑为"五一六"反革命分子，遭批判、受监管，不允许画画。尽管如此，他还借上厕所的机会，蹲在茅坑上默画。1972 年师生被解放，有幸观看吴冠中、祝大年、袁运甫、白雪石、袁迈等老师在李村街头、地头、房顶画写生，受益颇多。1973 年，刘巨德任云南人民出版社美编，与同学钟蜀珩相爱、结婚。1976 年与妻子钟蜀珩合作的油画《一月哀思》入选云南省美术展。1977 年，与妻子钟蜀珩合作的油画《欢腾的边塞》入选第七届全国美术展。在艺术的道路上，他不屈不挠，执着追求艺术的真谛，以画再现自然之景观、宇宙之奥妙，艺术的境界得以升华！

刘巨德的画作个性独特。1965 年，刘巨德考入中央工艺美术学院，自此走上了一条艺术之路，学成之后，便一心潜入绘画，终生与艺术为伴。他深谙绘画的原理和技巧，怀着博大的人文、绘画情怀，在创作中遵循"道生万物，万物生道"的宇宙之理。所以，刘巨德先生的画作具有大气磅礴、栩栩如生、表现真善美、极富想象力的特点。长 27 米，高 4.9 米的《生命之光》画卷，震撼人心。人与植物动物，相依相偎，相亲相爱，疏密有致，合二为一，光亮流泻，散发着和谐共生、返璞归真的氛围，一切都被大自然赋予生命的活力，天人合一的美，惠及所有的生命。《追日草》也是一幅巨画。画面上，齐腰高的草直立葳蕤，根系紧紧抓着泥土，花朵、果实点缀其间，一派生机盎然的景象！宋代诗人李霜涯的《晴偏好》的意境"平湖千顷生芳草，芙蓉不照红颠倒"的美意在草尖上轻轻地流淌，赏心悦目，流连忘返。《花开后草地》是他和夫人钟蜀珩在乌兰察布草地写生的作品。他把对草原的挚爱，用绘画铺陈于纸上，让人真实感受到草原的壮阔雄美与缠绵缱绻的万种风情。刘巨德说自己是来自"后草地"的人，喜欢画草，也喜欢画沙漠。他对家乡草原情有独钟。

刘巨德的画不但洋溢着浓郁的自然气息，又显现着浓郁的艺术氛围，每一幅画作的冠名极富诗情，如"草花听月""一朵云""青月下""秋叶草""月光下"等等。物与画，相辅相成。他的画册都是集美之作，饱含着博大的艺术含量和艺术魅力，有着极高的艺术价值。

刘巨德一生涉猎广泛，作品有国画、油画、陶艺、雕塑、石刻、汉砖、壁画、漆画、文人画、西方现代绘画、民间画等，皆有成就，是集多种绘画技艺于一身的艺术大家。在深厚的理论指导下，怀着寻源问道的艺术情怀，绘画以爱心、真心、真情，画出真实的大千世界。作品立意鲜明，画风独特，独树一帜，在中国画坛一枝独秀！

"用看不见的去画看得见的，用看得见的去画看不见的。"这就是刘巨德独特的作画技巧，游走、幻化、模仿道生万物。他的笔下是一个个活着的生命，它们有形有色、有气有骨、有血有肉。画画的过程就是模仿道生万物的过程。刘巨德画画时，在白净的宣纸上，用一米长的画笔蘸上浓墨，点于纸上，继而试图占满、把握、稳定整个空间。至于放上去的墨块、墨点、墨线是什么物象，并不确定。任由画笔由着这些不确定的点、线，慢慢地旋转游走，逐渐形成点线抽象的韵律，弥漫全纸。千笔万笔非一笔是物，但最终又都幻化出了物。这便是从不确定性的抽象点开始，到幻化成物的原理。笔始终游走在画作的每一处，每一个角落。正如条条大路通罗马，画出好画就好，这是他的手法。刘巨德手头功夫硬，有超强的应变能力。喜欢在不确定中默画，从中发现或生发意外的、非预设的形象和情景，养成了在摸索中即兴作画的习惯和快感。

刘巨德作画追求终极真理"道"，便是中国哲人的自然观、宇宙观、人生观。"物生道，道生物，物为道之成，道为物之行，天地之气物之道。"他借鉴古人游观自然、回家默画的经验，掌握中国的宝贵传统即兴默画，旨在画道，而不是画物。领悟和实践了古人的"画即道""以一管之笔拟太虚之体"的箴言。古人已把绘画的原理、目的、境界提到了模拟道的高度，这是中国画神妙的原因之所在，也是屹立于世界之林之所在。所以，刘巨德的画件件是精品，了然于胸而外化于物。

他在作画时，任何一条线、一块色、一束光都是多义的，泛形的，指向什么物象是多重的、模糊的、不确定的、可变的。形、物、色、线、光犹如一个抽象的空框，万物皆聚合在空框的有无间，把一张纸或一块布视为一个容器，将一个或众多物象放进去。想象在抽象的空间内生出物象，物象和空间是一个不可分割的场，互生互长，便成了画作。其绘画的秘诀在太极。

刘巨德先生对艺术精益求精，常常是举着一米长的大笔，一画就是几个小时，对艺术的执着和毅力，可叹可赞，可敬可佩！名扬海内外的大画家就是这样炼成的。2017 年，在他 70 岁的年龄，才举办了第一次画展，而且是向庞薰琹老师的汇报展出。中国美术馆馆长为刘巨德和钟蜀珩的艺术作品展写下的精美题词："纯朴归真·心照万象。"2017 年，中国美术馆学术邀请展上，他把自己创作的十幅巨画，捐献给中国美术馆。他说，我最终是为祖国画画。随着他的绘画名气越来越大，许多美术馆都邀请他参加画展，并进行指导，一些网络媒体也对他专门采访和报道。2023 年在北京悦阳空间的展出中，展出国画、陶塑、瓷艺作品 70 多件。雅昌艺术网对他进行了专题采访和专稿报道。他的艺术影响越来越广泛。

刘巨德一生成果丰硕，他出版了专著《图形想象》和《面对形象》。出版画册《刘巨德素描集》《刘巨德中国画作品集》《刘巨德油画作品集》《刘巨德写生作品集》《刘巨德陶艺雕塑作品集》《刘巨德扇面百图集》《混沌的光亮——刘巨德艺术作品集》。2021 年清华大学 110 周年校庆，主编大型艺术文集《向美而行》，这一部时代华章，以其隽永至臻已载入史册。

作为蜚声中国画坛的名家，刘巨德身在北京，心系家乡，为家乡精心设计县标"水漩神驹"，这项宏大的工程于 2011 年在商都境内落成，一座旷世的雕塑凌空而起，屹立于家乡的一隅，也铭刻于商都人民的心中。

作者简介：舒正，女，散文家。目前已出版散文集《舒正散文（一）》《舒正散文（二）》；主编《里快文学作品评论集》《里快文学作品评论集（草原卷）》。作品多发表于《人民文学》《散文》《散文（海外版）》《十月》等报纸杂志。

张蒙蒙的人生之歌

舒　正

　　张蒙蒙，新西兰中国文化艺术学校校长，中纽（新西兰）文化使者……看着这张底色鲜红的精致名片，我仿佛听到了从异国他乡传来蒙蒙响亮的人生之歌，跟着思绪又回到了那遥远的年代。

　　那时候，我是商都县大南坊子公社壕欠大队吴家村小学一名年轻的代课教师，蒙蒙是我班里的一个学生。我担任着一个复式班的教学，语文、数学、唱歌，样样都教。在艰苦的生活和工作环境中，常常会听到蒙蒙甜美的歌声，因为有了她的歌声，学校显得生气勃勃。

　　凡是听过蒙蒙唱歌的人，都说她嗓子好，问她为什么？她笑着说，那是从小哭出来的，要说还得感谢那个饥荒的年代呢。接着便告诉人们，她出生在60年代困难时期，那时，家里没有吃的，妈妈没有奶水，襁褓里的她饿得从早到晚都在张着嘴巴哭，于是，便练就了一副惊人的大嗓门。那响亮的啼哭，不啻是一串不寻常的音符，这些音符，为她谱写出了动听的歌，也为她日后的女高音奠定了基础。

　　蒙蒙的人生是用歌串起来的，爱唱歌是她的天性。蓝天白云下，她唱着歌采花儿，花儿听着她的歌，就舒舒地绽放了；她唱着歌儿拔猪菜，菜篮子里不一会儿就盛满了野菜，猪们吃了这些菜，就蹿着劲地长；她唱着歌捡粪，那粪的臭味儿会变得淡淡的；她唱着歌劳动，疲劳就躲得远远的。

晨曦中，蒙蒙像云雀一样，唱着歌飞到校园，夕阳下，又唱着歌欢乐地走进家门。"唱、唱，成天就知道唱，烦死人！"母亲不耐烦地说。蒙蒙不理睬妈妈，锅碗瓢盆"哗啦啦"的撞击声与她的歌声汇成一曲交响。她就那么唱着，清晨在她的歌声中徐徐地拉开帷幕，太阳在她的歌声中露出火红的笑脸，山川在她的歌声中壮丽，草地在她的歌声中变绿，空气在她的歌声中清新，星空在她的歌声中璀璨。人间的一切，都在她的歌声中美好着。这魅力无穷的歌啊！

当蒙蒙无忧无虑地歌唱的时候，家里的日子却特别苦。愁啊，八个娃，吃啥，穿啥？母亲说，唉，要拉扯大他们可不容易呀！可什么是愁，什么是怅，蒙蒙不懂。凡是地里长的，能吃的就吃，灰菜、苦菜、沙蓬、车前子、蒲公英……杂七拉八的野菜从小吃了个遍。只要能吃饱肚子。穿那更是小事一桩，父母穿罢的，哥哥姐姐穿小的，母亲给改做一下，她就穿；衣服补丁摞补丁，百家衣似的套在身上，她从未嫌弃过。

高中毕业后，蒙蒙执意考艺校，全家人都反对。吃穿都顾不来，还能再上学？可天性活泼、倔强的她硬是去参加了考试，最终白白花了20块钱报名费。气得妈妈直骂，不听大人的话，手背朝了下！这20块钱报名费还是借的呢，怎么还人家？可第二年，她照样去考。还是没报名费。这一回，妈妈说啥也不给她再出去借了。一位热心的老师适时把钱递到蒙蒙手里，"拿着，报名去吧。"老师说。她感激地看着老师，又一次报了名。就这样，蒙蒙硬是考上了内蒙古乌海市艺术学校。这以后，她便一头扎进了音乐的海洋里。

从艺校毕业以后，蒙蒙没有满足，她把渴望的视线瞄准了更高学府。那时，她已铁了心，活不出个样子来，不回去见父老乡亲。于是，她一边学习唱歌，一边学习文化课，起早贪黑地背英语单词，听录音校正口语，三个月以后，开始向中国音乐学院发起冲击。考试时，那些大城市的娇小姐根本不把她放在眼里，认为她年龄大，身段也不美，又是内蒙古来的，天生就差她们一截儿。谁知，当轮到蒙蒙唱歌时，她的女高音在演播厅里回荡着，那些娇小姐捂着耳朵，躲到墙角互相咬着耳朵说，内蒙古人，厉害呀！她被录取了。

大学也得花钱啊，可是家里依然困难。于是，为了顺利地完成四年的大学学业，蒙蒙边学习，边利用早上、中午、晚上的时间出去打工。清晨，人们还在睡梦中，她已经把菜市场清扫得干干净净，中午和晚上再去酒店里刷盘洗碗。学习、工作、打工，累计起来每天都在十五六个小时。晚上躺在床上，困得不翻一个身。繁重的劳动，把她的手指弄弯曲了，成年以后，怎么也伸不直，这样的手指是不能弹钢琴的。为了让手指恢复原样，晚上，她就在两个手背上各压三块砖头，天天不间断。长时间的重压，终于改变了手指的形状，钢琴键下流淌出了甜蜜的音调。

其间，她想听从外面请来的艺术家讲课，因为没有钱被拒之门外。她就站在门口，从门缝里听，在笔记本上匆匆做着记录，听不清楚的内容再去向同学请教。她的学习精神感动了老师，老师对她说，"等学习班的讲座开始以后，你可以从后门悄悄溜进去听课。"她把对老师的感激变成了巨大的学习动力。在大学的四年里，她黑夜当白天过，为自己创设出一个更大的学习空间，由此而学到了许多知识。

歌声，让蒙蒙的命运发生了天翻地覆的变化。许多年后，她由一个农村女孩子变成了歌唱家。凭着艰苦奋斗、坚持不懈的拼搏，闯过了一条新的人生道路，为自己谱写了一支光辉的人生之歌。一个贫苦的家庭飞出了一只金凤凰。蒙蒙成功了！

那年，一个月明风清的晚上，内蒙古卫视台"时尚"节目中，画面里，一个身穿乳白色风衣的女性，紧紧地吸引着我的目光。仔细一看，哦，是蒙蒙，她终于走上了电视。只见蒙蒙站在父老乡亲中间，亮丽无比。她抚摸着从前住过的土屋，深沉的歌声将她带回到过去的时光；她给希望小学的孩子们捐送学习用品；甜美的女高音在小村上空荡漾着；白发苍苍的母亲流着满眼泪水，聆听着女儿的歌唱……

这以后，只要看到蒙蒙的身影，便能听到她的歌声。她每到一处，都怀揣一颗赤诚的心，歌唱养育她的土地，歌唱美丽的家园，歌唱伟大的祖国……

一个人，尤其是一个女孩儿，走南闯北，没依没靠，全凭自己的奋斗、努力，从当初走到今天，一路上，渡过了多少难关，取得了今天的成就。但不管怎么说，总算闯过来了。人啊，还是实实在在、脚踏实地地做自己的事，走自己的路，这才是做人的宗旨。蒙蒙曾经这样说。

是啊，做女人难，做名女人更难，所以，女人必须学会不断地完善完美自己。

今天蒙蒙已经把自己的歌声带到异国他乡，外国朋友正通过她的歌声了解着中国文化，而她也在吸取和学习外国的声乐艺术。她像一只云雀，正展开翅膀，翱翔在异国的蓝天上。每每想到这些，我的脑海里就会出现这样一幅画面：一个肩负重担的挑山工，哼着歌谣，一步一步地向上攀登着，脚下有力而坚定。前面，高高的山顶是他的终点。这是我曾经给蒙蒙那届学生讲过的一篇课文，题目叫《挑山工》。

人生不能没有歌，但我最喜欢的是经过拼搏的人生之歌。蒙蒙唱着的就是这样一首歌，歌声激越、高亢，但也充满了苦涩，就像哼在《挑山工》嘴里的歌谣。

梁云丽的艺术人生

张自丰

记不得从哪里看到过这样一句话："有的人从一生下来的那刻起，就是带着使命来的。"梁云丽1974年6月12日出生于商都县七台镇，她对音乐的感触似乎与生俱来，3岁就能唱很多完整的歌曲，上学后一直是学校的音乐达人。她36岁时便被评为国家一级演员，这是国家对音乐界突出人才的肯定。梁云丽现就职于乌兰察布市文化馆，任馆长一职。她在音乐界的作为和对群众性文艺活动的贡献无疑是符合这一特质的。商都人的勤劳善良和百折不挠浸润了她的血液，使她走出了一条不同凡响的艺术之路。

云丽学戏心意决

3岁的云丽便会唱好多首诸如《洪湖水，浪打浪》《手拿碟儿敲起来》之类的歌曲了。那时小云丽隔三岔五地和家里人去看电影、看戏。那么小的孩子在听完电影里的插曲和戏里的唱段之后，立马就会一字不差地唱出来。每逢给人们唱完之后，总是会引得大家的一阵赞叹，人们惊叹于小云丽的记性好，惊叹于她的小嗓嗓。那时人们就纷纷和家里人说，这个孩子好好培养吧，是个唱戏好苗子，以后一定错不了。

念了小学之后，云丽不但学习好，而且在文艺方面尤为突出。当时的二完小在文体方面发展得非常好，而小云丽更是拔尖的学生，每当学校里搞个联欢会，尤其是庆祝一些重大节日的时候，嗓音如黄鹂鸟一般清脆的云丽总是最让人注目的那一个，云丽生得漂亮，唱得又好，每当她上场的时候，总会引起学校师生热烈的反响，而且在各种文艺活动中，她表现积极，确是深受老师和同学们的喜爱。她说：我在商都二完小的那段经历真的是记忆犹新，商都二完小是我的母校，是我成长的摇篮。

20世纪80年代，一天，商都电视台发出的一则"招生启事"吸引了小姑娘梁云丽的目光，"招生启事"的内容是本县的晋剧团要招收新学员了。晋剧团，这是多么令人向往的艺术殿堂啊，云丽满脸通红，迫不及待地和父母提出要去学唱戏。"不行！"母亲斩钉截铁地说，要知道，当时念五年级况且学习成绩一直名列前茅的云丽能做出如此决定，便意味着把学业丢掉，开始另一种生活。"我就要去，我一定会在艺术方面做出一定的成绩，如果你们不让我学唱戏我会埋怨你们一辈子的。"最终，母亲吃不住云丽的软磨硬泡，答应了她的要求，在即将升入小学六年级的时候，云丽便坚定地迈进了商都晋剧团——她喜欢的戏剧艺术的大门。

众所周知，戏剧讲究的是"手眼身法步"，作为一名新学员，云丽如饥似渴地进行着全方位的专业训练，能表现云丽刻苦精神的最为典型的例子是：学员班有一个比云丽大的姐姐身段好，深得老师的赏识，而小小的云丽看在眼里，不服在心里，于是她暗下决心加班加点去苦练身段，就一个翻身的动作，练了又练，直到摔得身上青一块紫一块，还是不肯罢休。"摔倒了我就马上站起来再继续练"，凭着一股子不服输的劲头，终于超过大姐姐，赢得了老师们对她的一致认可。

敬业奉献见方寸

在晋剧团待了一年之久的云丽于 1990 年 7 月顺利考入了内蒙古艺术学校（乌盟戏曲班），进行更深一步的专业学习。用她自己的话说：那时候，我就没有过过星期天！熟悉云丽的人都知道，她有一个在艺术上别人很难企及的特点，那就是学啥像啥，唱甚像甚。云丽既能唱得了晋剧、二人台，也能唱得了民歌、流行歌曲。这深厚的功底，得益于她在艺校刻苦的练习。

星期天到了，别的同学们三三两两逛街，一台录音机，却成了云丽的好伙伴，她买了好多好多的磁带，不厌其烦地学唱每一首她喜欢的歌。《黄土高坡》《信天游》《热恋的故乡》等流行歌曲打开了她了解现代艺术的视野；《小背篓》《父老乡亲》等歌更加深了她对民歌的喜爱，二人台更是让她领略了地方戏的魅力。通过自己的刻苦学习，每一种唱法她都驾轻就熟，形成了自己清亮、高亢、通透的唱法。在艺校学习的时间里，她的个人艺术修养已达到了一定的境界，扎实的功底也为她日后走上工作岗位奠定了坚实的基础。

耕耘戏苑二十载

1994 年 9 月云丽如愿以偿地被分配到了乌盟晋剧团，如果说戏剧在她的艺术生涯中是一个梦想的话，那么在晋剧团工作的 21 年当中，戏剧梦则是得以实现的一段过程。

说起乌盟晋剧团，在 20 世纪 90 年代，那是蜚声内蒙古大地的专业院团。从乌盟晋剧团走出了如贺小菊、贾凤梅等知名艺术家，而梁云丽成为这个团中的专业演员后，更是如鱼得水，没有几天的功夫便崭露头角，成了团中的骨干。那个时候的晋剧团绝对是有过鼎盛时期的，而云丽则是沿袭了当学员、学生时的刻苦精神，不管是排练还是演出，她总是最认真的那一个，对艺术的热爱成就了她不怕苦、不怕累的倔强个性！

有一次云丽病了，高烧、嗓子疼，而且连输了九天液，就是这种情况下也没有和团里请一天假，一直是边打吊瓶边工作，敬业精神令同事们佩服不已！在此期间，她除了在业务上潜心修炼，在学业上更是并驾齐驱，分别在集宁师专高等专科学校、鞍山师范学院修完了专科、本科的学业，在文化修养方面又迈向了一个新高度。

"梅花香自苦寒来"，这期间，也是她成绩斐然，获奖无数的一个阶段，她获得的奖项囊括了国家级、自治区级、市一级，涵盖了戏剧、二人台、表演等多个层面的奖项。2001年11月，由她主演的现代晋剧《春秀》被评为内蒙古自治区精神文明建设第七届"五个一"工程入选作品奖、2004年5月荣获首届二人台艺术电视大奖赛优秀奖；2005年12月，她获得了全国牡丹杯中国地方戏曲展演优秀表演奖；2012年11月，主演的现代晋剧《大学生村官》获得内蒙古自治区"五个一"工程奖。由于表现突出，2009年12月，也就是在她36岁那年被授予国家一级演员。

梁云丽出名了！于是各级业务部门纷纷向她抛来了"橄榄枝"，内蒙古自治区戏剧家协会、乌兰察布市东路二人台协会等多个部门聘她为兼职领导，还连任乌兰察布市第二届、第三届、第四届政协委员。

群众文化显身手

2015年6月，梁云丽离开了辛勤耕耘21载的戏剧园地，一脚踏进了群众艺术的"百花园"——任乌兰察布市群艺馆（后改名为文化馆）馆长一职。

上任之时，适逢全国各地的群众文化如雨后春笋般欣欣向荣，她一上任便大刀阔斧地干了起来，首先，成立了合唱班、舞蹈班、模特走秀班、戏曲班、瑜伽班等。响应国家"三馆一站"免费开放之政策，她带领馆内工作人员尽心尽力、不辞辛苦地服务于广大文艺爱好者，使得群艺馆在宣传党的政策、引领社会风尚等方面发挥了阵地作用，为整个乌兰察布市的文化建设贡献了力量。

2016 年 6 月份，首府呼和浩特市草长莺飞、花香鸟语，梁云丽率领着乌兰察布市群艺馆合唱队来了，这支成立只有一年的合唱队在由内蒙古自治区文化厅主办的"中国梦·草原情"全区中老年合唱节上大放异彩，荣获恩和杯一等奖的好成绩。这次获奖，大大提振了梁云丽干好群众文化工作的信心，于是，在接下来的时间里，只要一有机会，她就领上队伍出去参赛或交流演出，把自己置身于更加广阔的文艺大舞台。

多年的摸爬滚打，云丽练就了一身过硬的本领，成为乌兰察布市群众文化的领头人，但是她念念不忘的戏剧依然是她最最割舍不下的情结，在群艺馆主抓的"非遗·戏曲进校园"活动中，她亲自到亿利东方小学等学校进行戏曲授课等。由于她在戏曲方面所做出的突出贡献，2021 年，晋剧这一艺术形式被市政府正式立项，而她则被授予"晋剧非物质文化遗产代表性传承人"。

多年来，云丽的演唱水准已臻炉火纯青，熟悉她的人都知道，一首《金雕飞起的乌兰察布》被她唱了又唱，而 2020 年，是她个人出原创歌曲的高峰之年，她分别演唱了《戏里戏外都是情》、抗疫歌曲《你是家里一片天》、《腾飞的乌兰察布》等原创歌曲，携着这几首歌，云丽登上了自治区、市里各种大大小小的舞台。此后，尤以原创歌曲《腾飞的乌兰察布》大放异彩，《腾飞的乌兰察布》荣获乌兰察布市第八届精神文明建设"五个一工程"优秀作品奖；2020 年 8 月，原创歌曲《腾飞的乌兰察布》在全区第三届广场舞大赛中荣获三等奖；2020 年 9 月，原创歌曲《腾飞的乌兰察布》MV 片推上"学习强国"，点击量过百万；2021 年 1 月，原创歌曲《腾飞的乌兰察布》跨入乌兰察布市春节联欢晚会，同时迈向全国"乡村春晚"的舞台并在中央电视台播出。

这些年忙忙碌碌的云丽有了较多和老家商都更为密切的交流，她分别于 2015 年、2018 年参加了商都春晚的演出，并在她创办的群艺馆品牌活动"全市广场舞大赛"、全市"艺苑秋韵"小戏小品展演中，尽其所能地给予商都"吃偏饭"，在各种业务培训、学习方面更是给予商都一定的照顾，这一点，商都人是不会忘记梁云丽的！

"世界会向那些有目标和远见的人让路"，而梁云丽正是走了一条自信的"艺术之路"，现在的云丽，依然在路上，借用一句王安石的"青山缭绕疑无路，忽见千帆隐映来"，衷心祝愿云丽这棵枝繁叶茂的"艺术之树"长青！

梦想从心海启航

安志明

李春霞，笔名梦瑶，1978 年出生于内蒙古商都县。李春霞从小就有一个梦——做一名作家，在文学的殿堂里尽情地快意人生。

李春霞没有固定工作，父母失业后为维持生计，一家人曾经开过小饭店，还在自己的住房院落经营着一个小旅店。父亲年轻时做过右肺全部摘除手术，丧失了劳动能力，李春霞作为家里的壮劳力要承担所有的重体力劳动。小旅店嘈杂的环境容不下一张书桌，南来北往的客人，南腔北调的方言成了这个家庭连续剧的主要元素。残酷的现实没有泯灭李春霞对文学的渴求。深夜，在厨房这块唯一不被"征用"的空间，李春霞暂时忘却真实生活中的自我，驰骋于虚拟世界中，与一个个跃然纸上的人物对话，感受不同角色，倾诉复杂情感。

将近 50 万字的长篇小说《我们何必相逢》是李春霞 23 岁的处女作，2005 年由内蒙古远方出版社出版，并荣获乌兰察布市"精神文明五个一工程"奖。2006 年，李春霞被商都县委、县政府、县妇联授予"商都县十大女杰"和"商都县十大杰出青年"的光荣称号。2007 年，李春霞被内蒙古文联评为"内蒙古农牧民打工作家之重点扶持作家"，同年，李春霞又被北京文联录取，免费走进"全国首届影视编剧高级研修班"。在高级研修班里，李春霞聆听了王兴东、陆天明、张纪中等中国知名大编剧、大导演讲解影视剧本的写作，这让李春霞在影视剧本的写作上有了新的认识和提高。2008 年，李春霞加入了内蒙古作家协会会员。2010 年，李春霞第二部 30 万字的公安题材侦破小说《洗冤录》由远方出版社出版；2011 年和 2012 年，李春霞被内蒙古大学文研班和内蒙古大学戏剧影视编剧班录取；2018 年，李春霞诗集《回旋天地间》由北京团结出版社出版。2019 年，李春霞和镶黄旗编剧臻荣共同合作编剧的电影《草原上的搏克手》由中央人民广播电视总台出品，在锡林浩特乌拉盖开机。2021 年 4 月 15 日，《草原上的搏克手》在中央电视台电影频道黄金时间首播。同年 10 月，内蒙古宣传部和内蒙古电影局面向全国匿名征集以"铸牢中华民族共同体意识"为主题的优秀电影剧本 15 部，李春霞编剧的电影剧本《疙梁村的年轻人》在此次电影征集剧本中荣获"成长电影剧本"奖。

从 2020 年起，李春霞致力于小小说的研究和创作，仅仅两年时间，李春霞在《中国应急管理报》《精短小说》《河南文学》《小小说月刊》《天池小小说》《河北小小说》《渤海风》及澳大利亚发行的《澳华文学》发表小小说 50 多篇，多篇被《作家文摘》《小小说选刊》《微型小说选刊》等国内权威性刊物转载，10 多篇小小说在全国各种征文大赛中获等级奖及优秀作品奖。极具代表性的小小说《瓦尔特飞走了》入选 2020 年中国年度小小说；小小说《银兰的婚姻》荣获《作家文摘》2021 年"善德武陵杯"全国年度微小说精品二等奖；小小说《情报》荣获《小小说选刊》"庆祝建党 100 周年"全国征文大赛三等奖；小小说《阿爸的回忆录》获《红山晚报》"铁龙杯"全国小小说征文三等奖等。李春霞被聘为《小小说月刊》和《河北小小说》签约作家。

成功的喜悦抚平了李春霞为圆作家之梦而付出的身心疲惫和累累伤痕。作为一个女人，她没有一件像样的衣服，也没有一件称得上首饰的装点门面之物。而她却拥有一般女人所没有的一箱箱书籍和一沓沓散发着汗味的手稿，以及在文学之路上艰难跋涉所取得的荣誉。同龄人已为人妻、人母，而她却依然生活在父母的膝下，依靠诚实劳动维持一家人的生计。如今已到不惑之年，在一般人卿卿我我的时刻，她却在一个小小的角落里静静编织成串的故事，与故事中的人物同悲同喜。

李春霞创造了文学的奇迹，她是商都历史上第一位女作家，当作家这一光环罩在她头上的时刻，她依然在固有的生活轨迹上运作，依然在文学的殿堂里苦苦寻觅，辛勤耕耘。

执着、感恩与根植大地

——农民诗人郭佩峰的心路历程

敬　笃

　　　　一指捻进尘埃里的夙愿／铺开素白／沧桑的心海／挤一滴温柔／研化／以时代的构图／涂一页怀旧的底色／感动自己／感动别人／也试着／去感动这个世界／山根下的炊烟／打包成一册书的邮件／寄给远方／草秸和牛粪的气味／飘上城市的餐桌／愿你感受／天地间／还有这样一份真切（《致农牧民诗人》）

　　从"草秸和牛粪的气味"中，我看到了农民诗人郭佩峰身上的烟火气和对生活的虔诚。

　　他是生活在诗歌里的农民，更是一位以农村为背景，通过诗歌时刻反映农民心声的诗人。他创作的每一首诗歌，都是在倾诉他的故事，而他的故事，正是这个时代里，属于农民的故事。他把属于农民的那份真切、纯朴、善良的愿望，倾注在他的诗歌里，虽然清贫半生，却能够苦中作乐，锲而不舍！

　　他叫郭佩峰，内蒙古乌兰察布市商都县西井子乡夏家村的一个普通村民。和其他农民不同的地方是，他还拥有着另一层身份——诗人。他从小就爱好阅读、写作，并与诗歌结下了不解之缘，三十年如一日。据郭佩峰自己说，在生活最困难的时候，自己也曾想过放弃写诗，但一想到那些心爱的句子，他就不忍心了，就这样在纠结与矛盾中，坚持了下来。

乌兰察布乃至内蒙古民间诗歌圈里的人们都说，"郭佩峰的诗率性但不失真切，寓意虽深却永远都会让人从中嗅到一股朴实的泥土气息。"是的，他的创作风格同时具备了农民的直率和诗人观察认知事物的敏锐性，这一点可以从他在各个阶段创作的作品中感受到。实际上，不同的时期，郭佩峰的诗都有着鲜明的个性，他会批判一些社会上丑陋、不公平的现象，也会讴歌和赞扬社会正能量；他会仇视那些黑恶势力和恃强凌弱的人，他也会对党和国家的好政策充满感恩。无论对待任何事物，他都会毫不犹豫地把自己的态度融入作品之中，这充分体现出了作为一个农民诗人所应有的社会责任感。

因为生活的需要，他举家外出打工，从此阔别家乡30余年。

但是他的根在家乡，魂在家乡，诗人的情留在了家乡。离开家乡的第二年，远在山西大同的他听说家乡的田地里又要建厂房安放大型开矿设备，便在中秋之夜怀着忧虑的心情，写下一首同样充满忧虑的《乡愁》——

> 当城市的犄角 / 抵进山谷 / 幽深处 / 夜的心脏被华灯点亮 / 村庄 / 以群楼的姿势矗立 / 我的乡愁 / 像初春的冰 / 沿着河床伸展的方向 / 依次破裂 / 思念 / 不再是山那边的炊烟和饭香 / 不再是路口挥手作别的新娘 / 年年中秋夜 / 淹没进唐诗宋词里的那一轮明月 / 被今人的绝句刷新 / 风华绝代中 / 只为记忆里一首垂青的歌 / 寻找流泪的感觉 / 而这大地的呼唤 / 来自初生婴儿的第一声啼哭 / 人类印上尘埃的第一片足迹 / 海的第一波潮 / 岩浆第一次喷发的山口上 / 还留恋着怎样的一种深情 / 不甘被尘封 / 乡愁 / 人类最初的感动 / 在燧人钻燧取火铿锵的木击声中 / 黄帝开

辟农耕的玉石犁铧尖上 / 在道德经的开篇 / 祖辈们身体里 / 生生不息的血浆 / 每一颗粒子的代谢 / 淌出 / 梦断魂牵的城垣河下 / 延伸。

他从农民变成了农民工，但是农民工还是农民，他爱自己的农民身份，就像爱他的家乡一样。他同样也深爱着他的农民工兄弟们，爱他们的勤劳、善良、朴实、纯粹。同时，他也不忘用诗歌的形式歌颂他们、赞美他们——

没读过孔孟之书 / 行的是圣贤之道 / 礼义仁孝 / 是祖辈的传教 / 没住过高楼大厦 / 木板房也能睡觉 / 饮尽苦劳 / 于烈酒中谈笑 / 不要看衣衫褴褛 / 没遮拦言行傻窍 / 天涯海角 / 心念一家老小 / 别问我情短愁长 / 漂泊路有无依靠 / 红尘漫道 / 爱在胸中深烙

20 世纪末，经历过漫长的思念，怀着对故乡千般留恋，他独自一人回了趟老家。老家的面目依旧，那时候国家已禁止乱开矿和随便在耕地上建厂房。因为保护得当，村后的山除了之前挖掘机留下的创痕，多数植被已得到了恢复。村前的小河里再没有了从前的那些污水沉渣，一切开始变得有了生气。

是啊，人类的发展史上，哪一次不是先付出代价而后才得以超越现实。他一边在心里这样释然着，悄悄给自己寻求一丝安慰，一边却凭着对家乡的热爱和诗人的洞察力，又被另一种现象牵起了忧虑。回到工地以后，他又变得郁郁寡欢，不久后，便写出了满怀忧患，包含着无限惆怅和伤感的《空巢》——

屋檐下，时间和光影编织的藤椅 / 生命的依托 / 与时间，与

光的影子，对垒／梦醒，又一个暮起／一只昆虫从地面爬过／也
是你奢望的生动／光影，如水／漫上脚背／漫上头顶／漫过栅
墙／漫过树梢／漫过山脊／主色调是安静／连河塘里的蛙声，都
叫得谨慎／黑白并不分明／藤椅空了／窗户上印出黄昏的亮／将
藤椅周围灰白的夜／调成黑色／檐下的一只鸟低身窜进这黑色／
敛起无声的羽翅，盘旋／在黑与褐的弧线里，搅出一片混沌／吧
嗒，仅有的一声脆响／强调着这世界的死寂／窗户黑了／那只鸟
从窒息的昏暗里窜出来／逃避似的／重新窜回屋檐／藤椅在黑黝
黝的屋檐下／在时间和光影里／褪色／墙外的柳树，是岁月颓进
的影子／夜，伪装成希望的姿势／借助黑色的安静／催眠大地

这或许是在他的诗歌里，最后一次为家乡担忧了，也是他最后一
首充满哀伤的诗歌了！

进入 21 世纪以来，中国人民在中国共产党的带领下，通过不断
探索和艰难拼搏，早已走出迷茫、走出窘困、走上了改革创新的正确
道路。文化回归、文化自信、文化强国的感召力，使得中国人的精神
意志更加坚定，面貌也焕然一新。而遍布全国农村的脱贫攻坚、新农
村建设、基础设施改造、乡村振兴又紧锣密鼓，进行得如火如荼。广
大农民投身于自己家乡生态文明建设的大潮之中，新时代的农村焕然
一新。中国农民从精神到物质，终于摆脱了匮乏和贫困的桎梏。这一
阶段，郭佩峰的诗风也在跟随着时代的潮流，变得充满活力和生机，
同时在字里行间也能够看出，无论是作为一名农民还是诗人，他对社
会深深的感恩之情。

当你，举松炬为毫／蘸江河水作墨／在神州的山水间／写
下那一行深刻汉字／我脚下的大地便开始复苏／长江里／那头
似曾迷途的中华鲟／以一个矫健的猛子／远离了腐尸横敛的浅滩

/ "文化"，我因空虚 / 似曾丢失过什么 / 却又始终说不出来的彷徨 / "回归"，因我渴望的 / 寻求的、为之挣扎过 / 却又无法确切的一种心结 / 你却以你的博爱和深厚 / 唤醒了这个古老民族的情怀 / 就像一场久违了的甘霖 / 因等待的焦渴 / 迅速融入大地的每一条脉络 "文化回归" / 因我的平凡 / 简单到再不能简单的四个字 / 因你的英明和伟大 / 深刻至再不能深刻的一句话 / 因其感召 / 顿流的江河复苏欢淌 / 日月清明 / 人间有爱 / 从秦皇汉武 / 唐宗宋祖的文韬武略 / 到封豨修蛇 / 穷兵黩武蚕食鲸吞的略劫 / 从六朝古都的庭院深宫 / 到幽远古刹的绿荫 / 青石台阶 / 中国文化 / 早已以一种刻骨的形式 / 注入你的灵魂 / 荒蛮纪的刀耕火耨 / 烽火硝烟中的洒血与流泪 / 中华民族无数次濒临危亡 / 却能从分裂走向独立从佝偻走向挺直 / 从迷茫中走出来 / 走进辉煌走向强盛 / 正是因为有你呵 / 执着和热恋的中国文化 / 铸就的不屈，和坚强 / 于是，滚滚潮流滔滔巨浪中 / 你以你的睿智和初心 / 以一个清醒者的姿态掌舵 / 引领你的中华儿女 / 在新时代的海洋中 / 完成一次回归的航行 / 同时将你的伟大融入历史 / 融入人心 / 融进这片神州大地（《回归》）

近年来在他的文学作品中，多数题材都来自农村，描写和歌颂农民随着全国改革开放大潮发展前进，并且取得辉煌成就的历程，处处彰显着郭佩峰对党、对社会的感恩之情。也正是怀着这样的心情，在参加内蒙古农牧民基层作家创作培训期间，他才写下了本文开头所引用的那首满含真情的《致农牧民诗人》。

郭佩峰，一位热衷于文学创作的农民，他如今已经是中华诗词学会会员、内蒙古作家协会会员。无论哪一种体裁、哪一种表现形式，他所创作出来的作品都在他的质朴当中，透出了渗在他骨子里的那种款款的乡情。

2019 年 10 月，郭佩峰跟随乌兰察布市文联采访草原母亲都贵玛之后，他写出了长篇朗诵诗《思念母亲》，在乌兰察布广播电视台"草原母亲"专题晚会直播当中，由乌兰察布市四位朗诵艺术家深情合诵，并于同年在乌兰察布市文联刊物《敕勒川》刊登，深受社会各界人士的好评。

2020 年，在参加乌兰察布市文联组织的脱贫攻坚题材创作采访活动中，他跟随由市文联主席温欣华亲自带队的创作团队，几乎走遍了乌兰察布市的所有旗县，甚至是具有典型意义的苏木乡镇和嘎查村庄。由此也让他看到了更多农村（牧区）在脱贫攻坚中取得的丰硕成果，更加深刻地理解和体会到了中国共产党的英明和伟大，从而也让他加深了对党和政府的感恩之情。为了能够突出表现农牧民心声，更加有效地宣扬国家政策，他甚至不由自主地涉足自己完全陌生的歌词创作。

前山山喜鹊后山山叫 / 心里头乐呵脸带笑 / 扶贫人走进了家门口 / 咱百姓脱贫有了靠 / 上河河流水下河河潦 / 抖起精神咱好赶潮 / 扶贫车开到了村里头 / 咱百姓致富开了窍 / 扶贫人走进了家门口 / 咱百姓脱贫有了靠 / 扶贫车开到了村里头 / 咱百姓致富开了窍（《老百姓致富开了窍》）

如今，郭佩峰已回到了他的家乡，30 余年的颠沛流离，可谓是落叶归根了。当他看到自己的村庄里一排排簇新的砖瓦房，宽阔的水泥街面，平坦的柏油路，他的农民兄弟们贫有所依、老有所养、病有所医、残有所扶，根植在他灵魂深处的那条诗人的根脉，便再一次搏动开来。他内心更加的坚定，未来的农村一定大有可为。

沟畔畔的韭菜疙梁梁上的葱 / 山药蛋咋就进了博览会的门 /

前山山的媳妇后滩滩里的汉 / 一会会咋就看到了想见的人 / 科学种田撒下五谷变成了金 / 政策扶贫柏油马路又村村通 / 天还是那片天，地还是这块地 / 今日里咱老百姓总算翻了身（《翻身歌》）

最后，就让这篇文章在农民诗人郭佩峰献给乌兰察布市的一首满怀深情的歌词中结束吧：

轻轻地走近你 / 唯恐踩碎你一池绿茵 / 悄悄地问候你 / 生怕惊飞你遍地花香 / 紧紧地拥抱你 / 用心感觉你神情荡漾 / 深深地依偎你 / 尽情吮吸你沁人芬芳 / 乌兰察布 / 我的草原我的天堂 / 多少次梦中归故乡 / 乌兰察布 / 我的童年我的摇篮 / 多少回醉里唤亲娘 / 唤亲娘唤亲娘……（《乌兰察布　我的亲娘》）

一支笔书写出别样人生

殷尚君

宝剑锋从磨砺出，梅花香自苦寒来。这句至理名言激励过多少寒门子弟在所挚爱的事业上历经艰辛，终有所成。

王如泉先生就是其中之一。在别人眼里，他的人生单调而枯燥，只有黑白两色的纸墨生活，甚至有白眼者视他为"不务正业"，因为他是个地地道道的农民，种地才是他的本分也是主业。而他自己则目不斜视耳不旁听专注于其中，不管别人说甚，还是孜孜不倦走他的路，无怨更无悔。他在生活的重负下不倦地奋力前行，他在书法艺术海洋里执着扬帆，几十载如一日终达彼岸。如今他站在书法艺术的巅峰受人仰慕，充满幸福感和成就感。

2011年9月，由中宣部、文化部、全国人大、中书艺术研究会主办的"庆祝中国共产党建党90周年全国书画联展暨纪念辛亥革命100周年中华书画邀请展"在北京国家会议中心隆重开展。这是一次书画界的盛会，来自国内和世界华人华侨的书画界新秀和前辈纷纷助展，名家荟萃。各类书画精品力作精彩纷呈，夺人心魄。最吸引眼球的是王如泉的一幅楷书横卷，即毛泽东的《沁园春·雪》。作品前人头攒动，人人翘拇称赞，纷纷拍照。大家都以敬佩的眼神和关注的姿态探寻作品的作者。原是一位名不见经传的农村老汉。

他的作品功底深厚，韵味无穷，有欧体、颜骨、柳风，非一日之寒；说他是当代欧体传承第一人，草原上的农民书法家；说他是从田野里走出的书法家，身上散发着浓厚的泥土气息。高评如潮，美誉迭至，轰动一时。

时任中国书法家协会第六届主席的张海先生对王如泉的作品给出结论性点评：他的作品体现了严正、流畅、雄强、古拙之风。其书法凝重洒脱、气势磅礴、厚重沉稳、端庄大气，不求态而无态不备，不求美而蕴含其中。字法、笔法和章法和谐统一。字法：平衡对称，对比和谐，主次得宜，疏密适度，多样统一。笔法：因体而变，稳实丰富，法出奋源，笔力遒劲，力透纸背。章法：字与字、行与行之间笔势连绵，节奏分明，如行云流水，疏处可以走马，密处不使透风。通篇任情恣性，纵笔所如，无拘无束，立新意于法度之中，寄妙理于豪放之外。

会展结束时，他参展的楷、行、隶、篆四个作品被中国书法艺术博物馆收藏，并获得会展书法类作品一等奖。

与此同时，他的作品在华人华侨艺术网上展出，获得"世界华人杰出书法艺术家"称号和"德艺双馨艺术家"荣誉称号。

2011 至 2015 年五年间，他的作品分别在海内外华人华侨、国内和韩国书画艺术交流或大赛（展）中获得 7 个金奖，3 个一等奖。

一个半生陇亩劳作半生书坛的耕耘者默默无闻而后一鸣惊人，也赢得了社会认可。王如泉很快成为乌兰察布市书法协会会员，商都县第九届政协委员。并成为中国书法家协会会员和内蒙古书法协会会员。其他荣誉和头衔也纷至沓来：

被中国书法函授学院特聘为客座教授；

被中国书画艺术所授予荣誉院长；

被中国北方画院聘为少儿艺委会委员；

被长沙云海书画院聘为高级创作研究员及国际书画拍卖交易中心

副主任。

一个相貌平平，厚道诚实，少语寡言，半生没离开土地的庄稼汉，一时成为商都县的文化名人。

王如泉先生是商都县小海子镇马祥村农民，1957 年生，高中学历，中共党员，书法师。

作为书法爱好者的我，听了朋友介绍后曾在网上查阅了他的信息，我一直在想一位普通农民能成为世界华人杰出书法艺术家，一定有传奇经历或与别人不一样的地方。

2015 年夏天，我带着疑惑和好奇与他的朋友《新农村杂志》记者石文华先生来到商都七台镇的"如泉书画室"拜访他时，他正在辅导一群少儿，见到我们时，停下工作招呼我们。他给我第一印象是厚道朴实、坦诚直爽，一眼可以看到底的本色农民。衣着相貌、谈吐气质与艺术家相去甚远，反正不是我心目中的艺术家形象！若不是在他的书画室遇见他，我不会把他和一个杰出书法艺术家联系在一起。

他那双粗糙皲裂的、每个关节都因不同程度骨质增生而变形的大手，与桌上的几桶毛笔及纸墨也极不相称。黑瘦的面颊布满皱纹，十足一个饱经风霜的老农。当我看完满墙壁贴满他亲手写的楷行隶篆各种临帖，我才释疑了！

他或许是猜出我的心思，急忙从柜子里小心翼翼地取出一幅长度约 11 米的横卷，慢慢地展开，映入我眼帘的是用金粉小楷抄录的老子《道德经》。他说："这是我花了半年时间写完的全文五千多字的珍藏版，要留给后辈作纪念的。"这时我眼前一亮，想起人不可貌相这句话，我说："王老师，这真是为难你这双手了！"他摊开双手笑了一笑，兴致勃勃地铺开纸提笔写了"天道酬勤"四个大字。我禁不住连声叫好！也打心眼里对他刮目相看，肃然起敬了！

在我的探询下，王老师回忆了他的人生旅程和书法艺术生涯。

他说 20 世纪 60 年代初，6 岁的他遇见了人生的第一个贵人，也即启蒙老师。一位被下放农村的北京老艺人，村上人称蒋先生。蒋先生义务教村里的孩子写仿，描红练字，哪个孩子写得好，蒋先生就奖励糖块或重点指导。王如泉手脚勤快，诚实谦恭，常常为先生挑水劈柴，清扫院子，帮先生做家务，得到蒋先生偏爱。就这样，童年的他跨入书法艺术殿堂的大门。他除了得到糖块最多，也深得先生器重。在老师特殊关照下，从此与写字结下不解之缘。

一日为师终身为父，他像对待长辈一样尊敬蒋先生，老先生也毫无保留地传给他看家的书法技巧，受益颇深。他说在老先生精心培养下，不到三年他就能和老师一块在春节之际摆摊写对联了。开始他研墨、展纸，不久老师放手让他实践，不到10岁的他身手不凡，写的字深得村民喜爱和夸赞。

上中学后正赶上"文革"，会书法的他经常给学校抄写大字报刻蜡版传单、出墙报，开始崭露头角。进而达到入迷的境地。他说参加农业劳动的时候，整天满脑子想着字的结构，他把欧阳询字帖上的字熟记在心，反复琢磨怎能写好。常常在锄地时想着如何摆布点横竖撇等笔画，而忘却了在劳作，把麦苗除掉留下野草，遭到大人的呵斥。十年"文革"结束，他高中毕业从学校返乡，正式成为农民。春播、夏锄、秋收时他不得不参加劳动。当别人在田间地头抽烟、歇息或聊天、玩耍时，他捡起树枝在沙土上写字。沙土上练字不费钱，让他痴迷，他反复写练脑子里记下的名家字体结构，熟记在心。没有沙土时，他就在自己胳膊上练，左手往右臂上写，右手在左臂上写，久而久之练成了左右手写字的硬功夫。就这样回家练毛笔，下地练硬笔，继而练成了软笔、硬笔书法的真功夫。

20世纪70年代初，他利用农闲时间在商都、兴和、尚义三县周边的乡村里为村民家画炕围（土炕沿墙壁60厘米高的部分画上花草动物图案后上油漆，既美观，又便于清洗）、画玻璃画、窗户花（当年窗户是糊麻纸的）、写春联，有时为去世的老人画寿材，报酬多数是一顿饭。80年代，大集体解散，冬季农闲时间更加充裕。一个冬季走村串户，为单位写标语、出墙报。为农家写春联、画窗花直到春节前回家，可以解决自身吃饭问题，改善伙食，还可以挣点小钱。最大的收获是书画技艺日渐长进，且成了本地的小名人。其间，他不辞辛苦，拜访了许多民间书画高手和老师傅，也结交了好多书法爱好者，有干部、教师、医生、农民，大家称他王画匠。

20世纪90年代初，政府机关的党建室、宣传栏流行上墙图表图版。他为大队试做了高标准、高水平的图表，一炮打响，名声很快传遍了商都、兴和、尚义三县。十几个乡镇政府机关、单位部门邀请他装饰党建室、活动室。在制作图版图表的过程中，他精心设计，尽心策划，努力做到完美。领导职工看了无不称赞。直到90年代末这项工作被电脑代替前，主业农活消闲之际，他全身心投入这项业余工作。十几年的磨炼使他的书画艺术修养和书画技能双双迈出一大步。

由于他为人厚道，不讲报酬，只求把活做得完美让每一个东家满意，他走过的每家每户，每个地方都留下一个好名声。几年下来，他就成了厚道诚实的王画匠。长辈们更看好这个品行兼优、艺技一流的青年画匠，邻村的范老汉早就看在眼里，没要一分彩礼就把大千金嫁给了他。成家以后的他，更觉得增添了一份责任。为摆脱生活困境，在种好农田的同时，他决定把三亩水地用塑料大棚试种反季节芹菜增加收入改善生活，这对后山地区农民来说，算第一个吃螃蟹的人。他和爱人日夜辛劳，终于获得成功，三亩芹菜收获两万多斤。如何在短时间内销售出去成了他的心病，正在一筹莫展的时候，他的书法朋友，尚义、兴和县的几位乡干部打过电话，要他把全部芹菜拉过去，并以每斤1元的高价收购，为他解了燃眉之急。

后来他成了两个孩子的父亲，上有老下有小的他生活更加艰难。特别是大儿子在他的影响下，考上了美术学院，需要大量费用。这无疑给他的生活担子上又加了一码。

2004年秋收后，趁农闲之际，他只身来到呼和浩特的八一市场，想卖字画挣钱解困。白天蹲在街头写字卖对联，晚上挤在火车站候车室的长椅子上过夜，可谓饥寒交迫。

直到临近春节前的一天，他准备收拾行囊回家的时候，突然，一个老人站在他面前，打量了半晌，询问他的情况和经历，他如实回答。老人热情地把他带回了家。这时他才知道老人就是大名鼎鼎的贾耀老先生，贾老时任中国书法家协会会员、中国现代书画艺术研究会副主席。

老人摆开纸墨，请他写字。他左右开弓，写出两幅大立轴"天行健，君子以自强不息。地势坤，君子以厚德载物"。落款：塞北商都县七台镇农民如泉学书。接着，贾老向时任内蒙古书法协会顾问、内蒙古书画界前辈贾才老先生推荐了他。二位书法界前辈给予他悉心指导和教诲，对他的书法作品认真点评。他也诚恳拜二位为师，虚心领教。

不久，贾耀老师又建议他参加即将开班的自治区老干部、老年书画免费训练班，学习时间半年。他立刻前去报名。出乎意外的是遭到拒绝，原因是外地农村的农民，级别低，条件不符，他不愿意再麻烦老师通融，就几次磨缠负责报名的人，结果也无济于事。

学习班开班的那天，无奈的他只好蹲在教室外听，恰好贾耀先生前来致贺。见他没有进来，问清缘由，就批评了那个人，并现场请他写字，让全体学员观摩。贾老郑重介绍了他的经历和书法水准，说他可以给大家当老师。就这样他得到一次系统、全面高层次的学习机会。半年后，他的书法技艺再上台阶。临别时，贾老建议他办书法培训班，并且答应亲临指导。

后来贾老举荐他又结识了西安书画院秘书长孙引川老先生，孙老也给予他悉心指导和教诲，让他受益匪浅，大开眼界。

2010年春，他回到商都七台镇，自筹资金创办了"如泉书法艺术学校"（如泉书画室）。贾老履约应邀出席揭牌。至此他告别了那块耗费他半生时光的土地，正式投入专业书法艺术创作和书法艺术教育事业。

办学十年来，先后培训4000多人次，中少儿3000余，在职教师700多人，社会各界人士300多。他的学生遍布兴和商都两县文化教育战线和政府部门。有的在社会上举办培训班，有的进入大学深造，有的当了领导，有的成了教育文化战线上的精兵强将和书法领军人物。2012年春季，他的一班学生参加国家教委举办的"第二十四届国际少儿书法大赛"。2人获特等奖，9人获金奖。他的学校被授予"2012年中国优秀少儿书画教育先进集体"；他本人被授予"2012年中国优秀少儿书法家"荣誉。

如今，他的儿子也创办了"王鹏美术书画室"。并为他在互联网上开辟了"王如泉书法艺术网"。他的书法艺术学校和儿子的书画室相隔一条街，成为商都县的两条书法文化艺术街。

王老师谈着兴趣大增，不爱说话的他也滔滔不绝。他说培养学生，要以德为先，学习艺术要先学做人。凡是来他这里报名的学生，他都严格要求尊敬师长，虚怀若谷，先立德后学艺。他要求学生请老师批阅点评时要起身站立，双手恭敬呈递，老师批阅完要诚心示谢。他说不懂礼貌是缺乏德教，德教不佳的学生，其难达到艺术最高境界。

他以身作则，为人师表，岳父去世后，他主动承担了赡养80多岁岳母的义务，为了老人家生活便利，他给买了套一层楼房，老人开心地和他们生活在一起，全家其乐融融。

如今王如泉已当了爷爷。上行下效，儿媳妇挑起了全家的生活担子。王老师开心地说他现在不用操心家事，全家后勤保障全由儿媳妇一人负责。他和儿子全身心地投入书画文化教育事业，他希望把商都县打造成草原上的书画文化县。

当我问起：这么多的头衔，能沉下心指导学生吗？他说邀请函很多，但他从未参加过任何会议。仅参加过商都县政协九届会议，是为了好在会上呼吁社会各界重视书画文化的传承和发展而去提建议的。

他说他一门心思提高自身书画艺术修养，把书法文化艺术传承下去。

他以欧体为主临，兼学颜、柳风格，后来学习田英章、启功书法。博采众长自成一体。2016年10月，在商都县政协、教育局和商都县书画院等领导的大力支持下，凝聚了他半生心血、汇集了他50多年书法艺术的精品力作大全——《王如泉书法集》终于和读者见面了。自治区书法界前辈贾耀老先生欣然命笔为其题写了书名。呼和浩特市书法家协会主席逯志强为其作"序"。序中对他书法艺术成就渊源给予高度概括：一个农民在面朝黄土背朝天的艰苦环境下，每天土里刨食，为解决温饱四处奔波而不忘初心，持之以恒习字练书，实为难能可贵！也非常人能企及，更值得称道的是，他宽厚仁德立意要把自己摸索出来的书法技巧毫无保留地传授给下一代和后人，为传承和发扬中华书法文化做贡献而自豪的精神和品格为我们树立了楷模。

我听完了他的讲述，沉思良久，心情不能平静。我被他追求书法艺术精神所感动！我对他历经生活的艰辛所折服！

时至今日，他没有一张像样的书画案和显示书法家的文房四宝等摆设，我也没看到他端着紫砂壶构思，落笔报酬千金的那份雅致。他的书画案是用几个旧书桌对在一起的，周围放了一圈木头小板凳，这看起来确是有点寒酸而他则显得心满意足！全心指导他的学生写字。

就在我最后一次电话采访他的时候，他说他正在参加县宣传部组织的送文化下乡活动，在一个村子里为老乡村民义务写春联了。这更激发了我的写作热情！增加了我创作的底气。

我想我该把他这种正能量引向社会，把他执着地追求书法艺术事业的精神弘扬于社会!

在结束本文的时候,我忍不住想凑上几句作尾声:国展金奖德艺全,天道酬勤老逢圆。临摹习字五十载,功成名就花甲年。不求浮名守清贫,甘心传艺授弟贤。

草原晋剧之花

张自丰

　　何小菊，内蒙古剧协副主席、著名晋剧表演艺术家，国家一级演员，第二十三届中国戏剧梅花奖获得者。因成功塑造了《满都海》《卖妙郎》《春江月》《打金枝》等几十出传统和新编剧目形象，成为家喻户晓的草原晋剧之花。接受记者采访时，何小菊依然朴实恬静，话语间透露出对晋剧艺术的喜爱，培养年轻演员及将精品剧目带到老百姓身边是她目前最想做的事情。

　　何小菊从小就喜欢跳舞，12岁时这个美丽高挑的女孩就考入了商都县晋剧团培训班，毕业后留在了团里。凭借出众的艺术条件，1984年她被原乌兰察布盟晋剧团选中，成为该团的主要演员，主演了古装戏《算粮·登殿》《六月雪》《红龙仙子》等，塑造了一个个栩栩如生的戏曲人物形象，让乌兰察布市、山西雁北、原平、忻州一带的晋剧迷们都认识了她。由于何小菊表演出色，艺术功底扎实，名气越来越大，1991年她被调到呼和浩特市晋剧团，在首府开启了新的艺术征程。

　　在呼和浩特市晋剧团，她先后领衔主演了《春江月》《花中君子》《卖妙郎》《打金枝》《算粮·登殿》《泪洒相思地》和蒙古族历史晋剧《满都海》等几十出传统和新编剧目。由于成功塑造了舞台艺术上多个不同类型的形象，被人们誉为"草原晋剧之花"。

何小菊从艺近 40 年，凭着对戏曲的热爱，不断学习并大胆借鉴豫剧、秦腔和越剧黄梅戏等曲种，把传统晋剧唱腔巧妙地与蒙古族长调相结合，把美声女高音花腔的发声技巧用在晋剧唱腔当中，既保留了晋剧唱腔的原汁原味，又完美展现了草原文化的丰富内涵。

"鼓励年轻演员投身晋剧艺术，我能把所学到的艺术无偿地奉献给他们"，初见寒暄后，何小菊便向记者表达了这样的心声。

而这项艺术成就的传承让她有些担忧，"现在很少有年轻人喜欢晋剧，我珍惜剧团里每个年轻演员，从排练到演出，都会参与其中，也不断地挖掘一些年轻演员加入呼市晋剧团，像《谢瑶环》起用的新演员就很不错"，何小菊告诉记者，从她摘取"梅花奖"后就开始做这件事，成为"中路梆子"自治区非物质文化遗产项目代表性传承人后，她觉得责任更重。

"把晋剧的队伍壮大，多培养一些新人，把舞台交给他们，让晋剧文化更好地传播。"何小菊告诉记者，即使退休后，她还愿意指导年轻的晋剧演员，这个使命将贯穿她以后的艺术生命。

年轻演员该如何成长为一名晋剧名家？何小菊表示，戏剧和唱歌、跳舞不一样，它要求演员体形、唱腔、表演等自身条件过硬，除此之外，也是一件需要吃苦的艺术，道理虽然简单，却需要长久地坚持。

《满都海》是使何小菊声名远扬的一部大戏。为了弘扬民族文化，打造草原晋剧品牌，2005 年，呼和浩特市文化局决定，让呼和浩特市晋剧团新编的大型蒙古族历史晋剧《满都海》作为唯一的参选剧目参加第九届中国戏剧节，通过戏剧节剧目展演把草原晋剧推向全国。在这部剧中，她采取蒙汉民歌发声方法，将蒙古族长调融合到晋剧唱腔中，获得业内极高评价。

何小菊表示，戏剧也是反映社会现状的一种形式，大型民族历史晋剧《满都海》开启了用晋剧这一艺术形式来反映蒙汉人民团结战斗、一起生产生活的先河，起到了教育人民、鼓励人民的积极作用，获得好评无数。但社会的变化也要求戏曲内容创新，应该创作一些新的剧目，反映新人新事。

在艺术生涯中，何小菊孜孜不倦，对晋剧表演推陈出新，受到了专家同行的好评及广大观众的喜爱。30多年来，她坚持服务社会，参与送戏下乡近千场，在田间地头为基层的农牧民送去最温暖的演出，为人民群众提供了丰富的精神食粮。

多才多艺的南老师

刘云生

提起南文述老师，人们都说他多才多艺，不知者以为是天生的，其实都是他多年来虚心好学、循序渐进而得来的。

南文述读书时就爱寻根究底，初中毕业成绩优异，因家庭困难选读了师范，未能圆其大学梦，他带着遗憾，立志勤学苦练，弥补学历缺陷。

农村缺少小三门老师，南文述毕业后分配到章毛勿素完小，让他教全校的音、体、美。为了完成教学任务，他买了相关书籍，系统地学习音乐知识，苦练风琴演奏，精读体育教学大纲，练习基本绘画书法技能。半年后他便是合格的小三门老师了。公社成立了社中，又让他教了数学、语文，他边学边教，从未误人子弟。

"文革"受迫害后，他被调到大南坊子社中，因大南坊子公社组建了一支乌兰牧骑，需要他去辅导。他负责教学唱腔、辅导乐队、编写节目。当年普及革命样板戏，节奏、音准要求十分严格，为了教好学生，他把几个样板戏的主要唱腔全部手抄下来，厚厚的一大本，先自己学会唱、拉，然后教学生，经过精心排练，孩子们的样板戏唱得有板有眼，有模有样。全县样板戏会演，大南坊子乌兰牧骑当之无愧荣获第一名。

南老师在大南坊子公社期间，县里每年在"六一"节举办全县中小学生运动会。他负责训练全乡的学生运动员，一年365天不停顿，节假日布置训练任务，他身先士卒，带头跑、跳、掷，并翻阅国家运动员训练书籍，研究各种运动要领、技巧，特别是4×100米接力集体项目，每年的成绩超过一中、二中，参赛的运动员人人得分，连续四年都夺得公社组团体冠军。

1975年，商都一中需要一位音乐老师，南老师被选中。他深知商都县最高学府不可小觑。为胜任工作，他主动向每位贤士能人请教，并加强自身音乐理论学习。上班前、下班后自练各种乐器的演奏技巧，包括管乐、弦乐、西乐、民乐。1976年毛主席逝世后，组织了120人的四场诗歌联唱，他集思广益，主持编写节目，指挥排练演出，各校会演获一等奖。

1984年，根据工作的需要调到商都剧场负责。工作之余，收集整理唐朝的"古乐曲"，研究"工尺谱"。向民间艺人学习，开始接触二人台艺术，向晋剧团的演员乐队学习晋剧，和司鼓小贺借了本"晋剧音乐"，如获至宝，早起晚睡，硬是一字不差地手抄下来。从集宁定做了晋剧大板胡、二人台四胡，每天规定自练时间，在剧场的四年半时间，基本掌握了二人台晋剧的各种唱腔、板式、伴奏技巧。

1988年调到计生委。当时会计上调盟处，一时无人接替。领导下令让南老师接手。他对会计工作一无所知，便向财政局借了一本《行政事业单位会计》一书，一口气看完，初步掌握会计的基本知识，又向一中张会计请教了两次，便胜任了这项工作。

当年计划生育是基本国策，宣传工作首当其冲，领导分配南老师主管宣传。为了提高效率，于1988年冬天组建了一支计划生育宣传队，取名洪乐演出团。用群众喜闻乐见的艺术形式宣传群众，教育群众，即寓教于乐。为办好剧团，南老师刻苦学习舞台艺术，熟练每一种乐器，并写适合形势的表演唱、小戏。亲自带领演员下乡，以及到外地演出，收到很大效益，新华社、中央电视台、自治区、盟、县电视台、电台记者接踵而来，新闻媒体不断报道，被评为全国计划生育宣传先进单位，中宣部、国家计生委联合颁奖。

2000年提前5年退休，南老师立即到社区搞文艺，组织了"青松艺术团"，至今20余年从未间断活动，除了唱二人台、晋剧、歌舞、曲艺，还组织了规模较大的器乐队、合唱队，每年为群众慰问演出10余场，为宣传正能量，构建和谐社区加砖添瓦。

南老师被评为"古乐曲"非物质文化遗产代表性市级传承人，文化局提供了工作室，现在吸收了30多名学生，每周教两次乐理知识，每人教会一件民乐，为传承发展中华民族的文化遗产继续奋斗。

五十七年的时间，南老师学得了多少知识，掌握了多少技能，教出了多少有用之才，培养了多少文艺骨干，为商都文化艺术的发展做出了多大贡献，无法评估。虽说他年纪大了，仍坚持每天学习，书不离手，笔不离纸，正如他所说："学习无止境，艺多不压身。"追求、奉献，这是他的座右铭。他还被聘为县群众艺术顾问，老年大学教师，城乡社区学院教师，正是"生命不息，奋斗不止"！

我的学画之路

王喜英

我叫王喜英，痴迷传统书画，虽然在书画界没名更没分没成就，但对中国传统书画爱得真挚。

未及成名，我先给自己取了个雅号：七丹。因为按叔伯兄弟排为老七，自己又喜爱丹青，所以就给自己起了个号，也是仿书画名人而来，放在农村也就是个小名儿，和二狗娃三灰猴等无异。

我的家乡是大黑沙土镇四台坊子村，生于斯长于斯，一生大半时间坚守在农村。

从我记事起就对母亲自画自剪窗花特别稀奇，那时候父母白天忙着出工，只能在晚上煤油灯下穿针引线，尤其快到年根的时候，母亲就忙了起来，我除了惦记好吃的外就盼望母亲剪窗花，可能因为母亲手巧出名的原因，村里奶奶婶婶姨姨们都来和我母亲讨花样，她们拿回去贴在红纸上，用线别住，然后在煤油灯上熏染，剥下来照着样子剪。

我的母亲不用这样，她只用铅笔头在红纸背面描描画画，然后用剪刀开始剪，那动作不紧不慢，又好像胸有成竹的样子，不一会儿各种图案就活灵活现地摆在炕席上，有鱼、娃娃、福字喜字、各种小动物，外边边莲花牡丹花梅花围绕着毛茸茸的特别好看，那时的我觉得母亲太神奇了，按现在的话说，母亲就是我的偶像。

从那时起，小小的我也爱上了描描画画，常常和姐姐要来纸笔，等父母出工了便趴在窗台上一边看家一边涂抹。中午或晚上，父母姐姐都回来了，我便将自己的"杰作"拿出来，小孩爱炫耀，母亲夸说我孩画得好，父亲边磕打烟锅边嗨嗨笑：当画匠哇。姐姐说当画家！那时我也不懂这些，只知道有人夸心里乐滋滋的。

这大概就算是我喜欢艺术的开端吧，按文词说是启蒙。

8岁那年，我正式入学，进入学校以后有了自己的书包本本铅笔，除了上课玩耍，想画也就能随时画，开始画人人马马，虽然画得不怎样，但就凭这三脚猫功夫也蛮可以混吃混喝，所谓吃喝无非是给这个同学画个人人，人家给把炒黄豆；给那个同学画个马马，给我喝几口糖精水水。

再后来上了初中，也许脑细胞更成熟了吧，画画的技艺也不断提高，从初一至初三，学校内外黑板报被我承揽了下来，没有任何报酬却耽误上课。常常同学们都在上课，而我一个班一个班地出黑板报，也许当时太单纯了，没考虑更多的事情，总以为这差事很光荣，每天沉浸在廉价的赞美声中。

一直到中考时只考了个集马营职业学校，说职业就是种果树兽医一类的，也不知当时怎么想的，毅然决然辍学不想念了，按我父亲说种树割蛋有啥出息？不行蹲上一班再考哇。当时我脑子一片空白，茫茫然不知如何是好，正赶上那时出外打工成为潮流，头脑一热背上行李远走他乡了。

外出的游子很辛苦，有时流浪街头观万家灯火，心境何等的凄凉。好不容易找个差事也就是和工友们挤在阴暗的工棚里，心中的一点爱好无处释放，只能买来一些书籍慰藉自己。偶然的一次上街中，遇到摆地摊卖旧书的，心中的爱好被一本厚厚的标题为《芥子园画谱》的书深深吸引，如获至宝捧在手中翻阅着，久久不肯放下。

从那以后，这本书陪伴我度过每个晚上，同时也购买了速写本，在工友们吵吵闹闹的打扑克声中描绘着我心中的梦想。

再后来又陆续接触了许多画家的书籍，同时也熟知了大师们的名字，观赏着他们的作品，阅读着大师们的理论文章，有时候不经意间豁然开朗，如同自己悟到了什么，瞬间又被沉重的劳作掏空了那种意念，有时自己无奈地苦笑几声。

日日一天天过着，转眼间到了成家的年龄，因家中只有我一个儿子，父母死活不让在外地成家，思虑再三还是遵照大人的意见，回家乡成了家，然后有了第一个女儿。生活担子逐渐加重，苦于种地收入甚少，还是每年舍家外出打工，只能过个时头八节回来探望一段时间。

等有了第二个女儿时，在生活的重压下，基本抛弃了那点爱好，一心一意谋着打工挣钱来维持家中开销。也有亲戚朋友劝说，不如守家在地的当画匠，给死人描棺材，我只笑着回应，我不爱那种哭哭啼啼的场景，岂不知我心中早已痴迷于中国画了。

等儿子出生时，赶上超生被罚，生活负担更加沉重，常常哀叹自己，这一生与国画也许彻底无缘了。

从此以后一直奔波于生活，有时外出，有时种地，养过羊放过牛，种过蔬菜，努力地劳作供养三个孩子上学，种地养羊不外出是因为父母已年迈多病，需要照顾。

一直到 2017 年，两女儿读完了学业，只有儿子读书，生活稍有松缓，心情也有所缓解，不知何日何时便萌生了一种冲动，自己心里明白，爱好在蠢蠢欲动了。

这算是重新拾笔，购买了笔墨纸砚，像是刚入学的孩子，从头学了起来，当然也不能耽误了农活。

也是这个时候起，正式正正规规尝试了中国画，因为无师，只能依靠手机观摩学习，也正式琢磨中国画的笔墨文化，研究大师们的笔法风格，去试想去开创自己的风格。

经过五六年的学习研究，现在觉得渐渐有了些门道，但还远未成熟，艺无止境嘛。

说起中国画，其内涵非常丰富，不仅讲究笔墨线条，更重要的还得讲究意境。有工笔写意，讲究形神兼备，讲究意在笔先，更讲究一种超然精神，一种超凡脱俗的精神，要有心源造境的创作热情，更要有雄厚的文化底蕴。它是以笔墨表达作者内心世界，也可与世道、政治、道德、民俗等相融合，还得注重写意的方式去抒发、去渲染，力求神韵和气韵的完美融合。

另外中国画不是去追求完整的图画，更高的目的在于表达，去倾诉，去让人思考，密不透风处去让人探悟，疏可走马处让人去畅想。

所以说中国画是世界上一门独特的哲学，任何一位大师也诠释不了它的完全寓意，大师们只是前进了一步，而我们还在学习中。

纵观如今的传统文化现象，尤其现在的中国画现象，令人无比堪忧。胡捧乱吹，精描细染，大而奇，密而乱，搬照片，袭他人，心态浮躁急功近利，沽名钓誉，无非毁传统而不遵之中。

我没有进行过专业的学习，创作的灵感完全来源于对生活的感悟，电视是我的老师；书刊是我的画友。我认为还是对得起自己的努力，在庆祝自治区成立 70 周年之际，我创作了一组反映自治区 70 周年巨变的山水画，表现了全区各族儿女的喜悦心情。其中《青山作证》《青山不老》《草原长春之——梦醒内蒙古》深受业界专业画家的好评。在抗击疫情的人民战争中，我虽然不能像医务人员和公安干警、社区工作者一样奋战在抗疫一线，但却用手中的画笔为全民抗击疫情擂鼓助威，创作了大量有鲜明主题的作品，传递着战胜疫情的必胜信心。在疫情防控期间，我虽然在外地打工，但时刻关注着家乡疫情的发展，创作了一系列反映全国人民众志成城抗击疫情的作品，其中有不少都是描绘白衣战士在疫情救治一线的场景，也有疫病防治知识的宣传画，还有一些身边农民积极进行疫情值守的画面。

纵观中华五千年文化，孕育了多少文人圣贤，真的希望我们还是保留我们民族的文化，那是我们的根啊！我愿为护根的人，现在我有更多的时间拿起画笔，讴歌新时代，赞美新生活。

音乐人胡智萍

陈树祥

十几年前我在声乐学习期间认识了胡智萍老师，从此懂得了声乐教育。

我在声乐学习的道路上几经辗转、历尽坎坷，于中学期间便开始，直至今日。途中由于学习方法有误，致使声音失偏，无法继续学习，几度求学拜师希望得到纠正，但竟然数年未能如愿。后经友人推荐结识了胡老师，遂跟随学习声乐，经过一年之学习，终于回归到正确的道路上来，从此竟一发不可收，走上职业艺术道路。

多年的教学经验使她通晓、彻悟了声乐理论，将声乐教育变成了随手拈来的独门绝技，很多学子成为她的学生，她也成就了自己的艺术之梦，她让自己的"职业工作"变成了"职业人格"，站在了行业的巅峰，"胡智萍"也成了行业的符号和代言人。

她在包头艺校任教，一教就是16年，恪尽职守、教学严谨，为自己的使命负责，为学生的前程负责，像一位伯乐，无怨无悔地发掘着世间的千里马，也将一种崇高的教学风格展示给了社会。仿佛可以这样说，16年之久的声乐教学中，她站在地方艺校的教学楼里传达着国际音乐殿堂的最高指示，每一次练声、上课都是一次高端艺术的传递。在包头，如果你要打听一位可以成就你声乐艺术前程的人，那么，所有人都会告诉你——胡智萍。她的名气不是教龄的积攒，而是学生之间的传颂，她的成就不只是声乐教学与艺术的高度，而是她能"点石成金"的造诣。她与学生之间除了这种简单的师生关系之外还有一种不易捕捉的"缘"，她把所有的简单关系都变成了缘，视每一位学生如己出，将他们变为"亲人朋友"，致力于倾心打造，精心雕琢。学生在她的点化之间，无论多平庸的人也一样散发光芒，万千学生成才成型走出校门、走向世界……包头歌舞团演员赵贵龙、漫瀚剧团李永峰、包头艺校声乐教师张飞燕……桃李不言，下自成蹊，学生的光环足以让她炫耀，但她从不骄傲，她在自己的成就中展示艺术风骨。这位曾被誉为"包头郭兰英"的声乐老师让艺术再度简单、再度亲切、再度贴近百姓，直入人心，谦逊与低调并不能下降她的高度。

2009年她带领偏远山区的学生登上央视春晚，2010年她出使韩国参加国际艺术文化交流，2011年她参加台湾两岸艺术交流……她从音乐教室中走出来承担社会、民族责任，将学生、将艺术推向全国，推向全世界。至今，她担任了包头数家音乐学校的校长，依然站在课堂中教学，她热爱自己的工作，勤勤恳恳、任劳任怨，专心于声乐教育，热衷于学生培养，乐此不疲地享受自己的艺术人生。她的青春献给了艺术与学生，16年，她走过了常人一样的坎坷生涯，却成就了与常人不一样的荣耀。

作者简历：胡智萍，1973年出生于乌兰察布市商都县格化司台乡四号地村，毕业于首都师范大学艺术系，现任包头市艺校声乐系教师、内蒙古音乐家协会会员，国家二级演员。

"全国百名最美美术教师"张佩峰

杨　苗

日前，由人民美术出版社主办的"2019 人美年度教育人物——寻找百名最美美术教师"活动颁奖礼在重庆四川美术学院隆重举行。商都县第一中学教师张佩峰喜获"全国百名最美美术教师"称号。

人民美术出版社本次举办的"最美美术教师"评选活动，是第一次面向全国基层美术教师的评选活动，旨在贯彻落实习近平总书记有关美育工作要求，发现、表彰优秀美术教师，在来自全国包括巴蜀湖湘大区、环太湖大区、敦煌大区、环京大区、长三角大区、白桦林大区、长安大区、岭南大区和蒲公英特别大区等九大特色美术区域相关教育机构和广大中小学美术教师的热切关注和热情支持下，最终审核通过 6000 余名教师参评。此次活动分为线上、线下两个阶段，经过初评、区域投票、提名投票、专家评议四个环节，历时近一年，终于降下帷幕，最终产生"最美美术教师"奖 100 名。其中内蒙古共有 2 人喜获殊荣，张佩峰有幸获此殊荣，实属难得。在颁奖会上，张佩峰和来自全国各地的同行共同探讨交流了有关美育教育的问题。其间，还举办了最美美术教师书画作品展，张佩峰的中国画《芳华》参与展出。

张佩峰，乌兰察布商都县人，1995 年毕业于乌兰察布师范学校，后进修于内蒙古师范大学美术学院，一直任职于商都县第一中学。张佩峰从教 20 多年以来，爱岗敬业，勤勤恳恳，具有强烈的工作责任感和事业心。在美术教学中秉承着博学、耐心、宽容、诲人不倦的教学理念，让孩子们在欣赏不同艺术体裁和风格的艺术作品的同时感受美、鉴赏美，对他们进行美的熏陶，提高了孩子们的艺术修养和审美观，拓宽了学生的艺术视野。多年以来辅导了众多学生的作品入选区市级书画比赛。培养出大批优秀的美术生遍布全国各地。她的美术作品也多次在各种比赛中获奖，同时多次获得区市级优秀辅导员称号。

2019 年 9 月作品《乌兰牧骑英姿》入选由中国美术家协会举办的第二届"江海门户通天下"全国美术作品展。同时被评为 2019 年度乌兰察布市文学艺术创作发展基金二类资助作品。2020 年 9 月作品《乌兰牧骑惠民演出前》入选由中国美术家协会举办的第三届"邮驿路·运河情"全国中国画作品展，2019 年 8 月作品《畲族姑娘》在内蒙古自治区妇联举办的"我和我的祖国女性书法·绘画·摄影作品展"中荣获绘画一等奖。2019 年 5 月作品《踏歌》入选内蒙古自治区文学艺术界联合会和内蒙古美术家协会主办的第五届内蒙古中国画作品展。2020 年 8 月作品《原上风轻踏云来》入选由中国文学艺术基金会主办的"中国梦"2020 艺术草原全国美术作品展。2020 年 8 月作品《助力脱贫攻坚的草原文艺轻骑兵》入选内蒙古打赢脱贫攻坚美术作品展。2020 年 3 月抗疫作品《妈妈要上战场去》在呼和浩特民族美术馆举办的"众志成城，兴我中华呼和浩特市第三届九旗县美术作品展"中荣获一等奖。

超模姜妍璐

杨　苗

2015 年"世界超级模特大赛全球总决赛"在四川广汉落下帷幕，从商都二中走出的学生姜妍璐艳压群芳，摘取了本次大赛世界桂冠。此次大赛有来自中国、美国、英国等全球 30 多个国家和地区的超模参与冠军角逐。

生于商都县的姜妍璐，从小热爱艺术，勤奋好学。2006 年，姜妍璐就读于商都二中。具有浓郁文化底蕴的商都二中校园文化和创新教育为她走上艺术之路奠定了良好基础。2009 年，商都二中毕业的姜妍璐被内蒙古大学相关专业录取后接受模特专业训练。近年来，她曾先后多次参加国内外各类模特大赛，均获得可喜成绩。据了解，本届世界超级模特大赛中国冠军，是由来自全国各地的 40 位优秀超模佳丽经过激烈比拼后产生，21 岁女孩姜妍璐独占鳌头，并代表中国角逐全球总决赛夺得了世界冠军。

姜妍璐在接受记者采访时说："我从小爱好模特，15 岁那年来考艺术学院的时候，本来是要考声乐专业的，我当时喜欢唱歌。爸爸和我在学校里咨询，有老师建议我去试试服装表演专业。那个时候我身高 176 厘米，然后我就和爸爸说，声乐和模特我都想读。但是只能选择一个专业。我想了一晚上，第二天我和爸爸说，我要学模特。现在看来，我的决定是正确的。"

姜妍璐中考后进入了内蒙古艺术学院服装设计与表演专业预科班，三年艺术高中的异地生活，让自己生活自理能力得到了强化，高三就要考大学的那年不幸从宿舍上铺跌下来，脚踝骨摔裂住了医院。眼看快高考了，在医院里每天几乎都躺在床上，体重也慢慢接近140斤。对于一个职业模特来说腿脚和身材都是非常重要的。康复出院后爸爸妈妈多次鼓励姜妍璐，支持她复读第二年再考，之后的一年她决心奋起直追，为了减肥她每天只吃一个苹果，有时候饿得头晕眼花。"其实上天很公平，它拿走你一样就会给你另一样"，姜妍璐动情地说。第二年她再次报考内蒙古大学服装设计与表演专业，在艺术类专业科目的考场里碰到了武文杰，她独特的气场深深地吸引了姜妍璐，她们就此相识。不久姜妍璐爸妈带她来呼市探亲，在中山路再次碰到了武文杰，武文杰引荐她到狄安娜模特精英机构见张威老师，父母了解之后安排姜妍璐进入狄安娜模特高级精英班学习。

姜妍璐说，她感恩那些给她无私帮助和鼓励支持的家人、老师和朋友。她觉得人的一生会遇到很多困难，在那些对的人和对的机会还没有出现之前，要学会坚强。姜妍璐因为小时候比较调皮，每天中午会爬上屋顶然后唱青藏高原，别人都在午休，看到有邻居找来她就会赶快藏起来。家里也会经常开家庭晚会，爸爸弹吉他，妈妈跳舞，她唱歌。还有吃宴席的时候，妈妈会让她第一个上去唱歌锻炼。奶奶喜欢戏剧，所以她就爱上了黄梅戏。

"小的时候还会唱越剧和京剧。对于唱歌这部分来说，我还是想好好发展一下，希望能有所突破，完成我儿时的梦想"，姜妍璐回忆快乐的童年时，还有些眷恋。

"人只有在不断地批评和严格要求下才可以蜕变。所以，每当我见到一些新苗子的时候，我就会和她们讲，灰姑娘也会有变成公主的那一天！"

　　是的，正如姜妍璐所说，平庸很容易，一分一秒就能够做到；要想成功，就得花费百倍千倍的辛苦努力。让我们来和命运做一回抗争吧，看最后谁赢？用你的勤奋学习和不懈坚持让之前所有瞧不起你的人看看——你到底是谁？

　　临别时，姜妍璐对采访她的记者说，希望之后自己可以在演艺方面有所发展，有机会参与更多的影视拍摄。并且也可以完成儿时的梦想，唱唱歌。

　　模特是姜妍璐的根本，但是她会努力多方面地发展。"比如我想拍戏，唱歌，电影和综艺，这是我奋斗的终极目标。"她的眼神中流露出无限的追求。

　　姜妍璐，这位世界名模面对未来，豪情满怀，我们期待她的模特人生更加精彩。

打击乐翘楚韩晓晨

王学吾 整理

　　说起音乐，大多数人的理解是戏剧歌曲舞蹈，然而，有的音乐早已不知不觉地融入我们的生活中，但却让我们感到有些陌生。近年来，一种叫作打击乐的新乐种，正在城市青年一族中走俏，它以易于接受的方式在人群中传播。

　　何为打击乐？相比较其他乐器，打击乐是更加平易近人的乐器，生活中的任何东西只要能发出声音都能成为它的乐器，你只要敲，只要有律动，它就能够成为打击乐。

　　在内蒙古，有一支打击乐团，叫作艾依丝打击乐团，她在艺术界很有影响，在国际比赛获得了好多奖项，是内蒙古迄今唯一一支专业打击乐团，在中国打击乐圈子内很有名气。艾依丝打击乐团团长是商都人韩晓晨。

　　韩晓晨出生于商都县教育世家，作为内蒙古艺术学院副教授，她于2005年组建艾依丝打击乐团，团队成员由音乐学院师生组成。韩晓晨作为乐团团长、排练指挥，乐团的成长倾注了她的心血。在她的指导下，团员在独奏、重奏、合奏等方面都得到了很好的锻炼，提高了团员的专业综合能力。乐团以继承和弘扬中西方打击乐艺术、发展和创新蒙古族打击乐艺术为己任，在建团的10年里已经排演了近百部中西打击乐作品及原创蒙古族风格的打击乐作品。其中《查玛舞韵》《遗迹火源》《哈屯点兵》已经多次在国际国内的舞台上反复上演，成为乐团的代表作品，影响甚广，形成了独树一帜的艺术特色。2016 年 8 月 13 日至 8 月 16 日，由中国音乐家协会打击乐委员会，中国箭丽打击乐艺术中心，山西省演艺集团等多家单位联合举办的第七届箭丽国际打击乐大赛在中国太原进行。艾依丝打击乐团作为内蒙古参赛队参加了青年重奏组的比赛，荣获第一名，同时获得组委会授予的大赛最高奖"金缶奖"。精彩的节目、优美动听的打击乐表演为现场的所有人奉献了一场震撼十足的视听盛宴，赢得了台下观众的阵阵掌声和欢呼。超强的节奏感将现场的观众带动起来，有的甚至跟着节奏一起打拍子，满场都是响亮的掌声。

"箭丽国际打击乐大赛"是我国乃至全亚洲最高艺术水准的打击乐专业赛事，参与选手众多，国籍甚广，并且水平相当，艾依丝打击乐团凭借原创打击乐作品《遗迹火原——祭献 2015 呼伦贝尔草原火灾》《阴山岩画印象——牧马图》得到了整场比赛的最高分。艾依丝打击乐团充分展现了内蒙古民族艺术扎实的功底，娴熟的配合、专业的水准及永不磨灭的激情，使来自社会各界的乐迷们共飨音乐盛宴。在艾依丝打击乐团演奏结束后，评委席上来自德国、奥地利以及我国知名音乐院校的打击乐专家教授们热烈鼓掌，感染了全场。艾依丝打击乐团首次站在国际大赛的舞台上成功地展示了内蒙古打击乐人的实力和风采，为内蒙古音乐事业的传播与发展起到了积极推动的作用。

由中国人民对外友好协会主办的 2020 中欧国际文化艺术节作品征集及优秀作品展示活动通过人民日报海外网线上举行。来自国内和欧洲的近百所艺术院校、文艺团体共同参与了此次活动，经过激烈的选拔和评比，艾依丝打击乐团的演奏作品——《遗迹火原》成功入选。中欧国际文化艺术节是集权威性、专业性、综合性于一身的国际文化艺术交流品牌项目。艺术节采用多元化形式开展文化传播，提供优秀文化艺术作品，拓展文化艺术传播途径，推动国际间文化艺术交流深度融合，诠释新时代下国际文化艺术交流互鉴与互通。中欧国际文化艺术节秉承推进"一带一路"文化先行的宗旨，以国际视角打造中国国际文化艺术交流品牌，以国际文化为纽带建立中欧双向沟通互动的高规格权威平台。艾依丝打击乐团演员双手舞动、鼓槌上下翻飞，那悦耳动听的打击乐声让观众充分领略到打击乐的美妙，他们再次成功提升了国际知名度及影响力。

剑锋出自砥石磨砺，暗香源于风霜苦寒。作为一名学者，今天的韩晓晨已是内蒙古音乐家协会会员。随内蒙古艺术学院代表团赴美国、俄罗斯、蒙古等国参加文化艺术交流演出。担任《内蒙古十通·走西口通鉴》《呼和浩特市民间歌舞剧团志》音乐学术专著的音乐编辑，国内重大刊物发表学术论文数篇。已完成院级科研项目两项，参与院级精品课建设项目一项。2008年8月获中国文华艺术院校奖器乐比赛铜奖。2010年8月获第二届中国国际打击乐大赛最佳园丁奖。2011年10月获内蒙古自治区第四届室内乐大赛重奏组二等奖。2015年7月获第六届中国国际打击乐大赛优秀教师奖。2015年10月获内蒙古自治区第五届室内乐大赛民乐重奏组一等奖。2016年1月被中央民族乐团及中国蒙牛集团联合授予"国乐推广大使"。

教　育　回　望

书香浸润了每一个人的童年、少年，校园生活有苦有乐，总有难以忘却的记忆。每个人的成长都需要教育的滋养。作者在分享自己的求学经历和对教育的看法及感悟，用亲身的经历，探讨了教育的意义、独特价值及对社会进步发展的影响。角度全新，视野开阔。鲜活的事例告诉我们，没有白费的努力，也没有碰巧的成功，当年的苦与乐，成就了你的完美人生。

记 忆 格 中

姜泽阳

格化司台中学，是我生命旅程中难忘的驿站。我虽然在这里求学三载，却让我至今牵挂。

还是在我读小学二年级的时候，传说村里要建中学，在东门外。村东门外，紧靠民房的东边，有一片沙石草地，再往东是农田。有时，我会与小伙伴们到那里玩。现在，在那儿，要建中学了！而且，很快，那里便真的盖起了红砖红瓦和白墙青顶的大房子，修起了平展展的操场。不久，大门口挂起了亮闪闪的校牌：商都县第三中学。后来，校牌换成"格化司台初级中学"。

中学是什么样的学校？那里的学生学些什么？中学的老师有多高的文化？小伙伴们议论，猜测。有的说：中学生语文课不再是认字了，要学更难的东西。有的说，我们的老师兜里别一支钢笔，中学老师肯定别两支钢笔……大家越猜想，越觉得新建的中学美好、神秘，被她深深吸引。

1958 年"大跃进"，真正是轰轰烈烈的年代，不论白天还是晚上，常有游行、报捷、宣传等活动。在这些活动中，最耀眼的总是中学的老师和学生。中学生们打着大洋鼓，吹着洋号，排着整齐的队伍，生气勃勃，神采飞扬，令人钦慕。他们已成为人们心目中的文化标杆。格化司台中学，这是格化司台地区乃至整个商都县北部地区的最高学府！

有时，我和几个小伙伴会跑到中学的操场玩，那里有好多运动设施。雨后的傍晚，夕阳下，校园里那湿漉漉的红砖房分外鲜艳，格外美丽。我常想，什么时候也能来这里读书？ 1960 年，我真的成了这所中学的学生。来自五六个公社的约 200 名新同学分成八至十一班。我在十一班，班主任是周士诚老师，他也是我们的第一位语文老师。我的第一个同桌叫董存莲，来自大库伦公社，是一位安静、温和、善良的姑娘。

入学刚上了两周课便停课了，分赴几个村参加秋收。我们班留在本村。一天傍晚，收工回来，教导主任郭文科老师带我们几个同学到他的办公室聊天。郭老师拿出一张漂亮的节目单，上面印有《穆桂英挂帅》的剧照。郭老师说，我校五九届毕业生中考语文单科成绩名列张家口地区第一，因而他赴天津参加全省"群英会"，大会招待他们观看梅兰芳演出的《穆桂英挂帅》。郭老师鼓励我们好好学习，一定要上大学，见世面。"来到世上，不上一回大学，就算白活了！"他说。

两周的劳动结束了，同学们返校了，又开始上课了。可是，随之而来，一连串的事情发生了。一些同学被"下放"了，从学校"放"回了家。和我小学同学六年、从小玩到大的高志贵被"下放"了，他小学一直是好学生。同时，悄悄加剧的饥饿突然疯狂起来，学校开始实行"不出汗运动"，没有了劳动，早操、课间操、课外活动也没有了，体、音、美课取消了，刚刚学了几个字母的俄语课不上了。有的同学挺不住了，退学了。来自章毛勿素公社非常聪明、学习优秀的王森同学退学了。小学和我同学六年学习一直拔尖的杨玉仙退学了。有的年龄略大了点的男同学睡到半夜背起行李"跑"了，偷偷跑到内蒙古谋生去了。学生不断流失，迅速流失。第二学期，十一班和十班合班上课。我原先的同桌董存莲不见了，我和李富成了同桌。李富来自西井子七股地，聪明，爱学，成绩优异，写得一手好字。后来我们成了朋友，我前面是杨占魁，他是十班班长，个子不高，精明强干，画画得好，很佩服他。

初二时，四个班并为两个班。我到了八班。新同桌马玲来自章毛勿素公社，是一位开朗的女同学。不久，马玲也辍学了，同桌成了李周生。李周生是西井子公社的，白白净净，长胳膊长腿，热情活泼，我们很是投契。后来，他也辍学了，同桌换成杨存仪。杨存仪家住杨贵生沟，聪明好学，成绩突出，我们成了好朋友。我俩坐第二排，前排是智勇和贾巨宝。智勇的确无愧他的姓，个子不高，全长了大脑，任何课程玩耍间就学好了。贾巨宝原先也是十一班的，脑子灵，幽默，也是那种不费力就能学会的学生。其实，他们二位都是小捣蛋，自习课经常转过身和我玩。

八班的班主任是王全老师。王老师教数学，给高我们一届的班级讲课。他戴一副近视镜，看上去严肃，对学生却很好。1962年冬，饥饿有所缓减，学校要办迎新年晚会。王老师让我和杨存仪排练节目，他指导。王老师会表演，我上中学前看过他演出。"大跃进"那两年，经常有文艺表演活动。王老师和韩邦哲校长演过《送公粮》，一个拉车，一个推车，惟妙惟肖，风趣热闹。为了我们的小演唱，王老师亲手做了一个道具大南瓜。至今我还记得一句唱词："蝈蝈儿一叫豌豆开了花。"

我们的第一位数学老师叫王恩宇。王恩宇老师总是穿一件不长不短的灰色上衣，十分温和，讲课非常卖力，学生不懂的地方不厌其烦地耐心讲解，课下却很少说话，而且也很少露面。给我们讲平面几何的是朱玉坤老师。朱老师样子严肃，但一点不凶，讲课很认真。初三的数学是刘治国老师教的。记得我上中学前刘老师爱穿一身白制服，很气派。现在他一年四季都穿深色衣服，沉着自信。刘老师讲课思路清晰，简洁流畅。他经常考试，有小考，有大考。他说，考试一是老师检查教学效果，二是学生检查学习效果，好查漏补缺，改进、提高。每次出完考题，他便背着手回办公室去了，从不监考，而我们所有同学没有一个作弊的。

讲物理课的是马志斌老师。马老师有点清瘦，常穿一身洗成灰蓝色的衣服，总是面带微笑，和蔼可敬，讲课干净利落，明白易懂。讲化学课的是席宽富老师。席老师平易近人，很有亲和力。他讲课深入浅出，幽默风趣。他还会画画。我毕业之后，仍常与席老师来往。赵中壁老师讲历史。说到赵老师，就想起罗伯斯庇尔。赵老师说，你记不起这个名字，就想想"萝卜丝一碗儿"我很喜欢贺佃臣老师的生物课。贺老师讲课声音脆而亮，生动有趣。贺老师的课让我喜欢上了生物学，中考填报志愿时我差点报了扎兰屯林业学校，是郭文科老师的鼓励和李富的劝说，我才考了高中。

周士诚老师调走了，接任语文课的是高彦英老师。高老师高身材，高雅端庄，讲课娓娓动听。她对所有学生都那么和蔼，同学们都很尊敬她。初三的语文课由李万笑老师担任。李老师文质彬彬，颇有文学修养，常在报刊上发表作品。李老师课讲得好，且十分认真，早自习让我们听写易写错的字，课余常给我们朗读文学作品。有时，下午放学后，李老师会到我们中来，给我们讲最新文学动态。我现在还记得李老师给我们读赵树理的《李有才板话》，讲尚在连载的曲波《桥隆飙》的情景。由于面临升学考试，学校特为我们增加了晚自习。我们每个小组一个煤气灯，李老师在昏暗的灯光中给我们辅导语文。李老师还为我们整理编写了《现代汉语词汇》《文言文复习资料》等，亲自刻蜡版、油印，然后发给我们。

李老师、高老师是我非常敬爱的老师，至今我与二位老师保持着联系。在我离乡读书期间，李老师仍在信中教导我、鼓励我。为我答疑解惑。在我回乡的那些年，二位老师像亲人一样关心我、帮助我。

他们是我永怀感戴的恩师。

格化司台中学给予我很多。在这里，我不仅学到了知识，而且学到了做人。在那个遭遇过种种困难的年代，这所学校鼓励我，扶持我，塑造我，使我坚韧、坚定，把我从懵懂的少年培养成有理想、有向往的青年。我永远感谢她，永远感谢她的每一位老师，感谢所有的教职员工。我也感谢当年那些同学，我们一起学习，互帮互勉，共同进步，相处得和谐愉快。

格化司台中学在 20 世纪 70 年代初改为高中，后来又改回初中，再后来，被撤销了，在这个世界上消失了。但她永远存在于我的心中，与我同在。

二道渠村教育史

杨占魁

　　故乡自 20 世纪 20 年代立村，先人们大多目不识丁、胸无点墨。可他们心无旁骛、专心致志地在自己的土地上辛勤劳作，经过十几年的生产与生活实践的磨难，如梦初醒豁然开悟，不识字没文化，到处碰壁，困难重重。于是托人到处找教书先生，为他们的第二代识文断字开脑明理。

一、私塾

　　这一教学形式，是民间教育机构。新中国成立前农村以家庭或以教师自己的名义成立的教学场所。当时，家乡是以多家供养先生，让各家的孩子集中受教为主。先生的酬金，除一日三餐外，以物为主（粮或米）。逢年过节，家长们各自都送些礼物，也时兴请吃请喝。

　　私塾的教学时间比较灵活，因人因时而异。分季度学或长久学，过去有的人家劳力少，忙时得让自家的孩子帮忙干农活，只有农闲时才可让孩子上学，如果不缺劳力，孩子就可一心一意、安安稳稳地坐在学堂里读书、识字。短学的孩子们，当时称念"春冬书"，顾名思义，只能读一个闲季。这样先生只能因人施教，还有先来的后到的，自然就形成了多头复式教学，层次越多，先生的负担越重。学童的收费就成了按月计酬法，对于短学的家长们也不抱多大的希望，只图孩子长大后记个账，认个头迎上下，写个对联啥的就满足了。那时的学制不统一，各自规定，一般是过了正月十五开学，直到冬至节气过后放假，中间没有暑假。

教学内容都是千年留下的传统教材，多以《千字文》《三字经》《百家姓》《大学》《中庸》等为主。先生们的教学方式主要以背书为主，只有熟记后才开讲明义。他们在狠抓识字背书的基础上，很注重学童们的教养与教育，让学童从小养成良好的道德品质，懂得做人的行为礼节，规范的生活习惯。首先给学童灌输"仁、义、礼、智、信"的思想内涵：人及仁爱，和人相处融洽和谐。

当时的学堂都是坐炕用书桌，学童们无休止地前后摇着上身出声地背诵。先生在地上有一座位和高腿书桌，每天都要挨个验收，学童把自己的书拿上，下地站在先生的面前，先生让你背哪段你才能开背，背完后给你点评和讲解，而后再让你复述，如有背不下来或复述错误，只有伸出小手等待先生用戒尺敲打。有的捣蛋鬼被打得回家连筷子都握不住，可是家长见了先生还安顿狠狠地打。那时的孩子天下最怕的就是先生，如在街上远远地瞭见先生的影子，急忙低头拐弯向别处跑去。

家乡最早的私塾坊，是 1946 年成立，在郝士连院内，教师徐先生，学生有康明、安进喜、郝存林等七八个。1947 年，蔡占元院里也成立了学堂，教师李奇先生，学童是村东的一些二代人。1948 年，沈文世的院里也成立了学堂。教师为张忠天先生，学生是村中央的一些学童。

二、学校的创建与发展

新中国成立后，1950 年，由张忠天老师开始了"新文化"教学，推陈出新，真正的小学诞生了。学校设在张喜院内，当时有 20 多名学生。

1952 年，全国实施"扫盲运动"，一直坚持了五六年。家乡也不例外，利用晚上的时间，分片集中上"民校"，开始是村里的小学毕业生或识字人教，后来是区里配人下来教，每天晚上，凡文盲男女都集中识字，尤其是女人们会读不会写，还得家里的孩子们教，如何握笔，按照笔画顺序一笔一笔地教，她们学得非常认真。其中有一个原因就是怕老师让她们上黑板写。

课堂上人们都屏气凝神、专心致志，形成了积极向上的学风。因为各级政府对这项工作抓得很紧，后来有的男人可以读报，真正扫了盲。

1953 年，学校的原址房间有限，容纳不了多少孩子。为了扩大教学，在乡负责教育的领导和村支部的主持下，于村子西南边靠上一处建起新学校。片长何世斌，后邱守业。教师先后有胡之根、王巨成、王长选、武俊山、景永清、李天兵、袁品正等。那一年还是执行1952 年教育部颁发的五年一贯制《小学教学计划》，所开设的课程是语文、算术、自然、历史、地理、体育、音乐、美术共八门课。

1955 年，教育部根据前几年的试行情况，制定了《小学（四二制）教学计划》，开设了手工劳动课。当年，我国编写出版了全国通用小学语文和算术教材，1956 年，接着出版了自己编写的自然、地理、历史，并在全国通用。我国刚结束战争，百废待兴，所以这些教学计划、课程内容及大纲都是套用苏联的做法。在何世斌老师的带领下，全体老师动员全村二三代适龄儿童和少年们应收尽收，让所有的孩子们都有学上、有书念，家乡的小学教育得到了一定的发展。

1958年，家乡受教育冒进潮流的影响，办起了"红专大学"，占用康清家的院子，学生都是卯都公社南半部的青年，上午劳动，下午上课，校长邱守业，教师王立善、郑臣、师发、王巨成等。

1959年，公社教育总长请示政府，打算把卯都南部的几个村庄的初小毕业生都集中到二道渠校统一教学，征得村支部的同意后，学校又搬迁到现校址。实施集中教学，当时的校长石殿金，教师有郑臣、师发、要吉武、黄斌、高雪梅、景永清、席高斌等。几个外村和本大队的四个自然村头道渠村、大沟村、北坊村、二道渠村。学生们一下多了好多，六个年级都是满员，凡外村的孩子们一律住校。学校另办食堂，男女生都是份儿饭。

1965年，在村支部王玉山书记的反复请示下，终于说服了乡政府的主要领导，把卯都公社"农业中学"的选址定在二道渠和原小学合办。于是在原小学的东边又征用了两家民院做寝室，前院盖起两间大教室，两个班的中学生80多人。加上六个小学班，每当下课，校园里人声鼎沸，欢歌笑语，好不热闹。

那年的校长：高子胤老师。高老师工作尽责，为人和善，体贴下属，关心学生。对学校管理和课堂教学紧抓不放，他特别喜好文体活动，自从他调来后，学校的各项工作得到了进一步的发展壮大。校纪严明有序，校风求实上进。

中学一班武才斌任班主任兼语文，后闫凯金接任。二班田玉任班主任兼语文，靳长升任两个班的数学。张太顺任伙管，王文任体育，杨占魁任全校音乐、美术，后体育也兼任。小学又增加了三个老师：王桂兰、杨桂兰、武秀清。边玉花1967年调入。

在高校长的领导下，大家团结一致、齐心协力。教学、生活、劳动、文体，校容校貌，各项工作人人争先、通力合作。全校师生积极向上的工作和学习精神，蔚然成风。

因为学风正、班风好、制度严、管理善，外地来校求学的孩子越来越多，学校无法容纳。1967年，中学迁到村西的新校址。原小学又恢复了平静。

1971年，新任校长张凯。教师：王文、杨占魁、解守忠（知青）、李忠鹏、李登旺、张子亮等，虽然进入"文革"的中期，但学校的正常工作一如既往，并未受到多大的影响，这与村里的人文环境有关。大家一直有尊师重教村风，老师和村民们相处融洽，学校一直保持着良好的学风。

事物的发展往往会出现意想不到的变化。当时学校的领导权下放到村委会贫协，贫下中农进驻学校并接管领导权。出现了不少裙带关系教师，这部分教师充其量都是些临时户和暂住户，进学校给自己镀了点金，拍屁股走人。最后，还是那些常住户教师不忍心耽误孩子们的学业，努力传授知识，认真授业，严格管理。

原来的各间教室都是以民房改造而成。多年失修，檩脱椽断栈子沤，很危险。村支部领导曾多次进各个教室查看。为了以防万一，汇报公社教委批准后开始筹备。

1974年开春，从各生产小队抽调了一部分懂行的中青年。后排的六间大教室，两间办公室全部推倒。清空根基，重新用面石砌起90厘米高的基础。全部用村里烧的蓝砖一包到底。当时市场上的木料供应非常紧缺，只有拆旧取木、东挪西凑。把拆下来的椽檩经过严格检查，凡可用之材，再次上房。

为了赶在9月15日开学前完工，工人们起早贪黑、加班加点，毫无怨言。老师们全员上岗，大家和衷共济、同心同德，一把泥水一块砖，终于在开学后让全校各年级的学生们坐在高大、整洁、窗明几净的教室里，眉开眼笑地学习。

1974年秋开学前，校长由田玉接任。并新增王彦、王彬、王艾三位老师。在田校长的忙活下，钻天觅缝、寻找时机，通过知青点王永昌书记的关系解决了新教室的门窗用料，又通过各种渠道从化德县买回急需的玻璃，才得以开学后正常上课，这就是一个有能力校长的作为。田校长正值年轻气盛，性格争强好胜，办事雷厉风行，力求完美。1975 年，在征得上级的同意后，他和二道渠、十二顷、米家村三个村的大队干部们反复协商后，决定三个大队合办片中，先招初一初二，校址定在二道渠小学。

当时的中小学教师先后有杨占魁、王文、张德兴、曹丙仁、梁国庆、李玉莲、屈万林、王秀丽、王彬、刘湧。又招聘了初中老师：张胜、范忠理、史金贵、于学森、王青、王美、王艾，吴敏是炊事员。那年各中小学仍然执行教育部颁发的有关《条例草案》《教学计划》《教学大纲》。强调基础知识和基本技能及书本知识教学，是当时上下协力、齐抓共管的"二基"教学。

学校规模如此之大，但在田校长的领导下，各项工作有条不紊地向前推进，为了增加教学经费，还种了十几亩校田，轰轰烈烈地掀起了第二次办学高潮。

1978 年，教育部发布《全日制十年制中小学教学计划试行草案》。规定小学五年、初中三年、高中二年，在学好文化课的基础上，利用一定的时间学工、学农、学军。这一年，王存态老师接任校长，后又调来闫毓叶、姜学青、丁果仙、杨德贤几位老师，梁国庆担任初一、初二物理并兼任伙管。

1981 年秋，我校的片中被撤销，全部并入乡中学，二道渠又成为纯粹的小学，教育教学工作依旧紧张、一如既往。初、高中也恢复了考试制度。我校在原有的基础上，更加注重"双基"教学，全面贯彻国家的教育方针。在领导们的带动下，各项工作都搞得风生水起、蓬勃兴旺。

1984 年，李永珍老师接任校长，他的个性轻言慢语、和蔼近人。其行事风格：善于谋划，强于调动每位教师的工作积极性。曾在校任教过的老师有梁国庆、王艾、杨占魁、李孜、张胜、田志新、王美、王雪兰、杨彦英、岳勇、王彬、李永、袁桂英、胡佩、王平。这帮教师年富力强，教学经验丰富，不乏优秀教师、教学能手，学历全部合格。他们团结一致、通力合作、视校如家，想尽一切办法为孩子们创造良好的学习环境。尤其是每到烤火季，低年级王雪兰老师和袁桂英老师，天天都是提前到校，生着炉子坐等学生。中高年级老师也都早于到校时间，查看家庭作业，查阅日记，批改小作文。让学生在愉悦中学，在无忧无虑中学，在教师的指导中学。

三、德育之花多娇艳

这所学校对德育工作一直紧抓不放，每位教师把立德树人的重任牢牢地扛在肩上。全校各位老师的口头禅便是"堂堂正正做人，实实在在做事，做人要做德才兼备的人"。他们把德育落实在学校工作的一点一滴之中。

王雪兰老师是二年级班主任，她常常在课堂上讲一些社会上发生的美好事例，随时表扬班里的好人好事。用各种形式丰富德育内涵，拓展德育空间，真正让孩子们从小养成良好的行为习惯。1997年，北京良乡资助了二道渠小学一批儿童旧衣服，朱志伟同学领到衣服后，穿在身上试，突然摸到衣兜里有100元钱，他赶紧跑上讲台把钱交于老师，当时就赢得了全班同学热烈的掌声。校长知道后，利用收操时间在全校师生面前表扬了他。

冯亚楠同学2004年从二道渠小学毕业，她从小受到良好班风和校风的影响，她常常和班里较大的一些同学，为一、二年级学生拔水和提水。学校有明确的规定："一、二年级同学不准独自上井打水。"所以孩子们习惯于打水时就喊："大哥哥大姐姐们，给我们打点儿水。"准是冯亚楠和一两个同学跑出来到后院帮小同学们把水打上。

冯亚楠同学大学毕业后在呼市上班，母亲残疾，她深知父母供她念书不容易，家里的一切开销她全包了，她是出了名的孝女。

1995年夏天，五年级张月凤的父亲患肺病去世，张月凤悲痛欲绝，无心再读，向班主任老师提出退学请求。班主任岳勇针对此情况及时召开了主题班会。会议题目是《张月凤，你要读书》，班会上同学们踊跃发言："张月凤，你要坚持读书，父亲走了，母亲还在，还有我们大家，你有什么困难，我们大家帮你!"……会后，全班同学自发地买了花圈、钱垛、供品……集体去向张月凤父亲遗体告别。鼓励她一定要坚持读书，使张月凤顺利地读完了小学。

1996年秋季开学后，二年级的王喜梅的学习成绩逐步下滑，有时连家庭作业也做不完。经了解得知其父亲外出打工在煤窑打折了腿，生活不能自理，全家人的吃喝拉撒全落在母亲身上。时间久了，母亲终于坚持不住离家出走，父亲的吃喝拉撒全落在王喜梅身上。班主任王艾老师一边耐心地做王喜梅的思想工作，一边发动班里的大同学主动去帮助王喜梅做家务，辅导她完成家庭作业，很快使王喜梅恢复了以前的学习成绩。

全校师生之间，同学之间的友情之花在每一角落绽放!

建设班风培养美德。多年的教育教学实践告诉每位老师，校风直接影响民风和社会风气，良好的校风又是若干个班风汇聚而成的。班风的好坏又直接影响全体同学的思想、行为、学习、生活等。正因为如此，老师们所接的每一个新班，决不放松班风建设。

按照儿童的一般活动规律，校内约束性较强，校外容易失去控制。一年夏天的一个星期日，有几名调皮的男同学，偷吃了一家菜地的小葱。第二天主人找到了学校，当时班主任没有惊动那几位同学，一直到课外活动，把全班同学组织起来，到主人家的菜地里亲眼看了被糟蹋过的小葱畦子。同学们看了现场，虽然没说话，但看得出大家内疚的心情。当时班主任问同学们：损坏了别人的财物该怎么办？同学们异口同声地说:"赔。""那好,咱们每人两毛钱集体赔吧。"那几位同学看着大家起钱着了急,说什么也要自己赔,绝不连累大家。主人一看也急了,怎么也不让赔,最后还是赔了款。同学们受到深刻的教育,真正认识了损人利己的可耻。打那以后,这个班再未发生过类似的事情。

孩子们违纪、犯错并不稀奇,关键是教师怎样身教,怎么引导。对"德育教育"全校老师已达成共识,在日常教学中引导学生寻美、颂美、享美,结合校内外生活培养学生的美德及不屈的品格、高尚的情操!这个学校从领导到老师有的是乡级德育先进工作者,有的是县级德育先进工作者,有的是盟级德育先进工作者,还有的是自治区德育先进工作者。

四、教育教学美名传

1986 年的初冬,县教育局以教研室牵头,在卯都社中召开现场教学观摩会。主要以二道渠小学的作文教学和卯都完小的阅读教学为主,各乡的总校长、教导主任及各完小的领导和教师代表参会,规模好大啊!名义是现场观摩,其实质是在考查,而且严苛。习作教学前,各乡出习作题目,最终精选了 10 个题,大会组织者提前把这些题目写在黑板上。上课后让学生分组把 10 个题目的习作写出来。只给教师留了 10 分钟时间,把 10 个题目的要点进行分析和讲解,而后学生开始习作,教师在课堂上进行巡回指导,下课交卷。

更没想到的是,第二天大会领导又选了 10 名学生,用小汽车拉到现场,又出了"一路感受"的题目,进行了即席习作考查。把孩子们的习作在大会上宣读,与会的各乡校领导和老师们相互传阅后,个个心服口服、赞声不绝。

学校的教研活动,两周一次从不间断,"阅读教学""作文教学"

"数学速算""应用题分析""自然科学教学"等，通过反复地实践研究，肯定成绩，找出差距。还不断地开展"示范课""分析总结课"。大家取长补短、集思广益、积累经验，把课堂教学搞得有条有理、有声有色，充分地激发和调动了全体学生的学习积极性和能动性。

1987 年 6 月 14 日，李校长和一名教师应邀参加全盟"教学管理和教改现场交流会"，并提交了"农村小学作文教学的构想和实践"，在大会上反复交流，受到与会老师们的一致好评。

1988 年，我校被评为"盟级教育教改先进集体"，并授予牌匾。从此，我校被定为全盟教育教改示范校。同年，县教委也授予我校教育教改先进集体并颁发了牌匾。历年来，学区、乡、县授予的各类奖牌、奖状挂满了两个办公室的墙壁。这些荣誉时时鞭策着全体教师工作一丝不苟、默默敬业。他们每天奔波于两点一线，勤勤恳恳、兢兢业业，争做三放心教师——学生放心、家长放心、学校放心。1989 年，杨占魁老师作为特邀代表出席在武汉市召开的全国小学语文教学研讨会。他创立的《三段六部分合式》小学作文教学法，在大会上进行广泛交流。本人在会上做了经验介绍，受到大会秘书长和教材编委会主任的亲切接见。

这所远近闻名的小学，全乡次次通考都名列前茅。体育比赛从不逊色，历届运动会的团体操比赛，从 1965 年起，我校只有一次是第二名，其余都是第一名。1989 年，县直中小学运动会在一中后操场召开，县教委专车将我校 108 名学生接到县里进行专场团体操表演，同学们虽然进入陌生场地，但毫不怯场，个个生龙活虎、精神抖擞、步伐整齐、表演自如，赢得场内全体师生的赞誉。台上，县各级领导及场外如海的人群掌声雷动，经久不息。他们万没想到一个农村小学竟然能排练出如此精彩感人的表演，会后授予优秀表演牌匾奖。

1988 年暑假，盟教研室派周玺老师来我县，对章毛乌素完小的曹艾校长、李奇老师和卯都学区的张仲有主任、二道区完小李永珍校长、岳勇老师进行了一周的小学自然课演示实验培训。会后给章毛完小一套分组实验仪器，给二道渠完小一套演示实验仪器。秋季开学后，岳勇老师便成了自然专职教师，以行政村完小为中心，辐射周围的北坊子、大沟、头道渠三个自然村校。利用一名教师，一套教学仪器，对四所学校的自然实验课进行巡回教学。做到了一人辛苦，四校受益，一人跑路，多人坐等的效果。

1989 年，为了自然课和电教正常开展，把前排的危房推倒，盖起了崭新的红砖电教室和仪器室、办公室。随着教改的不断深入，县电教站陆续给我校配备了完整的电教设施：各种仪器柜架，多台电脑，电视及齐全的电教仪器应有尽有，其中，王彦（我校走出的学生，当时任县农调队队长）以单位的名义赠母校一台大电脑。他的举动在全村反响很大，受到家乡人民的高度赞扬！自然教具也一应俱全：各种玻璃仪器、人体骨架、人体半身模型、地球仪、捕捞工具、静电实验仪器、电学实验仪器、动植物标本，加之岳老师带领学生采集当地的动植物标本，还自制了一些简单的教学仪器。这门课程多年来经岳老师呕心沥血、不懈努力，学生学得轻松，知识记得牢固，并产生了浓厚的学习兴趣，在精心策划和实践中取得了良好的教学效果。深受全体师生的一致好评！

1995 年暑假，盟教研室在武川县召开了全盟小学自然年会，会上岳勇老师做了题为《巡回教学是上好小学自然课的重要途径》的典型发言。并通过现场教学和教具演示，博得了全体与会老师的高度赞扬。并在本会被评为盟级教学能手。在会议结束时，盟教研室陈斌武老师对二道渠自然实验课给予高度的肯定和赞誉，并向全盟推广。岳老师为了教好这门学科，殚精竭虑、废寝忘食。

当年，他的教学录像在中央二台向全国播放，共计 8 分钟之长。这是他人生的一次耀眼闪光。

1991 年，学校所有的大型基建全部结束，在后排教室的后边扩建出 2.5 亩土地，全部用七尺高的围墙围了起来，还围进一口原生产队菜园子的用水井，各班和办公室的用水再不用去校外担了。圐圙的前围墙都是红砖砌的花墙，里边四周全部栽上树，靠西一点是砖瓦结构的男女生和教师厕所，中间种花、草、菜。花墙前边是一排枸杞树，树的前边是假山喷泉。中排房后是两行高大的杨树，这些尾工全部是教师和高年级学生亲手完成。南院墙里边整齐地栽了四排树，为防止孩子们无意中损坏树木，发动全校同学和家长捡石头、脱土坯，收料的那天家长和学生熙来攘往、源源不断地用小车和箩筐把料运到了学校，全体老师冒着雨把 70 厘米高的围墙垒了起来，老师们个个落汤鸡，人人满身泥。

夏天，一进校园满目绿色，秋天枸杞引蝶、花香四溢、小鸟鸣唱、喷泉一放，典型的一座花园小学。

从 1977 年王彦第一个考入高校后，年年孩子们接二连三地进入大学，老师们看到自己的付出有了收获，朝夕不倦，教学更加上进，这批先荣登大学校门的孩子们，极大地影响了学弟学妹们的学习，全村出现了供书热的高潮。家看家、户望户，家长们都盼孩子齐考住。这一热度从未降温，进入 80 年代中后期，升学热度一个劲儿地加码。据不完全统计，全村共走出 259 名中专、大专、本科、硕士、博士及博士后。村里一家出三个大学生的一共 9 家，一家出两个大学生的共24 家。

支边第一站

刘云生

我是 1961 年从张家口师范学院毕业支边来商都的。同时分配来的总共 14 名，五名搞行政，九名当教师。搞行政的有王久江、王彦江、孙志善、郭昌山、郝生斌。分配教育的有闫文裕、闫秀芳在教研室，马国华、贾欣如在格化司台中学，常桂生、韩树理在十八顷中学，我在屯垦队中学，燕永富在玻璃忽镜中学。隔了大约一两年，闫文裕、王久江、闫秀芳、燕永富也都调入屯垦队中学。

我到屯垦队中学报到是去当时的四栈找一辆去屯垦队的拉货车顺脚去的。当时学校主持工作的是教导主任张俊。他问我学的什么专业，我说在校学的是物理。张主任说，学校缺语文教师，怎么给分配来物理教师了。张主任这句无意中说的话令我挺忐忑，看来这个学校不欢迎我啊。其实张主任人挺好，后来的相处我们很融洽。

刚到校时正值秋收，学校不上课，布置学生搞"小秋收"，有任务有指标，还要老师带队。三年困难时期，能填饱肚子是头等大事。所谓小秋收，就是拾捡生产队秋收后还留存在田地里的粮食作物，比如拾麦穗、挖没有挖干净的山药蛋。说是这样说，可哪有那么多的"漏"可捡？大多数同学选择"偷"挖生产队田里的山药。往往学生挖上山药后被生产队看田发现，追着往回抢。同学们和看田的农民打

"游击"，毕竟同学人多且分散，虽经常被追着跑，但被抢回去的不多。我还没有上讲台就被每天发生的事惊呆了，这哪里是"小秋收"，分明是"抢"。好在我只是一个带队的，但远远看到看田的农民追着学生满地跑还是感觉烫脸。

"小秋收"搞完了开始上课了，我带初一年级七班、八班的数学。

当时学校的教师有赵宏、侯福还有他夫人李月梅、程芝山、王杰、武彩斌、张来元、康九洲、殷玉堂、刘秉林、吕景尧；炊工人员有周克金、薛恒、杨铎、王天祥。当时学校六个班，初三年级三班、四班，初二年级五班、六班，初一年级七班、八班。

教师变动较大，1962年初，殷玉堂、张来元、王恩作、康九洲调走。霍占钰调来任校长，后剧团的张居庸来任书记，时间不长李天喜来任书记。张俊调走后，宋嵩山任教导主任，周兰卿任教导干事。

非常时期开学，没学生，老师下乡动员，随后学生陆续到校。三年困难时期，辍学率极高。就是动员回来的同学，也面黄肌瘦，有的全身浮肿。这样的条件，哪能有成绩可言？我印象中李海是三四班学习好的，后考入北京航空学院。

1965年毕业的九班、十班，学生发展得较好，生源也好，毕竟度过了困难时期，社会各方面都恢复了元气。我记得九班的李荣华同学小学升初中全县第一名，屯垦队中学还以此为荣。九班出了一些人才，曾任过商都县委书记的李魁就是九班的学生，还有窦永、郭成玉、李选、李智、樊秀花等都很出色，后来都发展得不错。当时，闫文裕老师任他们语文，燕永富任数学，赵宏任物理，李月梅任化学，我任历史。

屯垦队中学有两大特色，教工篮球队全县有名。当时霍校长、赵宏打前锋，王恩做中锋，我和吕景尧打后卫。可以这样说，在全县中学中，我们打遍天下无敌手。我们曾和县篮球队打过对抗赛。第二特色是文艺搞得好，1963年自排戏曲《朝阳沟》一炮打响，周围十里八乡的农民专门赶来看我们的演出，后来又在县剧场演出。这部戏中，韩久令扮银环，赵文元扮拴宝，项月梅扮银环妈，李书香扮拴宝妈。之后 1964 年又排演《红灯记》很成功，李智扮李玉和，燕秀珍扮李铁梅，鲁风兰扮李奶奶。后来县晋剧团来屯垦队村演了一场《红灯记》，农民都说不如学校演得好。屯垦队中学的这部《红灯记》，把李智老师捧成明星，虽然那时还没有明星一说，但他饰演的李玉和成功地提高了自己的声望。县晋剧团发现了这个宝贝，把他选到剧团。

1969 年我离开屯垦队中学，我走时王崇喜调到屯中当校长。屯垦队中学是我支边的第一站，也是我走向社会的第一个窗口。

乡村代课的记忆

舒　正

　　我一生的工作经历中，有大半的时间是在做教师，其中有三年的教学时间（1972—1975）是在商都县大南坊公社壕欠当老师。元宝山下的壕欠大队包括四个自然村，依次自北向南，董家村、吴家村、韩家村、壕欠。四个小村子像串在南北坐标上的几个点，它们合起来被称为壕欠大队。壕欠大队有两所学校，一所是"吴家村小学"，位置在董家村。另一所是"韩家村小学"，位置在韩家村。那时候，我的家在吴家村，是坐标上的第二个点。我们一家人住着一间墙皮不时掉渣的土房子里，莜面、白面是稀罕物，土豆也不多，粗糠野菜也成为离不开的主食，尽管如此，天天去田间侍弄麦子、谷子，干活儿倒是没落下过一次，尽管一个工分一分钱，甚至是负数。日出日落，一天又一天，一年又一年。

　　那是 1972 年 2 月里的一天，大队书记潘进福告诉我：李魁媳妇，你去吴家村学校教书去吧，还有一个老师叫李广玉，你俩把孩子们教好。书记热切的目光落在我脸上，我深深地点了点头。就这样，我从一个园圃走向了另一个园圃；老屋依旧，粗茶淡饭依旧，但是迎接我的每天都是早晨那一轮新的太阳。学校虽然在董家村，但离家很近，只隔一条小路。我每天迎着初升的太阳，在庄稼的清香中穿行，不觉得就到了学校。教室是一间大土房子，二三十个孩子全部是吴家村、董家村的农家子弟。挨着教室是一间办公室，有一张破旧的桌子，还有一条土炕。学校没有围墙，教室前面的空地算作孩子们娱乐的场所。矮矮的农家屋围拢着学校，有的孩子在课间一遛腿就跑回家，喝口水，啃个馍，听见上课的铃声再快速跑回教室里来上课。教室里，凹凸不平的地面上，是一些十分简易的木制桌凳。一块涩巴巴的黑板，写字很费劲。冬天，用于取暖的是一个泥炉子，教室里常常是一个尘土飞扬的世界。李广玉老师是国家正式教师，也是学校负责人，他不仅有知识，而且性情温和，处处关心、照顾我这个已有小孩儿的女老师，这让我的心情每天都处于一片阳光中。学校只设一二三年级，在同一间教室里上课，以复式的形式教学。李老师担任数学，我教语文。我给孩子们上语文课，一、二、三年级穿插着上，一个年级上课，那两个年级先预习课文或者安排一些作业。每天就这样循环着。没有体育课和音乐课，平时老师带着孩子们走走路，跑跑步，算是体育课，连一个篮球也没有。由于课程单调，我有时会把谱子和歌词抄在黑板上，教孩子们唱歌，这样不仅活跃了气氛，增添了生机，孩子们也学会了唱歌。看着孩子们大声地唱，唱出了天真、快乐，还有无拘无束的烂漫，我也乐在其中。三年级有个女孩子，高高的个子，白净的脸庞，两条麻花辫在胸前摆来摆去，举止大方，阳光活泼，她的歌声常常在村子的上空响起，在绿油油的麦田间跳跃，村庄都快活起来了。后来她走出了农村，步入了艺术之路，把自己的天赋发挥到了极致，最终成为著名歌唱家，张蒙蒙的名字和她的歌声一样响亮。再后来，她把中国文化传播到新西兰，在绿草地上放歌的她，迷醉了新西兰人。她像夜莺一样，不仅飞出了家乡，还飞向了世界。张蒙蒙在艺术的路上，一直自强不息，让我欣慰的是，她是园圃中孕育出来的最骄人的一朵奇葩！那时候，学生只有课本，没有什么课外书可读，也没有什么可玩的，放学后，孩子们就帮大人做家务或者到田里去干活儿。学生放学后，我便开始批改作业和备课。按照复式教学的模式，研究教案的设计和书写方法，这是我教学工作的重点。我悉心研究如何提高四十五分钟课堂教学的方法和技巧，以期达到最好的教学效果。三个年级的学习，须得动静搭配，学生要利用好时间，把自己的学习任务完成。有的好学生，把三个年级的课同时都学习了，这也是复式教学的一个好处。做完学校的事情，就该回家做饭了：小小的女儿和我一起吃莜面、土豆煮白菜。由于我和李老师和睦相处，心思全用在如何管理好学生和如何提高教学质量上，所以学生学得安心，家长也放心。

有一次，为迎接学区检查，我和李老师加班到太阳下山，把教案、学生作业本都准备得齐齐整整，孩子们也把教室打扫得干干净净。第二天孩子们穿戴得干净整齐，胸前的红领巾映着一张张笑脸。学区领导看着孩子们干干净净的作业本上，字迹工工整整，感叹地说，这么小的孩子就能做得这么好，不容易啊！那次检查，我和李老师受到学区的表扬。我在吴家村小学教书这段时间，虽然生活很艰苦，但在工作上特别舒心、快乐。

1973 年，领导又让我去壕欠小学教书去了。壕欠小学是一所新建的学校，是韩家村小学的前身，校址在韩家村的村边上。学校有一个很大的院子，有五间教室，两间办公室，顺延成一排，看起来特别整齐有形。房子虽然是用土坯盖起来的，但是一排房的四个角是用红砖砌的，像一根根红柱子，那时人们把这样的房子叫作"四明腿"建筑。学校大门朝南开着，教室前面有一个花池，花池旁边的杆子上挂一口铁钟。新校舍里是木制的桌凳，冬天用上了铁炉子，教室卫生自然好多了。这所学校在农村很有些文明的气息，让人看着很舒心。这一年我把家搬到了壕欠，每天我去学校教书，女儿在黄土堆里挖啊挖，像在挖金子。生活依然艰苦，但是我的房东都是朴实、厚道、诚实的农民，给我留下了深刻而温暖的印象。

壕欠小学校设一至五年级，都是单独的班级，复式教学便走进了历史。老师有八九个，董斌是校长。学生学的主要课程依然是语文和数学，也设了体育和唱歌，也有了篮球，还有一架陈旧的脚踏琴，只有李广玉老师会使用它。课间活动时，校园里充满了欢乐。侯世旺老师担任一年级的课，乔银海老师担任二年级的课，温德江老师担任四年级的课，郑广云老师担任五年级的课，我担任三年级的课。每个老师所担任的年级，语文、数学都教。这样的教学我很适应，比起复式班好教得多了。我喜欢语文课，总是认真写出教案。上课时我以灵活多样的教学方法，极大地调动了学生的学习积极性。大多学生能够自觉完成作业，很少用督促或监督。农村孩子淳朴、守纪律，他们爱老师，老师更爱孩子。那时候除一两个正式老师外，其余都是民办老师，只有初中或小学文化，没有在师范学校进修过，师资水平很低。家乡土话说惯了，连拼音都读不准，普通话不普通。有一次学区组织听课，老师因为发音不准，家乡话普通话混在一起，很不是味儿。每天都有自习课，老师和学生一起上。课程虽单调，也没有多少娱乐活动，但是，孩子们习惯了，放学回家有的是活儿，搂柴拾粪、拔野菜、挑水、喂猪鸡，从小就在艰难中坚强地锻炼着，感知着生活的不容易。每天早晨，我身边围着一群孩子，沐浴着和煦的阳光，叽叽喳喳，仿佛林子里的鸟；每天放学，我都看着他们远去的背影，就像看着自己的孩子一样。那时候的教学大环境便是：学生纯粹，老师干净，社会安全，没有什么可担心的。

在壕欠，我住的房子依然卧在土中，土炕、土锅台、土墙，全是土。用现在的话来说，自然、接地气。冬天用土炉子生火取暖，煤是我母亲托人从县城送到乡下来的。我每天早晨从家里出来，迎着乡野的气息，大约走 100 米就到了学校。东边刚刚升起的太阳，径直照射在校园里，园圃中的阳光满满的，耀眼、明媚，一踏入校园，身心立即融在学生当中，朗朗的读书声在阳光中跳跃、抖动，这是世界上最美好的声音：清脆、响亮，悦耳动听，婉转、甜美，滔滔不绝，没有一点杂音。一天的心情就在这赏心悦目中度过。在这声音中，我欣喜过，沉浸过，陶醉过。不知不觉中，我喜欢上了教师这个职业。孩子们天真、纯粹，在学校就学习，回家就劳动。我几乎没有遇到过调皮的学生，我和他们一起学习，一起拎着筐子拾粪，一起回家。我和蔼，他们可爱。我在壕欠村当小学老师，我的先生在乡中当老师，家里只有我和女儿，但村人很关照我这个老师，他们的淳朴和善良，时时温暖着我的身心。

我一心教书，白天在学校认真负责地上好每一节课，备好每一课的教案。我的教案字迹工整，页面干净，这是我的习惯。我在不断研究如何提高四十五分钟课堂教学质量问题，师生在课堂上的互动，板书的技巧，实行多提问，要求学生多练习，多动手，多动口的教学方法，教育孩子们首先要学好语文，为各科打基础。我在教的过程中学习，在学习的过程中不断地改进教学方式和方法，把德育教育贯穿在知识中，在教给孩子们知识时也把品德教育融入孩子们的心灵。做到既教书，又教人。我尽量说好普通话，去影响孩子们。学生学得轻松快乐，而且语文成绩很好，这是我做语文教师的最大成功。

教师这个职业我很喜欢，因为我的温柔、优雅，再加上世人少有的耐心，很适合当老师。许多年以后，我不再做教师了，人们依然称呼我"老师"，因为这个称呼，我荣耀了一辈子。

当年学校里的那些事

朱冬梅

    我念初中那会儿，生活十分艰苦。学校离家 20 里地，没有代步工具，礼拜天回家上学基本都是步行。那时的天气也特别冷，夏天还好，但一进秋天就冻得受不了，进了冬天更能冻死人，气温大概有零下 30 多度，经常是白雪飘飘，不下雪时也经常刮白毛糊糊。

    记得那是上初中的第一年，是冬天的一个礼拜天，我回家时赶上了白毛糊糊，刮得我们几个小伙伴眼也睁不开，气也出不上，走几步都很艰难。有好几次我被风刮得突溜溜地跑了，然后趁着风小点儿再返回来。我那时刚 12 虚岁，又瘦又小，生怕被风刮没影了。正在我害怕的时候，看到姥爷在前面的路边喊我，我高兴坏了，赶紧迎上去。姥爷步行 20 里地来学校接我，还给我带着一个蓝洋布面的小羊皮皮袄，脆弱的我见了姥爷就掉下了伤心的眼泪。

    那时候，我的手脚都有冻疮，每到冬天和春天，手和脚的红疙瘩就起来了。着热了痒，着凉了痛，总是忍不住想挠，挠破了就会变成冻疮，手肿得像馍馍，一摁一个白印子。同学们大多都和我一样的。那会儿的孩子们真是太苦了，到现在想起来都很心酸。

    在有太阳的半前晌和半后晌的课间时间，同学们都在外面靠墙根晒太阳。那时候的人很封建，男女生都不说话。女孩男孩各站在一堆，靠在墙根底下你挤我我挤她，要不就是集体跺脚，玩得特别开心，挤一会儿跺一会儿身上也就暖和起来了。有时候想家了，我们几个女孩围在墙根底下哭一顿，我们每天盼望礼拜天快点来到。

吃饭就是自个儿家交的白面和莜面，每斤面花五分钱加工费，然后换成饭票。带的干粮是白皮饼子和莜面炒面还有自家腌的咸菜。家里交来的都是最好的面，次的也不要。可做熟时却变成了最次的黑馒头。半斤重的面蒸成一个跟老奶缠裹起来的脚板一样形状的大馒头，有时碱大了硬得像铁块，摔在地上能跳起来，吃到嘴里都咽不下去。碱小时又酸又黏，放手里还粘手，吃到嘴里还粘牙。每天的菜也是自家交的土豆和麻油，每天的熬菜是土豆熬洋白菜，偶尔改善一顿伙食，菜里会放点儿肉，可打回来的肉经常发现上面有很长的猪毛。土豆皮也不削，洋白菜也不洗，等菜熟了往锅里倒上麻油和酱油。锅里常飘一层油汗（菜里生的蚜虫）。等盛到碗里，土豆块的皮上还有粪呢，那也没办法，把土豆皮扒了把虫子拨拉出去还得吃，不吃饿呀！

睡觉的地方是个能容纳二三十人的大土炕，我们从家里拉来莜麦秸铺在最底下，上面再铺块羊毛毡子或烂羊皮，最上面铺块褥子。这样的地方也不宽裕，老师还给分了，每人两拃半，也就能侧身睡，不能平躺。

喝水是我们上学时的最大问题。每天想喝口热水，都得去伙房抢蒸完馒头的比尿还黄的碱水，就这黄水也不充足，几千个学生两半锅蒸饭水，哪能够了，每天都得抢。一般都是男生能抢上，还经常有烫伤的。女生们生理期也得喝冷水。就连冷水都不是随便能喝上的，伙房领完饭门就上锁了。我们喝冷水都得到井上拔水，夏天还好点儿，冬天井边都是光滑的冒冰，特别危险。当时我们班的小个子男同学白国亮因为拔水摔倒，差点儿掉到井里，把头摔破了到医院缝了五六针。学校领导这才重视起来给买了个锅炉，同学们才喝上了热水。同学们都调侃说是白国亮给我们挣了个锅炉。同学们还编了顺口溜，

"冷了靠墙站，渴了冷水灌，饿了圐圙蛋"，这是那会儿学校生活的真实写照。

好不容易有热水喝了，我们也该毕业了。现在的白国亮个子也长高了，也熬成个乡镇干部了。同学聚会时说起那时候的事，他还记忆犹新。那会儿虽然苦，但回忆起还挺留恋的。那会儿老师们也很敬业，学生也很努力，大家大多都挺用功的。

现在我们的生活是多幸福啊！吃啥有啥，想穿啥都能买上。住的是楼房。冬天有暖气，夏天有空调。出门开的是汽车，过着神仙般的日子，高兴了就旅游去。我们不能忘记儿时的苦难，要珍惜现在的好生活，好社会，健康快乐地过好余生。

我 的 小 学

刘云生

　　我读小学的时候，实行的是六年制，初小四年，高小二年。我只读了四年，完成了学业。1949年家乡解放，4月份小学开学了，当时是春季始业，也就是春季开学为新年级的开端。我念完一年级，直接跳了三年级。老师认为我学习好，可以跳级，不用念二年级。当时学校只批准二人，所以1950年春季念三年级，1951年上四年级，后春季始业变为秋季始业，高小念了一年半，1953年6月份小学毕业。

　　我之所以写小学，是因为我所走的求学之路，学业轻松，但轻松中奠定了坚实的基础，养成了良好的学习习惯，培养出了强烈的求知欲，各科及体音美得到了全面发展，毛笔字也打下坚实的基础。因此，我的小学所受的教育，我认为是较好的素质教育，应该总结出来，给后人启迪。

　　从一年级开始大声朗读和背诵，这是老师要求的。早晨一到校，早自习开始前，校园内各年级学生在教室外，高声朗读和背诵，琅琅读书声充满校园，诙谐点讲宛如"蛙声一片"。从此养成背诵的好习惯，即使上高小，习惯使然，地理、历史也全是背。

　　后来慢慢悟出了大声朗读的好处。它最大的好处就是不用动脑筋，只要念顺口了，背完上一句，下一句跟着就出来了。这就是记忆，背熟了就完全刻在了脑子里，像唱歌一样，不用想，只要唱熟练了，甚至一辈子不忘。后来念中学时教改，反对死记硬背，老师不敢强调了。但我的背诵习惯改不了，就爱背。

一年级的语文期末考试很奇葩，没试卷。学生上讲台把书交给老师面对全体学生，从第一课一直背到最后一课，没卡绊就是一百分。这样也有个好处，从小就锻炼在人前讲话的能力。

学校很重视演讲能力，全校都搞演讲比赛，校长亲自主持。五年级时我的演讲题目是《抗美援朝》，校长闫桂枝很欣赏，当众表扬了我。

当时的小学对写毛笔字相当重视。当时还不懂得叫书法，没有上升成一种技能，而是作为一种基本功要求。我初看课程表，有自习课，还有习字课，原以为是一样的，后来才知道习字课就是教学生写毛笔字，当时叫"写仿"，用大麻纸，老师给每位学生打上"仿影子"，学生把麻纸折回去把仿影夹到里面照上写。每天坚持交一张仿，即一张写好的麻纸。老师用笔蘸上红土碗里的红土进行判定，写得好的笔画点个点，字写得好画个圈，最好的画双圈，每行字都有圈为"一条龙"，能得一条龙很高兴。每天交仿，坚持到毕业。

习字课老师讲握笔的方法，必须食指、拇指、中指将笔固定，食指务必在拇指上。无名指从里面抵住笔，小指靠在无名指后，掌心要空。老师不讲为什么，但必须按这要求去做。后来我才体会到这种执笔的好处，腕旋转灵活，幅度大，笔易垂直，写大字小字，都很适宜。现在书法家有专家讲，执笔无定法，只要笔不掉在地上就行，又见手机视频书法挥毫作书，执笔如执钢笔写字，其奥妙不得而知，不知是否写小楷。

老师还强调把笔握紧，有时习字时老师在背后猛不防抽笔，如果抽不出，夸奖你，如果抽出来，弄一手墨，老师还奖励你一个"蛋脖筋"。后来我慢慢悟出只有握紧笔，才能达到"力透纸背"的效果。

习字时每个学生在砚台里研墨，老师要求务必"轻研墨，慢研墨""研墨如病夫"，谁不听话想快点，老师总要批评。为什么要如此，老师不讲。多年后我才悟出，习书的外功夫，全在研墨，它不仅是为研出墨颗粒小，好用，更重要的是练悬腕，悬肘，用气行笔，使转灵活，不出现"蜂腰"、"鹤膝"、抖笔等毛病。

一开始写中楷，高年级写大楷，三年级开始有作文，全部用毛笔写小楷。由于这样重视，学生的字都不会太差。

当时学校没有"班主任"一说，只有"级任老师""科任老师"。前者类似班主任，算术、语文一人担。从一年级到六年级全如此。

我一年级级任老师又兼全校体育课，因为他在张家口师范读书时参加市运动会百米第一名，所以经常鼓励学生跑、跳，所以学生们对体育很感兴趣。

再一个对我学习产生深远影响的是算术课。五、六年级算术主要讲于树德著的《算术一千题解》，人手一册，烂熟于心。后来我体会到小学把《算术一千题解》烂熟于心的好处，就是培养出了逻辑思维能力、分析综合能力、心算口算能力，为以后的学习奠定了坚实的基础，为中学乃至大学理科学习提供了一把金钥匙。

学校文艺生活很活跃，老师大部分是旧高师毕业生，现在叫中师，所以学校有军乐队，吹军用小号。还有教师的雅乐队，即笙和管子等。过时过节，全校师生上街转一圈，二乐队轮流吹奏十分壮观，而且学生在行进间唱歌。当年，教师和学生排演过歌剧《白毛女》，也排演过晋剧《小女婿》。

时代变了，现在的教学内容完全失去了过去的影子，但我觉得我的小学虽然文化知识上可能学到的较少，但各项基础却是牢牢地打下来，一生受益。现在强调素质教育，我小学受到的，应该讲就是素质教育。

我的初中岁月

刘云生

1953 年夏，我在张北县罗文皂完小毕业后，就去张家口报考初中。当时中学很少，主要集中在大城市，1952 年县城才陆续成立了中学。1953 年察哈尔省已撤销，当时张家口只有两所中学，一所是省立中学名"张中"，一所是市立中学名"市中"。

当年初中招生非统一考试，各城市中学招生时间不一，学生可以打时间差去参加不同的学校考试，如在张家口考完，再到大同，大同考完可到呼市。然后可回到县城，参加县中考试。

当时张家口招生学校除张中、市中外还有女中、男师、女师。这些学校报考人数极多，十几个人甚至几十个人录取一名。我当时报考的是张中，由于考生多，考场还占用了女师，我的考场在女师。当时张中初一招八个班 400 名学生，我们小学来报考的就有 40 多名，最后只考住 4 名，我考得最好，考了个第五十名。大部分同学后来考了县中，前八名都是我们校的。

当时有一件有趣的事，我们同学三人相跟去女师考场，路上有个卖冰棍的女人，就喊"谁吃了我的冰棍能考第一名"。我们三人就花了五分钱合伙买了一根冰棍，你一口，我一口，轮着吃，结果我们三人都考上了。

9 月 1 日开学报到，伙食费每月七元，学费三元，书费三元。我被编到五十一班。这届学生是从四十八班开始，到五十五班结束。

高中班数很少，我入校时，高三有一个班（高九班），高二有一个班（高十班），高一有两个班（十一班、十二班）。从 1954 年开始高中变为六轨制，从十三班到十八班（正是李继业老师这一届）。后我分配来商都工作才知与我同届的张中同学还有五十二班的白登龙，五十三班的於文和、五十五班的张占瑞。

张家口一中校园规模很大，分三个部分，教学区、生活区、体育场。教学区居中，前临"中学街"，后临"师范街"。校内有图书馆，有宽敞的阅览室，有音乐教室、理化生实验室和实验教室，还有大礼堂。

生活区有三个学生食堂、教师寝室和学生宿舍。当初的教师大部分住校寝。还有健身场地，冬天做滑冰场。还有校医室，传染病学生宿舍。

体育场在校区南面，占地面积很大，有足球场，四百米跑道，四个篮球场，体育器械场等。

初中有几位有特色的老师印象最深。初一年级课程设置：数学仍然是算术，外语是俄语。俄语老师是一位苏联人，叫乌兰诺夫，他妻子乌兰诺娃，教高中俄语，还有一个五六岁的小男孩叫谷加。虽然乌兰诺夫汉语表达有点困难，但直接和外国人接触，收获还是很大，他教了一年，1954 年全家回到苏联。

初一地理是自然地理，老师叫蔡才俊，广东人，说得一口广东普通话，讲课生动有趣。他把很难记住的东西编成歌诀，能让学生牢记不忘。比如地球的半径，老师编成唱曲："拉米少西赤道软到"，即 6357 赤道 21。地球椭圆两极半径 6357 公里，赤道半径再加 21 公里。再比如十二级风，编成"无软轻微，和清强疾，大烈狂暴飑"。风的物象编成："无风烟直上，软风烟示向，轻风叶微声，微风旗招展，和风灰尘飞，清风小树摆。"等等。

老师把不容易记住的东西编成歌诀，让学生70多年都不忘，这就是奇迹。每次考试学生都不用复习基本都是满分。学校调查学生最喜欢的科目，学生绝大多数写地理。老师还自制教具仿东汉张衡的地动仪，可惜只教了我们一年便调入天津师范大学。

美术老师蔡汝材，是京剧小旦出身，曾在校内演《武家坡》当王宝钏。唱得很棒，上课也是京腔京韵，非常好听。美术课以他作画为主，学生里三圈外三圈围观，他工笔重彩画的戏剧美人，看了大开眼界，有一种艺术的享受。大概有此功夫与梅兰芳的影响有关。

音乐老师参玉昆，特别厉害，音乐课讲得有特色，学生活动组织得好。他善于排演文艺节目，舞蹈《打盅盘》非常精彩，在张家口市赢得大奖。因为他才能突出，后调入张家口歌舞团任团长。

初二的语文老师谢江，每节课在开讲之前背一段魏巍的《谁是最可爱的人》，常常引来学生们的惊叹、羡慕和崇拜。

初二数学开始讲代数，老师云起霄，年岁较大，讲得特别好。云老师有个口头语"不敢"，学生经常也学着说不敢，最后老师说"不敢学老师说话"。初中"因式分解"是难点，但他有绝招，学生按他的绝招，再难的题也迎刃而解。我上高中时，数学老师有一堂课解题要进行因式分解，我很快就解出了。老师奇怪，又在黑板上出了三四道题，让我上讲台做。我不假思索很快全部解出，老师问你怎想的？我简单说了下。老师很赞赏，并和同学们说这是以后大学应学的东西。

初三平面几何任课老师刘再弟，是位留校的女老师，课讲得非常棒，板书很漂亮，所以我对几何分外感兴趣。多难的题，总得自己独立解出来，从来不问老师，也不和同学研究，因此记忆深刻。即使现在小孩们有不会做的几何题，我也还能轻松完成。

另一位我最敬佩的老师是语文老师仇星辉。我在语文上的进步可以说主要功劳是他教导有方。他书法极好，常给大字号题匾额。纯正的普通话，崇高的师德修养，渊博的知识，高超的教学艺术，令人折服、崇拜。过去曾是察哈尔日报社的副刊编辑，报社解散后调入学校。河北省几十人的观摩课经常举行。语文分析课和作文讲评课最具特色。分析课不像一般老师总结主题思想，段落大意，而是重在分析遣词造句，选择素材的原因、好处等，拿这些东西与学生探讨分析，启发学生各抒己见，热烈争论。当然我是积极参与者，因此也受到老师的青睐。作文讲评课会把典型作文选出来师生共同点评。所以我的作文进步很快。自从受教于仇老师，我写作文从来不打底稿，都是直接"干拔"。

毕业后见过仇老师两次，第一次是和李继业局长去张家口，去他家拜访一次。但当时不遇，他夫人陈宏芳老师在。我们回到宾馆后，仇老师后来拄着拐棍坐公交来宾馆看望我们。第二次校庆时，我们一伙学生去家拜望老师。

当时张中的校长是鲁哲，每学期都作一次时政报告，讲得很有水平。书记是于文，和蔼可亲，教导主任是葛静安和楚暄（女），葛静安特有魅力，给学生讲话几分钟就是几分钟。前几年商都一二中老师去张家口听课，恰遇葛为六中校长，长篇古文一背一大篇，老师们惊得目瞪口呆。

回顾总结一生，最大的幸运是遇到许多名师，另外是初中进入了一所历史悠久的完全中学。完全中学它的教育功能人们没有注意到。高中的各类尖子是初中生心中的偶像，作为楷模学习模仿。榜样的力量是巨大的，远胜过老师的说教。各方面的榜样正是素质教育的源泉。

我心中有篮球、田径、舞蹈、美术等许多偶像，直到现在也能如数家珍把他们的故事讲出来。

1956 年夏，我从这个培育我成长的张中，即后来的张家口一中初中毕业了。

我的高中生活

王学吾

还是用一个落入俗套的词句作为开头吧——光阴似箭，日月如梭，转眼间，高中生活已过去 40 多年。

我是 1973 年秋季进入屯垦队高中读书的。那时没有了升学考试一说，推荐。成分好是第一位的，学习好不好不重要。原来就读的大南坊子公社中学，班里有两位学习特别认真、公认是好学生的张鑫、任占海没有推荐上，因为他们成分高。我那时并没觉得自己成分好是优势，但为这两位同学感到惋惜。高考恢复后，这两个没读过高中就回乡战天斗地的人，一个考上大学，一个考上中专，反倒是我们推荐上高中的十来个初中同学，只有我勉强考上师范。

屯垦队高中的前身是初中，成立于"大跃进"时的 1959 年，除商都县中学（现一中）外，同时期成立了四个地区中学——屯垦队中学、格化司台中学、玻璃忽镜中学、十八顷中学。1971 年，各公社都成立初中，有的还成立了高中，不过寿命不长，地区中学升级为高中。当时屯垦队高中定向招生，生源为屯垦队、二道洼、大拉子和大南坊公社（池家村片中进刚成立的二中）。我们这一届是六班、七班，前两届四个班的学长还没毕业。

高中与原来的公社初中比较，确实是高了一档。教室前脸蓝砖面，四角蓝砖内镶土坯，俗称砖筒边，屋顶铺红瓦，在当时就是阔气的建筑了。宿舍是大通铺、木板床，形状虽与原来初中时的宿舍相似，但卫生得多。初中时，一截土墙围起来垫土再铺一层厚厚的莜麦秸就是床，躺在上面玩一个高难度的蹦迪就能钻进去。不论教室还是宿舍，地面都铺的砖。刚到时，从小村村出来的我就像刘姥姥进了大观园，兴奋了好几天。

我读高中的时候，正赶上"反潮流"。啥叫"反潮流"？懵懵懂懂，反正就是觉得读书不用用功，升学不用考试，老师不敢管学生，学生也不可以揍老师。高中三年，正好是"反潮流"最红红火火的时期。直到若干年后，才知道啥叫"反潮流"：1973 年邓小平复出，在他主持和周总理的支持下，国务院批转了《关于高等学校 1973 年招生工作的意见》，对两年前开始实行的采取推荐和选拔工农兵上大学的规定进行了修订，增加了文化考试的内容。这一年，高等学校招生除需经过评议推荐及审查、复查外，还要进行语文、数学、理化三科的书面文化考查，采取开卷形式。尽管这次招生对象还只限于知青、工人农民、解放军等在三大革命运动中有两年以上实践经验的工农兵，但已是个天大的喜讯：终于可以凭借知识上大学了！学校教育秩序大大转好，学生开始发愤读书。然而，就在这一年，出了几件妖事，一件是河南马振扶中学事件，另一件是张铁生交白卷事件，这两件事都被上纲上线成政治问题。一场声势浩大的所谓"批判修正主义教育路线复辟回潮"的斗争在全国教育系统迅速展开，彻底改变了大学招生以及中小学考试的路数，考试成为传说。

在反潮流的大背景下，考试考死了人，哪个老师还敢顶风"作案"；教书教进了监狱，哪个老师还敢对不好好学习的学生厉声呵斥？反潮流的最大战果就是将教师改造成"佛系"，诚惶诚恐战战兢兢，生怕像马振扶中学那样被"团灭"。满怀求知愿望踏进校园，却慢慢被一团和气同化。三年的高中生活，单元测试、期中考试都统统取消，只是期末时进行一次开卷考试。那是开得不能再开的考试，老师留下题目，当场不收卷，给学生充足的答卷时间，或一天或三天。全班只要有一个人能答上几句，剩下的就不用动脑筋了。

俗话说，考试是老师的法宝，分数是学生的命根。既然老师没了法宝，学生不关心命根，这样的学上得还有什么意义？三年高中学了点什么，连我这个当时大多数人认为是"好学生"的人都浑浑噩噩，其他同学更可想而知了。恢复高考后，全班仅有三人考取了中专，我有幸算一个。尽管读书不以分数论英雄，老师教得小心翼翼，但还是敬业的。时隔四十多年，想起他们的音容笑貌，还觉得那是缘分。

刚入学时，班主任是王权老师。他从不大声说话，戴副眼镜，斯斯文文，教我们数学。可惜，一学期不到，因患眼疾请病假，班主任与数学科换成了古子绪老师。与王权老师相比，古老师语速快，话多，胆子也大，对诸如我此类的调皮捣蛋的学生敢疾言厉色训斥。

教物理的是赵宏老师，说话风趣。有一次在物理课上不知怎么说起数学公理，他的一个比喻令全班哄堂大笑。他说，王二小蹲在地上拉屎，一条大黄狗远远蹲在前面等着吃屎，等王二小走后，大黄狗一条直线跑过来，不绕弯子，狗都懂得"两点之间线段最短"。同学们笑过之后，才知道他是骂我们不如狗聪明。

外语学的是俄语，那是我最头疼的课。三年俄语，只是第一学期装模作样差不多完整上了，其余能逃便逃。教外语的是陈艾老师，也就20多岁，一表人才，阳光帅气。陈老师上课时语调柔和，不紧不慢。上他的课我常常走神：难道苏联修正主义的人都像他这样有男人味？我们毕业后，陈艾老师与古子绪老师、赵宏老师后来都调到教育局教研室，陈老师是英语教研员，与他还成了麻友，有一次在牌桌上我认真问起他："陈老师，你到底会几国外语？"他还是那样从容："不会就学，有啥难的。"

教体育的教师叫吕景尧，张家口援疆来的，窄脸长头，不知道从啥时候起谁给起了个绰号吕长，老师们都叫他吕长，他也欣然接受。有一次带学生社会实践，村干部热情接待，一口一个"长老师"地叫，吕老师用浓重的河北普通话纠正说："我不姓长，我姓吕，因为我头长，大家都叫我吕长。"这番自我介绍传回学校，人们自然又是一番奚落。在我读过各层次学校中，吕老师是最称职的。记忆最深的是教前滚翻，讲解要领时拍着自己的长脖子"叭叭"响，说折断就接不好了。

郭文科老师教了一个学期的历史，水平高口才好。他不论讲课还是走路都有模有样，胸脯方棱四角，人们都怀疑他胸脯垫了东西。与学生交谈，一口一个"郭老师"，你给郭老师如何如何，你给郭老师这样那样。我被他抓过一次差，抹房，见识了他不同一般的认真。要求向房顶甩泥的同学不能在墙上玻璃上溅泥点，抹房的泥要薄薄地抿三层。我们又累又饿，都有点火了人家照样"你给郭老师如何如何"，那个嘴真叫甜。给别的老师抹房，还管一顿饭，给他干活，甜言蜜语吃饱了。郭老师并不总是弥勒佛，发火吵架时更显出真水平。学校住校老师宿舍与政史地办公室走一个门，有的老师起夜时不想往远走，就挨开门就地解决。终于有一天，郭老师发火了，讲了一通师德课，挨着问是谁尿的，没人敢吱声。有一个老师让他说得忍不住了，大声抗议："不是我尿的，是狗尿的。"郭老师越战越勇，甩出一连串与狗有关的金句："狗戴帽子装人""狗尿撂蹄子""狗先闻了再尿"。在远处观摩的我与几个同学差点笑喷，没想到郭老师骂人这么有水平。

语文韩海老师教的时间最长，当时大约是民办。本来我是很喜欢语文这科的，在上鲁迅"藤野先生"一课时，韩老师将课文分段让学生读，叫起我读那一段第一句就是"我就是叫作藤野严九郎的"，可能我的普通话有点怪，同学们哄堂大笑。我本人皮肤黝黑，身材精瘦，与鲁迅笔下的藤野先生有几分相似，就此得了个绰号"藤野先生"。有得就有失，从此对语文课不怎么感冒了，也怕韩老师哪些天再叫起来读课文再得一个新绰号。韩老师每节课至少写两黑板，中心思想、段落大意都要写在上面，同学们都抄下来，生生将思维扩散型的语文讲成逻辑推理。接下来我读师范时，韩海老师也调去任教现代文学，我学的是数学，偶尔在校园遇到，韩老师竟想不起还教过我这么一个学生。也难怪，谁叫咱当年不好好学语文呢！当年屯垦队高中另一个语文老师程芝山知识渊博，毕业于燕京大学，人们都说他给傅作义当过参谋。因历史复杂，一直埋头教书低头做人。

教化学的老师姓王，是知青。他讲得不怎么费劲，全是念课文，一遍又一遍，我们听得可真是费力。正因为他没什么真经，因而连名字都忘记了。但另一位没教过我们的化学老师王恩作却记忆深刻。我师范毕业后分配到屯垦队社中教书，当地有不少屯垦队高中毕业的学生，有的还在单位上班。一天，一位学长找到我，说是王恩作老师来找大家，家里揭不开锅了，众人帮衬些。那时王恩作老师已调走了，但他有困难时还是找到工作已久的"老根据地"。同学们有的挖几碗面，有的给钱，我刚参加工作，也掏出两块钱。我不知道王恩作老师遇到了啥难事，但他的遭遇却使我对老师这一职业有了新的认识，看来，人们说的"穷教员"一点也不假。

说了教师，差点忘记校长。初入学时，校长姓冀。冀校长敦敦实实，每周早操后都要讲一次话。他的讲话分三部分，一是国际形势，美帝苏修惹下什么麻烦；二是国内形势，一片大好，而且越来越好；三是简单提要求，好好学习天天向上，做革命事业接班人，同时批评一些不遵守纪律的同学。也不知道哪位对冀校长的讲话习惯做了精辟概括：国际国内，以至用此为冀校长起了个绰号。一年后冀校长调离，赵玉为校长。

那时的学校，除校长外还有贫宣队，一男一女，都有 50 多岁，都是当过干部的人。贫宣队在学校有点吃不开，教师不理校长不尿，就是炊事员也对他们甩脸色。他们与学生一样，交面才能吃饭。那个女贫宣队姓孟，曾一度是学生的开心果，围着她讲旧社会的苦，讲到她当童养媳受苦受难时就会掉几滴眼泪。等她哭过了人们找个借口一哄而散，几次过后她也看出是在作弄自己，但又不能不讲，进行阶级教育是她的工作。我也曾随几个同学找她忆苦思甜，讲到童养媳时竟没掉眼泪，可能她的新鲜感没有了，像祥林嫂子那般麻木了。我们大失所望，有的同学仍不甘心，竟然问人家："你当时那么小能和丈夫睡觉吗？"孟贫宣面露愠色，再不理我们。

学校对政治教育抓得很紧，因为这是与资产阶级争夺接班人大问题。请进来，很多人给学生做过报告。印象深刻的有两场。一是在大陆公司村插队的北京知青王珞，说实话她的事迹不怎么感人，但她的普通话说得地道，一口纯正的京腔，清晰流利，比语文老师说得标准。王珞那时在大陆公司村小学任教师，她介绍了在广阔天地的成长历程，干过农活，养过猪，她发明用酒糠醋糠发酵树叶麦喂猪，比精饲料都顶用；组织学生腰鼓队，平时训练，到六一儿童节时便参加公社的表演活动，鼓点变化多，乡亲们开了眼。王珞当时是优秀知青的代表，各级报刊都发表过介绍她的文章。听王珞演讲，我们手掌都拍红了，打心眼里钦佩。还有另一个原因觉得与王珞亲近，她是同班同学薛世金的嫂子，两个孩子的妈妈。听完王珞的报告下来，我们还想让薛世金从侧面补充介绍，谁知这小子冒出一句国骂："日她妈的。"薛世金高中刚毕业就在村南的小水塘里溺水而亡；红得发紫的嫂子王珞回到北京后立即离婚，舍弃亲生骨肉。薛世金大哥本来是村里数一数二的好后生，半路打了光棍。这一家倒了大霉。

印象深刻的另一次是学校请屯垦队村一个姓李的大伯来做革命教育的报告。李大伯参加过四支队，他讲得和王珞比可差远了，东一榔头西一棒槌。我们想听的是激烈的战斗，他说不来，反正是枪打得"嘭嘭、叭叭"的。他的形象不咋的，好像是个斜眼，这种眼神还能骑马打枪？我很怀疑。做完报告后，我们十几个同学又把他围起来让他坐在树下，还想套出点"干货"，可还是说不出一场完整的战斗。他只说四支队都是蒙古族人，马术高，作风悍，脾气暴，力气大。李大伯是屯垦队村的一个人物，他的工作是看田。屯垦队村学大寨打大井，那是真正的大井，有半亩大。我们常常偷着去玩。有一次从麦田穿过被他逮个正着，他让我们站成一排训话，那几句话逻辑性强，堪称经典："我们种麦子为了什么，从大的方面讲，是支援越南人民抗美救国，支援世界人民革命。从小的方面讲，你们踩坏了麦苗，我们二队社员吃 × 呀？"从"二队社员"之后，飙出一连串脏话，不打腹稿，一听就知道这是骂街高手。我们才知道李大伯是二队社员，特地多打听他。别的二队社员说，他哪里是四支队的兵呀，只是给四支队喂了几天马。

屯垦队中学教师篮球队名声在外，校长赵玉、物理老师赵宏、体育老师吕景尧、化学老师王恩作、数学老师古子绪是主力。赵宏老师身材不高，但异常灵活，腿勤手跑，在对方球员带球时，他的手一直随人家的节奏在旁边搅和，随对方节奏空拍，拍着拍着就将篮球抢到自己的手里，逗得观众哈哈大笑，像变魔术一样。王恩作老师个子高，不善运动，就在后场转悠，等到前方抢到球一个长传到他手里，原地投篮，百发百中，不挨篮筐，人们称"空投"。古子绪老师投篮也很准，球在篮筐中要绕筐两三周才掉下去，不知道专业称呼叫啥，我们都称其为"涮锅球"。据说，学校的教工篮球队一直很厉害，曾经和县队打平手。

凡是念书人，都知道"分、分，学生的命根，考、考，老师的法宝"这一说法，但我从上高中起，考试对于我们越来越陌生，分数离我们越来越远。起初是开卷考试，老师帮助找答案，后来干脆自己写汇报，一学期学了什么照书抄目录。每每放假回去，父亲都要问考了多少，我实在不知道老师给判了几分，反正肯定人人及格，分数大同小异相差无几。影响成绩的因素就是写卷子的态度和老师平时对你的印象。当时教育的口号是培养又红又专的无产阶级革命事业接班人。再冠冕堂皇的教育，不以考试评测教学效果，不以分数激励约束学生，就不是好教育。那几届的学生，经历了教育史上的至暗时刻，而我们这一届的高中，经历得最为完整。当我们毕业一年后，恢复高考，当一个个在考场上抓耳挠腮时，心里禁不住骂娘，都让河南马振扶中学那个女学生和辽宁那个生产队长害了。

准确地说，高中三年是混过来的。逃课、旷学，那是家常便饭。老师在学校成了弱势群体，他们不是成分有点高，就是民办，对于这些现象看到也不管。学习没有丝毫压力，以各种形式贪玩就是青春的宣泄口。

高二的时候，常到屯垦队村田间的大井玩。屯垦队村学大寨打的大口井有半亩大小，大井的水不深，大约也就三四尺深，对于我这样的旱鸭子来说，恐慌得很。我们班的团支书路生是黄家梁村的人，从小学会了游泳。我们去大井旁边玩，主要是观摩路书记的泳姿。他能一个猛子扎到水里，在大井中央冒出头，抹一下脸上的水滴，潇洒至极。包括我在内的很多人都想学几招凫水，但他的学费贵，一两碗炒面是打动不了他坚强意志的。我曾经花了10个干粮馒头的代价央求当徒弟，成交后路书记把我拉进水里，扑腾两下沉到水底，只见眼前一片浑黄，呛了几口水才被师傅拉起水面。经此打击，再无心学习凫水，甘心老老实实当观众。大井凫水发生了件意想不到的事，当时屯垦队村还有一个会游泳的青年，公社刘书记的三公子。好像是在外地读书，年纪比我们稍大点。有一天他也在大井旁边玩，路生一个猛子扎下去后，他也技痒，跟着也扎了下去。不大一会儿浮了上来，轻飘飘在水面上沉浮，一看这姿势不像是游泳。水里的路生赶紧把他拉上来，已经不省人事。送医院后抢救无效，一个鲜活的生命就在我们面前消失了。从此，再没人敢到大井里玩水了。

高中时我比别人多了一项收获，小说看得最多。学校图书被我扫荡一遍，谁手里有小说厚着脸皮也要借到。所有当时没被打黑的革命小说全部过眼，我看过的小说现在有的网上找不到介绍了，像《播火记》《大刀记》《赤色小子》等。上课看小说，下课变着法玩，成了常态。

好不容易挨到毕业，买个本子，同学间互相留言。大家都希望老师也能写几句，但失望的很，他们像商量好的似的，都婉言谢绝。人家怕出马振扶中学那样的事，白纸黑字留下证据。教过几节地理的翟德老师主动来到学生中，递上来的本子都留言："一颗红心，战天斗地""为革命种田，其乐无穷"，四平八稳，没毛病。

1976年，稀里糊涂毕业了。有人形容，中学时光就像一个雕塑家，用他手中的刀具将一个人的一生轨迹先雕出个大概。浑浑噩噩的高中生活，最美的青春时光被无偿消费，雕出一个个四不像。

恢复高考后，招生不再定向，地区中学因生源不足撤销。1983年，屯垦队中学这所为商都县的中等教育事业立下汗马功劳的学校撤销，校园废弃，校舍以白菜价一间一间卖掉。前几年，我重游旧地，看到校区成为居民区，当年大门前操场上的歪脖子老榆树不见踪影，带给我们很多快乐的校园后面的小菜园不知道成了谁家的花园，教室、寝室大多推倒重建，同学刘俊成买一间教室做库房、白忠哲买了一排教室开油房，总算还留下点印迹。

艰难的抉择

窦　永

　　回忆上学路，是父亲的三次艰难抉择，保证了我学业不断，有始有终。

（一）

　　我读小学的时候，是 20 世纪 50 年代末 60 年代初。四年级之前是在本村就读，五、六年级就得去离村八里远的完小念，得交学杂费，还得交住宿费、伙食费。那年，我们村共有六名同学去完小念书。报到那天，另外五名同学都已做好准备，站在我家门前等我一起走，可我要带的学杂费还没有凑齐，爸妈和我哥齐出动，向亲友们借钱去了，直到中午时分，才把钱凑够。

　　在学校，睡的是：土炕上铺莜麦秸，挨肉铺块羊皮皮；吃的是：生化盐汤莜面钵儿，烩菜山药不扒皮；穿的是：赤脚板板单裤裤，布衫破的露肚肚；趴的全是泥桌桌，坐的都是泥台台。

　　当时我们家已是九口人的人家了，正赶上三年困难时期，家庭生活可想而知。所以学校生活虽然苦，但对于我来说完全可以坚持，只是学杂费解决不了，怎么办？加上其他原因，我父亲毅然决定迁居到离完小只有三里路远的村子住，这样，我就可以走读，不用再交伙食费、住宿费了，吃饭也能凑合了，粗糠野菜都可充饥。

记得有一天家中实在没吃的了，我一天只吃了七个冻山药去上课，我妈女人家心软，她看在眼里，痛在心上，劝我说："二格儿，快别念了，看饿得走在半路上晕倒了哇。"我父亲却说："能走行还是坚持着念哇，不念哇还不照样饿的，眼看快毕业呀，看能不能考上中学再说，盼望今年有个好年成。"这话至今还记得，因为有的同学就因为饿失学了，而我在父亲的坚持下，得以继续求学。初进完小时五年级班有 50 多人，毕业时只剩 16 人，我们村的同学只剩下我一人。

父亲的抉择虽然艰难，但无疑是万分正确的。我也不负父亲的期望，考取了屯垦队中学。

（二）

念初中，我只住宿不订饭，双周过礼拜，回家拿干粮。这样既不用交伙食费，又可以凑合着吃。主要是炒面为主，冬天可以带一部分熟吃的，诸如山药圐圙、面型糕（没油炸）、白皮饼子、苦菜包什么的。本来一顿能吃五个糕，走时只能带三个，能吃两碗圐圙，只按一碗拿，因为定粮就少，我一个人带的多了，家里人就更不够吃了。那个时候，正是能吃的时候，但基本上顿顿吃不饱。

穿的衣服，夏天不用说，能遮丑就行，整个初中三年的冬天，我上衣就穿一件破旧羊皮袄，虽然吊了一层黑布面，早已磨得前身没布，袖子半疙瘩挽。冬夏无常就穿一双鞋，早就破得不像样，前面小雀出窝，后面鸭蛋滚坡，可以和现在的拖鞋媲美。就这双鞋还是我第一年去完小念书时我妈放下哥弟姐妹们的针线活儿，优先给我做的。实衲鞋帮笸箩底，新鞋硬的刚穿上一会儿，就刻得踝骨血疤疤的，疼得不行就用手提上。也有人说我舍不得穿，"提着新鞋赤脚走"，倒也说对了一半儿，其实除了冬天，其余时间基本上是赤脚板。一双鞋，穿了五年。

尽管如此，念书还是差点儿打了半工——初二下半学期开学快一个月了我还因没钱不能到校。村里人让我当会计，我没答应，我还是想念书的。当时曾想，要念不成书，就去上山放羊，挣了钱，买上一支笛子，一边放羊，一边学吹笛子，既省钱，又不干扰他人，或许能吹出个名堂来，开辟一条改变命运的新生路。现在想起来，什么名堂，纯粹就是无奈之下想逃避现实的想法。

有一天，我正在家里苦恼，担任我们生物的王老师突然来到我们家，对父亲说是今年辍学的学生太多，学校抽调部分老师，分片逐户登门动员。接着问我父亲："是你们家长不让念，还是孩子他自己不想念？"我父亲唉了一声，"都不是，是没钱念不起了。你看我这家庭，八个孩子十口大家，赤舌大片的实在供不起了。你看，"我父亲说着把手指向炕角处用褥子围的那个孩子，"这女孩子刚生下时差点送了人，结果抱孩子那家迟来了几天，她妈看着又亲得不行，跟人家反悔了。"王老师扫视了一下我家的摆设，除了泥瓮瓮，便是泥仓仓，说道："情况我都看到了，回去我向领导反映一下，争取给减免点学杂费或者补办点助学金，眼下先跟人借上，回头还他。"我父亲抠着手指头，不好意思地说，"借米勘谷窑，没人凭咱。"最后王老师说，"没事，实在不行，到时我还，说好了啊，准备准备一两天就送孩子去吧。"

王老师走后，我父亲整整抽了一晚上旱烟。我也睡在父亲旁边，半夜没睡着，生怕父亲反悔了。所幸的是第二天父亲出去转了一圈，第三天拿了点钱，让我上学了。事后才知道，父亲把家中唯一一件像样的东西——放羊御寒的羊皮袄给按羊皮价卖给了皮贩子，给我解决的学费钱。那一晚上抽烟，父亲也是在和自己作斗争，最终为了儿子，把自己心爱的皮袄贱卖了。

父亲的又一次艰难抉择，重续了我求学的路！

复学后，学校真的给我减免了两元学费，还每月给我补助三元助学金。这里，我还是要再一次谢谢王老师，你的恩情我永远不会忘！不是家访，不是他争取学校给我减免费用，我的上学路也许就中断了。

（三）

三年的初中学习终于毕业了，升学考试结束，如何填报志愿书又是一道难题：我一心想报考高中，因为念完高中还有望念大学，但是，念高中比念初中更费钱，如果一旦没钱念不下去，半途而废，就鸡飞蛋打一场空。要是报考中专或师范类，念书就到了头，不过考取师范既不要一分钱，还管饭，又国家包分配。和我父亲一商量，他毫不犹豫地说："就报师范哇，这样有保障，初中还差点没念成，高中更困难。"我就遵照父亲的意见在志愿书上写下了大大的四个字"集宁师范"。

那一天，雨过天晴，两条彩虹像一座弯弯的拱桥折射在村东边的田野上空，我正饶有兴趣地观赏着美景，一个骑着一匹枣红马的邮递员朝着我们家走来，下马后从邮包中取出一封牛皮纸信封递给了我。我打开一看，啊，是集宁师范的录取通知书，看完信后，两手把信紧紧地捧在胸前，昂首闭目，激动的心情久久难以平静，差点再现了范进中举的场景。

考师范，是父亲给我的第三次抉择，事实证明无比正确。毕业后，我们由盟委统一分配到各旗县市，按照国家干部的待遇，带薪走上了各自的工作岗位。同届毕业的高中生全部变成了上山下乡或回乡知识青年，改天换地建设新农村去了。

书山有路勤为径，学海无涯苦作舟。庆幸在人生几次的十字路口，是父亲的抉择，使我没有脱离正确的轨道。现在能够安享晚年，吃穿不愁，父亲功不可没。

作者简介：窦永，内蒙古商都县人。1967 年毕业于集宁师范学校，历任中小学教师、中学校长，一生从事教育事业。业余爱好写作，部分文章偶见于地方报刊和网络平台。

我的读书生涯

曾部美

    之所以用"读书生涯"为题，旨在说明求学之路的艰辛与曲折。每每填表在学历一栏写下"大学"二字，总有一丝异样的感觉。仔细算来，在校踏踏实实地读书，满打满算还不足九年。儿时，由于体弱多病，小学阶段念书总是三天打鱼、两天晒网。五、六年级由于疾病缠身，干脆就没进校门。好在五、六年级的孔宪文先生，也就是我初中同学孔庆玲的父亲，他们一家正好住在我家的西屋，每天放学回家给我进行辅导，使我顺利地完成了小学阶段的学业，而且出乎意外地以备取第十八名的资格考入格化司台初级中学。由于正值三年困难时期，学生流动量大，我才得以有入学的机会。就此还引起当时群众的议论：校长的儿子（指郭海旺，其父当时任完小校长）、教员的姑娘（指孔庆玲，其父即五、六年级教师孔宪文先生）、房东的孩子才能考上初中。

    记得父亲从生产队借了一头小毛驴，驮着简单的行李送我去学校时，已是开学一个月之后了。

    就这样，我第一次离家开始了三年的初中学习生活。

    到校一个星期，就赶上了期中考试，可想而知，我只有"打狼"的份了。好在在老师们悉心的辅导下，期末竟考出了第十九名的成绩。当时，班主任是杨作霖老师、数学是朱玉坤老师、语文是李秀兰老师、政治是何振英老师、音乐是席宽夫老师、体育是马福荣老师、生物是贺佃臣老师。那时的老师工作认真负责，对学生无微不至地关怀，给我们留下了终生不忘的记忆。

为了学生们冬天有菜吃，学校及时地购买了大量的圆白菜，为了省钱多买菜，组织师生自己去四十里外的老土牧尔台菜地背菜冬储。因父亲送我到校就和老师介绍了我的身体状况，因此老师没让我参加运菜。同学们回来后眼红我没吃又甜又香的"疙瘩白"。原来运菜的同学每人发两个圆白菜，用绳子系在一起，一前一后搭在肩上，就走就吃。等回到学校，有一个基本吃完了，只剩外面的几层皮了。

那一年，我们吃了一学期高粱米和连皮糕。后来才得知，高粱米还是牌楼村驻军动用战备物资支援学校的。因此我们那一代充满了对中国人民解放军的崇敬之情，都向往将来成为一名光荣的军人。

现在的年轻人恐怕听也没听说过连皮糕。本来糕面是把黍子去皮留心磨碎才能成为糕面，而连皮糕是黍子带皮磨成的面。又硬又涩，吃到口中甚至有点扎嗓子的连皮糕就着半碗圆白菜汤，同学们吃得也很香，还特意为此起了一个有点戏谑的名字"一焖二"，借喻炊事员孟二。孟二当年是格中食堂的炊事班长，为人友善，常和同学们开玩笑，对同学们也特别关心！

冬天来了，那时候的冬天出奇的冷。宿舍里尽管南北大通铺住了40个同学，仍然没有一丝热气。早晨起床，北铺同学脚上的被子和北墙冻得粘在了一起，上部被口挂满了霜雪，头发和眉毛也都是呵雪。

学校每天按量供应的煤炭根本不够烧。于是有同学就悄悄地去放煤的炭房偷煤，偷回来就藏在铺下，甚至压在被子下面。学校发现后虽然也搜查了几次，最后也不了了之。如今想来，也是老师们的一片苦心，做做样子而已。

初中三年的学习生活是艰苦的，但也是快乐的，老师的谆谆教诲，深切的关爱，至今记忆犹新。

1965 年 7 月，我们初中毕业，有的考上了中专，有的考上了高中，也有一部分回乡务农。我有幸被商都一中录取，开启高中阶段的学习生活。

然而 1966 年 5 月份高一第二学期开学上课时间不长，便停课闹革命，"文化大革命"开始了。1968 年 9 月份，高中便草草毕业，城镇户籍的同学下乡插队，农村户籍的各自回乡，通通接受贫下中农再教育。

高中阶段记忆最深的莫过于去三个井生产队支农，帮助生产。一大早，生产队派来三辆大皮车，拉上行李和同学们去了三队秋收拔小麦。三个井生产队为欢迎师生帮助秋收，特意杀了一只羊，尽管每人少半碗汤多肉少的炖羊肉，至今想来，那是我吃得最香的一顿羊肉了。

回乡第二年，我就应聘当了民办教师。当时正是大办教育时期，村村办起了初中。我这个名义上的高中生也就吃香了。八年民办教师，我教遍初中阶段的各门学科。不是我水平高，实在是缺人才，只好哪科没教师就去教哪科了。这八年是我人生经历中最充实、最丰富、最出彩的八年，磨砺了我，锻炼了我。

1977 年，青年一代迎来了人生大转折：高考恢复。我也有幸赶上了这趟车，以全县文科第一的成绩考上了乌兰察布盟师范专科学校，就读于汉语言文学专业。1978 年 3 月，乌盟师专开学，我第三次离开家乡，告别父母妻儿，30 岁的我又踏上求学之路。一年半的大学生活，只记得很紧张、短暂。同学们一个个都在废寝忘食地拼命吸取知识的乳汁，忘了年龄，忘了差距，只有埋头读书，恐怕失去一点时间。

由于教育需要，1979 年 7 月我们便奔赴各地开始实习。我被派到察哈尔右翼后旗土牧尔台中学。这是一所 1956 年成立的老学校，文化底蕴特别深厚。实习中，我和该校的老师们一块参加了内蒙古师范大学的函授学习。乌盟师专毕业后第三年，1982 年我取得了内师大汉语言专业的本科毕业证。

回顾一生的求学之路，只有初中阶段踏踏实实地学习了三年，因而格化司台中学给我留下了不可磨灭的记忆！

知识改变命运

曹翠娥

我的家乡八股地公社新围子大队大西沟村，地处偏僻，位于商都县最东北边上，往东五里地就是化德县地界。大西沟村子不大，只有20来户人家。穷乡僻壤，土地贫瘠，三面环山，村前只有一条小路通向外界，交通极不方便。

我出生于1948年，从小体弱多病，4岁才会走路。1955年我8岁时，到了该上学的年龄，但村里没有公立学校。后来正好有一位从山西阳高县出口外谋生想当老师的袁先生到了我们村，办了个私塾学校。我在这所简陋的学校读了三年书。小学四年级是在3里外的海卜子村，小学五、六年级是在5里外的于家沟中心小学上的。小学四到六年级都是住校，这三年也没少遭罪，但总算坚持下来了。

1961年秋天我从于家沟中心小学考到格化司台中学。刚到校给我的感觉是：格化司台中学气派，干净整洁。一排排的教室、寝室、办公室、学生伙房、大礼堂都是红砖红瓦，高大宽敞明亮，和我上过的几所小学相比，档次不是一般的高，是太高了！走进教室，墙上挂着两块醒目的毛主席语录牌。一块写着毛主席提出："我们的教育方针，应该使受教育者在德育、智育、体育几方面都得到发展，成为有社会主义觉悟的有文化的劳动者"。另一块是毛主席说过的："知识的问题是一个科学的问题，来不得半点虚伪和骄傲，决定地需要的倒是其反面——诚实和谦逊的态度"。看完这两块语录牌，给人精神和力量。再一打听，老师们大多是师范科班出身，教学水平也很高，学校不但在商都县就是在张家口地区也小有名气。能在这样一所学校读书，对于我这个山沟里出来的农村女孩子，真是十分荣幸！所以我在心里暗下决心，一定要好好学习，就是再苦再难也要读完这三年初中。我当时在格中读书主要困难有两个：一是交通不便。大西沟村离格化司台80华里，我是班里离家最远的学生。头一年上学，回家没伙伴，因为我们村和邻近村只有我一个14岁弱小的女孩在格化司台中学上学。每次回家或返校只能等村里去土牧尔台拉运货物的顺便车（20世纪五六十年代，土牧尔台是察右后旗旗政府所在地，集二线穿过有火车站，商都北部生活物资都由土牧尔台供应。土牧尔台又是皮毛集散地，我村人们买生产、生活用品多数到土牧尔台）。春天的沙尘暴，夏天、秋天的连阴雨，冬天的白毛糊糊，有时十天半个月也等不来一辆顺路车。放假回不了家，开学返不了校，误课现象时有发生，只有在老师、同学们的帮助下，把耽误的课程努力补上。使我一生难忘的是1963年冬天的一次回家。这年我已16虚岁，上初三第一学期。学期末放寒假，离家近的同学都回家了，偌大的女生宿舍就孤零零地剩下我一人，听着呼呼的北风啸叫声，看着忽闪忽闪的小煤油灯花，我是越坐越害怕。后来就去男生宿舍找比我低一到两届12班的阴天成、14班的赵金成（已约好三人一块儿回家），三人聊了一会儿天，迷迷糊糊似睡非睡地在火炉边上待了多半宿。第二天一大早三人就从格化司台往家走。走出20多里地，天气突变，白毛糊糊刮的，遮天蔽日，风顶着走不动，实在不行就倒退着走。又饿又冷，就这样跌跌撞撞到了押地坊子村时，三人已是筋疲力尽。恰好我家亲戚三姨爷爷家在押地坊子村道边住，三姨爷爷出院小解，看到了我们三个就赶快往家里让。三姨奶奶看见我就说：亲格儿，快上炕！老太太一边给我们做饭一边念叨：一个女孩子家念什么书，念书有什么用？这书念得有多遭罪！我和你妈你爸说了多少次了，就是不听劝，唉！说归说，疼归疼，吃完饭，三姨奶奶又在火炉边把我里外都是雪水湿透了的棉鞋烤干。那个年代，商都县出奇的冷，白毛糊糊的冬天冻死冻伤人的事时有发生，老两口怕我们路上冻坏出事，说什么也不让我们走了。就这样，我和阴天成、赵金成三人没脱衣服在三姨奶奶家住了一晚上。

押地坊子村离格化司台不到 30 里，离大西沟还有 50 多里地。回家的路刚走了三分之一，所以第二天还得接着走。好在放假前我父亲已通过我给家里的信知道了我们放寒假的时间，到时间了我还没到家，我父亲心里非常焦急。父亲利用当村长的小小特权，安排我姑父罗三弄了辆马车去接我，在半道上截住了我们三人，三人坐马车回到家。

第二个困难就是饥饿，吃不饱饭。因为我们上学时正是三年困难时期，我在 1961 年上学时一天的定量是 6 两粮。初中阶段，正是长身体的时候，副食除了土豆，还有一点圆白菜，6 两粮一顿饭就能吃完。所以同学们普遍营养不良，比我们高一届的同学们有一多半饿得受不了辍学回家，我们班有些同学也没坚持下来，能坚持把这 3 年书念完可是真不易！

1963 年春天，到了初二第二学期。3 月 5 日毛主席向全国人民发出了"向雷锋同志学习"的伟大号召。学校立刻组织全校师生开展学习雷锋活动，同学们马上响应，积极投入。学习雷锋同志认真学习毛主席著作，彻底改造世界观，增强爱党、爱国家、爱人民的真挚感情，积极投身到社会主义建设中去，为需要帮助的人做好事，建设祖国需要栋梁，也需要小小螺丝钉。学校让每个同学订个"向雷锋学习"的笔记本，天天记录学习毛主席著作的心得体会，记录做好人好事的过程和体会。经过学习雷锋精神在我们这代人的脑海中深深地扎下根。直至今日，我们这代人仍然淡泊名利，不计较个人得失，看重的是一心为国家多做贡献。三年的初中学习使我获得了好成果。

1964 年初中毕业时，可报考高中和中专学校。上高中就能考大学，但需要自费。而当时大多数中专都是免费，国家管吃管住管分配。为了减轻家里负担，保证弟弟能继续读书，我放弃了高中报考，志愿填报了中专，并顺利被内蒙古财贸干部进修学院中专部银行会计专业班录取。成为大西沟村第一个考上中专的农村女孩子。

中专在校四年，学习高中课程和银行专业知识，为今后几十年银行工作打下了文化基础和银行专业知识基础。有力地说明知识改变了我的命运。

1968 年 6 月份我中专毕业后分配到内蒙古察右后旗人民银行。1979 年人民银行、农行分家分到察右后旗农业银行会计股任会计股副股长兼营业厅主任。1989 年 4 月调中国银行内蒙古集宁分行工利分理处工作，搞储蓄、对公存取款工作，下半年任工利分理处主任。

工利分理处地处集宁工业区离市区 5 公里的偏远地段。我克服了地理条件不方便的种种困难，坚持顾客至上，信誉第一的原则，千方百计为客户排忧解难，拓宽服务领域，成绩突出，受到全行几次表彰：1991 年获内蒙古自治区金融系统"双增双节"劳动竞赛"先进个人"称号，1992 年 5 月获内蒙古自治区劳动竞赛委员会颁发的 1991 年度全区"双增双节"劳动竞赛"先进个人"称号。入选 1994 年出版的"内蒙古英模录"（全区 500 人，其中乌兰察布盟 38 人）。1997 年工利分理处各项存款达到 500 万，取得中国银行集宁分行全行第一名的成绩。

2003 年，我从中国银行集宁分行退休。退休后每当闲暇时，我会不由得从心底涌起一股温暖的触动。回想在格化司台初级中学的三年，我们不仅接受了正规的教育，更重要的是在学校良好风气和老师们谆谆教诲下塑造了健全的人格，形成了良好的人生观和价值观，这些在格化司台初级中学学到的知识，使我一生受益无穷。初中三年的教师像父母一样照顾关心着还不太懂事的我们，帮我们在学习上打下了坚实的基础。这些可敬可爱的老师，你们现在在哪里，身体以及其他方方面面可好吗？我真的很想念你们，在此真诚地祝福你们晚年身体健康长寿！生活幸福欢乐！

金榜题名时

郭丽琴

尽管补习生活依然没那么用功，但是毕竟越学越明白些，感觉进步了不少。高考结束后，大致核对了一下成绩，继续回家务农，因为不知道到底多少分能考上，就回家等着吧。虽然抱以希望，但是那个时候的人不太懂得落榜的痛苦，典型的顺其自然，上不去就回家当农民，感觉也很正常，毕竟考上的为数不多。父母虽然希望考上，但是也会坦然接受考不上的结果。总之没有现在的家长、学生压力大。

根据学校提前告知的时间，成绩下来的第二天母亲和我一起去县城学校看成绩。不知道是冥冥中感觉自己考得还可以，也不知道是有点傻乎乎不懂事，反正是没那么大压力，一路上骑车稳稳地带着母亲到了学校。奇巧的是刚进大门恰好遇见正要出校门的苏同学（现在的爱人）。他说自己没考上，我不相信，平时学得很好啊。看着他表面若无其事，但隐隐中透着失落的表情，我也不便说什么，只能随便两句后，看着他远去的落寞背影，叹息几声，心里也有莫名的失落。后来知道他报了区外，报高了，区内是没问题的。来年他只复习了三个月便以优异的成绩考上了，可见能力还是具备的。

恍恍惚惚继续往里走，又遇到一位女同学小琴，不料她说了一下分数，比估计的低不少，我禁不住表露出惊讶抑或窃喜的神色，她看着我，问我是不是超多了，我说我也不知道，不敢肯定呢。

别过女同学继续赶紧去老师的办公室，进去一看，我的名字上居然已经被做了标记，而且老师也说上线了。当时感觉有些不敢相信，心中有不可名状的激动与兴奋，表面上嘛还是故作镇定。

出了老师办公室的门，心里恨不得一步飞到在校门口等待我的母亲身边，不过还是稳着脚步走过去。长大了总得稳重点，不好意思疯狂呢。见了母亲便平静地说我考上了！

时隔多年只记得母亲非常高兴，脸上是从来没有过的兴奋神情。我敢说，从小到大，就没见过母亲那种表情。母亲一直神情郁郁，很少有开心的笑容，但那天我感觉她脸上已经开花了。母亲对我说赶紧上街买菜，要回家好好庆祝。我当时高兴之余更有感动，母亲居然还懂得这个，我都不懂得要庆祝这码事，就是一味地高兴了，一味地想象着在同学面前如何显摆一下自豪了。学生嘛，金榜题名并不容易，而且那个年代还是众人挤独木桥的时代，大学还是稀缺资源，不像现在只要成绩差不多，念个大学还是挺容易的。我沾沾自喜着，高高兴兴随母亲上街，一路上看见谁，都想告诉他们，我考上了。

可选择的有农林医师学校，我毫不犹豫报考了师范，从小受父亲的影响，喜欢当老师。

等大学录取通知书收到时，那就是板上钉钉子的事儿了。不仅是全家人，全村人都跟着高兴祝贺，还说我是"山沟里飞出的金凤凰"。可不是嘛，我们村三面环山，还真是名副其实的山沟沟。除了自己村的人高兴，三村五里的也有所耳闻。远处近处的亲戚无一不说高兴祝贺的话语，有的还给了祝贺的礼金。真可谓是大喜事啊，那个时候才真正深刻体会到金榜题名实乃人生三大喜事之一。

作者简介：郭丽琴，内蒙古商都人，内师大毕业，包头一机二中高级教师。擅长初数教学，喜欢夜读文字。

沧桑纪实

遵循文史资料书写"三亲"（亲见、亲闻、亲历）的要求，本章的作者都是写亲身经历的高手，耳闻目击，感慨尤甚。

　　作者将我们脚下的这片土地上所发生过的各种人和事，描述得活灵活现，再现了当年的生活全景。尽管叙述的皆为陈年旧事，又是艰难岁月的过往，但文中展现的激情与活力，无不让你感受到搏击苦难的强劲的律动，于苦难中毅然前行的达观与豪迈，既是生活的点滴，也是过往的精华。时代在发展，历史在前进，曾经的生活烟云已被湮没，但我们仍有必要将其封存，把前辈勇毅前行的印迹传递给后人。

百年沧桑话故乡

智 勇

一、山村吹进文明风

我的家乡是大库伦乡五喇嘛沟村，在县城正北约 45 公里。取这个村名，是因为我的祖父辈们从七台镇东北的原西坊子乡五喇嘛沟村迁来此开荒立村，沿用原居住地的村名，原来的老家则被称为前五喇嘛沟。我的父亲生于 1926 年，据村里的老人讲，我父亲是立村没几年就出生的。由此推算，大库伦乡的五喇嘛沟立村应当不早于 1921年。我是 1948 年阴历五月十一日出生于这个村子的。年幼时我曾翻看过一张 1950 年颁发的土地证书，记得那上面盖了一个方形的章，章上面刻的是"察哈尔省右翼后旗商都县"，旗和县本是同一个级别，怎么会有右翼后旗商都县这样的称谓，直到现在我也没弄明白。

解放初期的五喇嘛沟村，只有不到 40 户百余口人，全村约有2000 亩土地，其中 1000 多亩属七户智姓人家所有，所以土改时都被划为富农。另外 800 多亩属于双、韩、李、王等姓的 10 多户人家，这些户都划为了中农。其余方、樊、郭、王等 10 余户少有或没有土地的都划为下中农或贫农。村里的土地主要在村南。如果从村子往南画一条线，这条线往东的土地都是肥沃的黑土地，丰年亩产可达 300 斤以上。往西的都是红胶泥地，最好的年景也就亩产 150 来斤。

到我记事的时候，家乡的人们仍然过着牛耕人割，靠天吃饭，日出而作，日落而息的原始生活，远离现代文明。村里家家点的仍是麻油灯。一个小碟子倒点油，里面搓一根棉花捻子，点着后灯光昏暗如豆，过一会儿还得往外拨一拨灯捻。拨灯捻的小棒叫拨灯捆，后来演变成骂那些长得瘦小的人的话了。那会儿的人们，把机织布叫作洋布，以示与手工织布的区别，把火柴叫洋火，表示不同于过去的火镰。把铁钉都叫作洋钉，说明不是本地铁匠打的。把玻璃瓶子叫作洋瓶……那时候虽然大多数人都已穿上了所谓的洋布，但品种很少，只有白洋布（用来做衣被的里子）、黑市布、红士林布（做女人衣服或被褥）。有少数老人，比如我的奶奶和姥姥，仍保留着土布的衣被。土布不仅布面粗糙而且幅面很窄，大约只有一尺多一点，而洋布的幅面至少也有二尺宽。做被面得用四条土布缝合而成。那时有一句顺口溜"四幅子盖窝红枕头，两口子睡觉虎抱头"，用来形容新婚夫妻的幸福美满，由此可见，有一张土布被子也是一件极不容易的事。我的三个叔伯大爷被村人叫作二灰人、三灰人、四灰人，因为家乡方言"灰"通"坏"，所以"文革"时有一个下乡干部认为，这几个家伙肯定干过不少坏事，于是派人去前五喇嘛沟一带调查。调查人员问了当地不少老人，才知道了"灰人"的由来。原来这几个人年幼时经常穿用土染料自染的黑土布，穿上不久就变成了灰色。弟兄三人年龄相仿，站在一起一片灰不溜丢，故而得此雅号。我长大了以后，看过很多文学作品说，新中国成立前的地主、富农，吃的都是山珍海味，穿的都是绫罗绸缎，由此看来，也不尽然！

家乡在 1950 年实行了土改，全村每人都分到了 15 亩左右土地。土改后连续三年遭灾，新社会的优越性体现不明显。1954 年家乡获得了新中国成立后的第一个特大丰收年，家家户户粮食打得没处放。

贫农李四分到的是 30 多亩黑土洼地，每亩产了莜麦一石多（300 多斤），高兴地逢人就说：这下掉到莜面瓮里了，再也不怕挨饿了！一个姓邢的贫农，脑子不大灵活，他和母亲、兄弟三人分了将近 50 亩好地，人称"邢家地"，都是路东的黑土地。那年至少打了 30 石粮食。30 多岁的邢二每天背上二斗（70 多斤）粮食，步行走到距村子十三四里的二道洼，果了粮割上二斤猪头肉，倒上半斤散装烧酒，酒足饭饱后打着酒嗝，晕晕乎乎走回来。日久天长，二道洼人一看到他，就指指点点地说："看！二斤猪头肉又来了。"那一年大概是邢二活得最爽的一年！从二道洼回来的他，前襟上亮闪闪地别着好几排别针，从衣兜里一把把掏出水果糖，追着送给小孩们，让人家叫干爹！

在我的印象中，家乡似乎就是从这一年走近现代文明的。这一年，几乎所有的人家都把麻油灯换成了煤油灯。这一年，几乎所有的年轻人都拥有了第一件家用电器——当时还叫电棒的手电筒。到了晚上年轻人肩挎装在自制袋子里的手电筒，互相攀比看谁的最亮，照得最远。当时最好的电棒是白象牌的，能有一只白象牌手电，就像如今有一辆奔驰轿车一样牛气！也是这年冬天，邢二的弟弟邢四，从格化司台的物资交流会上，买回一双"仡溜底气眼鞋"，让全村人大开了眼界。方言"仡溜"是弯曲的意思，老家人祖祖辈辈穿的家做布鞋，鞋底是前大后小对称的，两只脚的鞋可以互相换着穿，不分左右。邢四的新鞋，底子的前面向里弯曲，按现在说法是按人体生物结构设计的，两只就不能左右换着穿！"气眼"其实就是鞋带穿过的小洞，每只都有六七对小洞。这在现在看来，再平常不过了！但那时的邢四却因为有这样一双鞋，显得神气十足。见人就神秘兮兮地说："这鞋，白给你也不一定会穿！"

教育是传承文明的工具。现代文明之光照进家乡的一个重要标志，家乡历史上的第一所小学在 1952 年成立了。一批适龄或早已超龄的孩子，同时涌进了一年级，年龄相差能达到七八岁。学校虽然泥台、土凳，条件简陋，教师也只有一个，但使用的是全国统编课本，实行的是现代教育体制，家乡终于有了第一代真正意义上的读书人。

从小学老师刘玉科嘴里，人们听到了许多闻所未闻的新名词，比如"苏联老大哥""抗美援朝"等。刘老师还说，将来的社会你想也想不到，那时候"耕地不用牛，点灯不用油"，家家都是"楼上、楼下，电灯、电话"，人们听得将信将疑，但内心却无限向往与憧憬！

1955 年的春节，是五喇嘛沟历史上最富足、最热闹的春节。人人喜笑颜开，处处张灯结彩。人们都自发地请回毛主席画像，庄重地贴在家里最显著的位置。门窗上的对联上，写的都是"翻身不忘毛主席，幸福全靠共产党"或"听毛主席话，跟共产党走"等内容。江山就是人民，人民就是江山，真是至理名言哪！

二、集体道路宽又长

1952 年，农村社会主义改造的主要任务就是实现农业合作化。

农业合作社的具体形式，大体讲就是这样的：农民把土地、牲畜、大型农具等入社，自己和家人在合作社的组织下参加生产劳动，成为社员。社员根据干活多少获得工分，秋后按工分获取合作社当年的红利。这件事说起来容易，实行起来却是一项浩繁的系统工程，况且当时的社员和干部基本都是没有读过书的文盲。下面我说两件具体的事，让大家体会一下农业合作社管理上的难度。

当时的五喇嘛沟村就是一个初级社，全社有 50 多户近 200 口人，入社的土地约 1900 亩，分为大小不等的 130 多块。为了管理这些土地，合作社首先得建立土地台账，每块土地都得起上具体的地名。地名有的按相对于村庄的方位：如东洼、西沟、北坡等；有的按地块的形状：如四方地、车网湾等；有的按地形：如凸凹形、刀切把、墙上挂等；有的按土质：如白石湾、红泥卜子等。这一百多个名字社长和社员都得滚瓜烂熟，不然让你去转山头种小麦你种到了红蒿湾，岂不坏事？至于社长对每块地更得如数家珍。比如一说向阳坡，社长马上就能提取出如下信息：东沟，一进沟口，右手，黑土沙质，24亩，去年豆茬今年宜种小麦，两架楼，六个人，250斤籽种一天可种完……再比如全村有90多个整半劳力，男女老少都有，体力技能各不相同。每天早晨出工的钟声一响，社员们都站在街心等社长分派今天的活计。作为社长前天晚上就得想明天有哪些农活，分别派哪些人去干，十分钟之内都得安排妥帖。甚至还得讲一讲要求，做一做动员报告，俨然一个运筹帷幄的大将军。如果没有这样的社长，这个合作社的管理就可能会混乱不堪。更为难能可贵的是，社长不是脱产干部，每天还得和社员一样干一个整劳力的活，顶多在年终补贴几十个工分了事，和白尽义务差不多。

1955 到 1965 年的十年间，五喇嘛沟的社、队长都是李风有一个人当。刚当社长时，这个阳高籍的小伙子也就二十出头。在社员的印象中，李队长有几个显著特点：一是快，走路快，说话快，干活快，吃饭快，为什么快？这就是第二特点，忙，一年 365 天，每天从早忙到晚，忙集体的事，忙大家的事。他的第三个特点是公，办事公道，不徇私情，一心为公。按理说，农村干部别的好处得不到，给自己的亲戚派点轻活也算不得什么。但李风有偏不这样干，他的胞哥是牛倌，亲姐夫是羊倌，撵牛放羊在农村也算最辛苦的营生，这两人一干就是近 30 年。人们开玩笑说李风有一家都是当官的！

与农业合作化同时，1953 年国家实行了粮食统购统销政策。这项政策一直延续到1984 年，长达 32 年之久。随后棉布、棉花、煤油、火柴、肉蛋等也实行了凭票供应，一直到1990 年前后才陆续放开。

合作化的三年，家乡一带不丰、不歉。当时粮食收购价较低，合作社没有其他副业，同时还得添置一些农具，所以每年的工分值只有

5角左右。扣除口粮款，年终能分到现金的农户不多。这三年农民的生活水平提高不太显著。

三、三面红旗猎猎风

1958 年中共中央提出的社会主义建设总路线、"大跃进"和人民公社，在 1960 年 5 月前被称作"三个法宝"，5 月后又称为三面红旗。

总路线是在 1958 年 3 月的八大二次会议上确定的，到四五月份"鼓足干劲，力争上游，多快好省地建设社会主义！"的大标语，就醒目地出现在城乡的墙壁上了，宣传力度之大，范围之广前所未有。但怎样才算多快好省，别说社员，基层干部也不清楚。与往年不同的是，今年上级开始干预合作社的种植计划了。一开春，区里就要求大种马铃薯，必须达到人均三亩以上。和往年人均大约二三分相比，马铃薯面积增加了 10 倍多。到处借调薯种，人挖、牛耕，忙了将近一个月，总算完成了种植任务。紧接着，"水利是农业的命脉"的大标语又出现在墙上。抽调劳力兴修水利又开始了，我们村的劳力被抽调到西石门修"石门水库"，还有人被抽调到平地泉修"红领巾水库"，还有一个叫王广发的社员甚至被派到兴和修"衙门号"水库，还按要求带走了一头牛和一辆车。

事实上，一场震撼世界的大运动已经拉开了帷幕。紧接着，"大跃进"的号角吹响了，"大跃进"的歌唱起来了。工作组员进村教社员们唱歌，歌词是：

五八年那么呼儿嘿，
"大跃进"那么呼儿嘿，
跃进的歌声，稀里里里嗦啦啦啦，

嗦啰啰啰哒！到处传那么呼儿嘿……

曲调则是借用延安时期《大生产》的。记得最清楚的是，我的二姑，因为年龄大，学了好几天也没记住一句词，只能等别人唱完一句后，跟着人家"呼儿嘿"一声，引得众人笑成一片！

当时的商都县归属于河北省。经查阅资料，商都县于 1958 年 8 月 26—31 日，在原来十个区的基础上先后成立了九个农村人民公社。我家乡五区的"青山人民公社"是第一个成立的。8 月 26 日那天，全公社万余人或乘车或骑马或步行从四面八方赶到了公社所在地——格化司台。当时读五年级的我，也乘车赶路 20 里参加了这次庆祝大会。当时不算大的格化司台村，车水马龙，红旗招展，人山人海。那时还少见的高音喇叭传播着赵琇县长的洪亮声音："河北省商都县青山人民公社成立了！"人群中顿时爆发出一阵阵掌声和欢呼声。

人民公社是政社合一的农村基层组织，实行三级所有，队为基础的经济体制。其主要特点是"一大二公，五位一体"。届时我的家乡所在的平地泉乡改为了平地泉大队，下辖六个生产队，五喇嘛沟与中石门两村相距半里地，合编为第五生产队。我当时在平地泉读高小，因为高小学生和大队干部在一个食堂吃饭，有幸认识当时的大队书记蔚占禄：高高的个子，长得很帅气，他不是平地泉本地人，据说是从屯垦队（四区）调来的。至于第五生产队，队长理所当然还是众望所归的李凤有。

"大跃进"的 1958 年，新生事物层出不穷，目不暇接，下面只能不分先后地简述几件。

大炼钢铁。1957 年毛泽东提出：在 15 年内钢产量赶超英国。我的家乡，当时连个小小的铁匠炉也没有，哪有炼钢的设备和技术？但迫于形势，也得"土法上马"。人们用土坯垒了一个一人多高的圆筒，下面放上牛粪、木块，上面放上社员捐献的废铁。点火后用木柜改成的风箱吹风。折腾了好几天，连废铁都没有烧红过。大队和公社的设备稍微精良点，但也没有化开过一炉废铁。上上下下大干了一个多月，只能把仅用烟熏黑了的废铁交上去了事。因为当时家乡还没有什么树木，倒也没有出现砍树当燃料的事。

公共大食堂。1958 年，在"大跃进"的主旋律下，各生产队都成立了公共食堂。"吃饭不花钱"的宗旨得到了实现。我们第五队的大食堂就在这样的大背景下成立了。各家各户的粮米油盐、锅碗瓢盆都被食堂"共产"了，住在村中间的两家的房子被"共产"成了厨房、饭厅。"吃饭不花钱，老少尽开颜；劳动更积极，幸福万万年！"这是当时的人们对食堂的赞颂。当时 250 多口人的五队，食堂配备有：管理员 1 人，挑水员 2 人，柴火员 2 人，磨面员 2 人，炊事员 10 人，再加上缝衣组（我母亲就在这个组），托儿所（我二姑在这组），近四分之一的劳力都从事了服务业，解放生产力成了一句空话。幸福院成立后，前面提到过的"二斤猪头肉"邢二，因双目失明，成了第一批院民。大食堂吃饭不限量，天天不重样，拿上流通券，来客也随便。在人们的概念中，只有"放开肚皮吃"，才能"甩开膀子干"。可是一时间哪里去找可供填满那么多肚皮的下锅米和烧饭柴啊！1959 年阴历二月二，按家乡习俗，大食堂吃了一顿"玻璃饺子"。这顿饭从中午一直吃到深夜，因为有的人去吃了三次。大约就是这顿"玻璃饺子"之后，五队的食堂就"老太太过年"一天不如一天了。为了让人们填饱肚皮，公社推广一种叫增量法的厨艺。一斤莜面和三斤水（正常是二斤），因为水分多，蒸熟后需要晾凉了才能拿起来吃，人们就谐音把这种饭叫"蒸晾饭"。但是这种加汤不加药的办法，解决不了根本问题。饥饿让人们清醒了：地里不是还有去年因大炼钢铁耽误没有收回来的山药嘛！这些东西虽然在地里"冬眠"了一冬半春，但那可也总算粮食哪！于是全队男女老少齐动员，锄头刨，铁锹挖，几天的时间，场院上、房顶上都晒满了散发着酸味的冻山药。晒干后的冻山药，碾成了干山药面。这种面蒸熟又黑又亮，虽然吃起来有一股酸味，但也有一定的营养价值。从 1959 年四五月份一直到秋天，大食堂从"不重样"成了"不变样"，几乎每天都是三顿干山药面窝头！大食堂苦撑到秋天，借着上面"在严寒季节和燃料缺乏的地方，可以……允许各户做饭"的精神匆匆下马。轰轰烈烈的大食堂，放开肚皮的大食堂啊，你给我们留下了难忘的记忆！记忆中有苦涩也有怀念。

放卫星。在"大跃进"中，各地浮夸风盛行。商都县位于北方高寒干旱地区，当时的口号是亩产过黄河，所以在粮食亩产上不占优势，只得另找出路。当时商都县办了一份叫《商都县报》的小报，纸张和印刷质量都很差，放出一颗大卫星：小海子公社由五个名字带花的姑娘组成的"五花配种站"，用一只苏联美丽奴公羊，给 21246 只母羊人工输精，受胎率高达 99.2%。成为全国畜牧业放出的最大的卫星。我们平地泉大队也不甘落后，召集了几个匠人，搞了一个"一畜带六磨"的发明。用一匹马拉动中央的一个转盘，用传动皮带带动周围的六盘石磨。空转时果然滴溜溜地转，当公社领导来验收时，添上粮食后有了负荷，就连一下也转不动了。再加上六个后生帮着推，结果还是纹丝不动。一颗卫星就这样悄然陨落了！

除四害。作为五年级学生，我们正是除四害的主力军。每当节假日，学校都布置除四害任务，开学时以死苍蝇、老鼠尾、麻雀腿交账，苍蝇的任务好完成，老鼠、麻雀却不好抓。有的同学就用狗尾草穗子冒充鼠尾，一般情况下，验数的老师嫌脏也不细数，也能马马虎虎过关。

1958 年，我刚刚 10 岁，根本不明白这些事有什么效果或后果，只是觉得热闹、有趣，所以至今记忆犹新。60 多年后的今天，以一个古稀老者的阅历，站在历史的大背景下，重新审视当年这些轰轰烈烈的大事，才对其中的是非功过有了新的认识。这正是：

三面红旗猎猎风，超英赶美赴征程。

千番奋斗惊天地，求是须分过与功。

四、同舟共济渡难关

"三年困难时期"指中国从 1959 到 1962 年期间由于"大跃进"运动及牺牲农业发展工业的政策所导致的全国性粮食、副食品短缺危机。过去大家较一致地认为，造成三年困难原因是：自然灾害，决策失误，苏联逼债。但近年来有些专家通过研究认为：自 1950 年以来我国欠苏联的外债和应付利息为 57 亿元人民币，1960 年前已还债 33 亿元，只剩 23 亿元，人均不足 4 元，不足以给国民经济造成巨大影响和破坏。

中共十一届三中全会通过的《关于建国以来党的若干历史问题的决议》称：三年困难的原因主要是"大跃进"和"反右倾"的错误，加上当时的自然灾害和苏联政府背信弃义地撕毁合同，我国国民经济在 1959 年发生严重困难，国家和人民遭到重大损失。

好了，咱先不说困难是怎么"来"的，重点说说，困难是怎么"没"的——广大父老乡亲是怎样在各级党组织和基层干部的带领下，克服困难，渡过难关的吧！

家乡的困难，从大食堂解散伊始就摆在了人们面前。入食堂时社员把所有的米面粮油、锅碗瓢盆尽数交了出去，现在食堂解散了，家家户户只分到几斤干山药和两三只碗。民以食为天，这第一顿就揭不开锅，况且根本就没有锅。所以，开始几天人们还得用食堂未拆的锅灶，勉强煮些干山药野菜糊糊度日。党和政府始终没有忘记灾难中的人民。仅仅几天的时间，就从外地急调一批锅碗瓢盆，由生产队"退赔"给社员。这样每家都分到一口锅，一只盆，一只瓢，一个高粱箔子暂做锅盖。社员们又能揭开锅了！好在秋天已到，生产队今天分几把豆角，明天分半筐山药，总算熬到大麦黄了。每人分到了五六斤大麦，炒一炒在石碾上压碎，可以熬粥喝。四个多月来，人们总算吃到了真正的粮食。公社永远是我们的家，干部永远是群众的主心骨啊！

社员们面临的另一个大困难就是缺钱。有人会说，农民什么时候不缺钱？不，我这里所说的缺钱是缺到骨子里的无以复加的缺钱。全村几乎所有人家都连买半斤煤油、一盒火柴、一斤盐的钱都拿不出来！有的人家吃饭用的一撮盐，都得向邻居家借，可邻居家也不多呀！夜晚不点灯，摸黑已经成了常态。怎么会过成这样？1958 年实行共产主义，大食堂吃饭不要钱。但是人民公社也没给社员分过一分钱。都供给制了，提钱太没觉悟了。农民几千年的传统副业养猪、养鸡都被取缔了，小得可怜的"鸡屁股银行"也倒闭了。多亏了当时的供销合作社，与药材公司多方联系，开展了代收购药材的业务。我的家乡最常见的药材有麻黄草和甘草，虽然不是漫山遍野，但至少也是随处可见。麻黄草被誉为"植物黄金"，我的家乡正是麻黄草的主要产地之一，也是甘草的主产地。于是，家乡的男女老少都投入了割麻黄、挖甘草的战斗中了。甘草和麻黄草收购价虽然只有每斤六七分钱，但每户卖个十块八块钱不是难事。就能解了吃饭无盐、点灯无油之急。后来，队长李风有又组织社员，到距村 50 多里的集二线边上的白音哈尔盐淖，捞了一次土盐，每户分了几十斤，为社员省了不少钱。

1959 年其实是收成不错的一年。1958 年种了那么多山药，山药茬是仅次于"压青地"的好茬口，种小麦产量高、颗粒饱满。这一年队里打了不少小麦。也许是 1958 年落下的亏空过大吧，1959 年的征购任务特别重，而且催得特别急。场收刚开始，交公粮就成了压倒一切的政治任务。车拉、驴驮、人背，交粮的队伍浩浩荡荡。高年级小学生也背上十来斤粮食，加入交粮的队伍中了。我也参加过两次：前后背两只长筒袜装上的小麦，到格化司台粮库交爱国粮。格化司台粮库往北通往牌楼村和往东通往陈家村的路上，马车、驴、人排出二里多远，真是盛况空前！

公社粮库没有那么多粮仓，收上来的公粮由县马车社的大车或征用生产队的大车，一车车拉往县直属粮库或土牧尔台的火车站台。人们亲眼看见一列列装满粮食的列车，从土牧尔台向北开走。向北能去哪里？土牧尔台往北200多公里就是二连，二连再往北就是蒙古、苏联。怪不得说苏联逼债，敢情是真的！人们不禁背地里骂那些没良心的"大鼻子"：说得好好的，抗美援朝，中国出人，苏联出枪，哄得我们死了那么多人，他们又来逼债，真是比"白眼狼"都坏！

社队干部顶着"反瞒产"运动的压力，虽然也交了一些"过头粮"，但总算保住了社员的基本口粮。有了前半年缺粮的教训，生产队把口粮发放由一年一次发放，改为一月一次按定量发放。社员也学会了忙时吃稠，闲时吃稀，夏天掺野菜等节粮方法。所以，1959年对家乡来说，还不算太大的饥荒年。

家乡的最严重饥荒实际是从1960年冬季开始的。1960年家乡遭受严重旱灾，粮食大幅度减产不能自给，这一年的定量只有每人180斤，仅为正常年景的一半。1961年则是旱灾加鼠害，老鼠从青苗一直咬到庄稼成熟，大片的庄稼地只剩下齐刷刷的茬子，比镰刀割的还干净。除了山药和萝卜，其余作物几乎绝收，口粮全是返销的。返销粮中只有不到一半玉米或薯片，剩下的全是豆粕、麻饼、棉籽饼等榨油后的渣子，甚至还有榨完糖的甜菜丝，其营养价值可想而知。

一场与饥荒抢夺生命的战役打响了！"不能饿死一个人"是当时重中之重的政治任务。家乡各级干部、党员和社员群众同舟共济，想尽一切办法生产自救，谱写了一曲可歌可泣的壮丽篇章！当时的自救办法主要有以下一些：

1. 1960年公社恢复了社员的自留地，并且允许社员在田埂地头等处开垦零星的"小片荒"，自留地和小片荒虽然也歉收，但或多或少也能收点山药蛋、南瓜之类的吃食，在一定程度上缓减了饥荒。

2. 靠野菜充饥。家乡一带有很多人能吃的野菜，如苦菜、蒲公英、灰灰菜、沙蓬、地柳芽等。这些野菜遍地都能采到，食用后没有任何毒副作用。在大饥荒的这几年，人们夏天吃鲜野菜，冬天吃干野菜，野菜几乎成了人们的主食。在抗灾救命中功不可没的苦菜、蒲公英，现在被城里人青睐，价格不菲。

3. 代食品。代食品其实就是把不能吃的当成吃的。生产队曾把一些荞麦秸秆、山药蔓子等碾碎后分给社员，作为代食品，掺在粮食中充饥，但是我觉得这些东西还不如野菜。

4. 鼠口夺粮。1961年的灾害中，黄耗子是罪魁祸首。它们夏天吃青苗，秋天把庄稼的穗子咬下来，藏到地窖里，作为自己的冬春储备粮！人都快饿死了，这些家伙们想得也太美了。怎么办？夺回来！一场全民上阵的"扎黄杠"从秋天一直进行到隆冬。人们用一根带尖的铁棍，根据铁棍入土感觉到的软硬程度，判断哪里可能有鼠窖，然后用锹挖开取粮。一个鼠窖可取出10来斤甚至更多粮食，足可供一家人凑合好几天。这年秋冬，人们从鼠口中确实夺回不少货真价实的粮食。真不知道那些被夺走粮食的老鼠们是如何过冬的！

5. 救人救畜同时抓。救人的同时还必须救畜，生产队耕地、种田、碾场、运输全靠牲畜，牲畜如果死亡，生产将无法开展。大小畜都是生产队的主要财产。李风有等生产队干部，带领社员到外地打青草、搂黄草，秸秆减产野草补。在三年大灾年，全队居然没有一头大畜饿死，羊的数量甚至还略有增加。1961年的冬天，是三年困难时期中最困难的时刻。不少社员患上了夜盲症和浮肿病。在这危急的时刻，上级下了文件：有条件的生产队，可宰杀部分猪羊，给社员每人每天补贴一两"健康肉"。因为我们生产队还有不少羊只，并且膘成还不错，属于有条件之列。队长当即杀了几十只羊，给全队社员每人分了三斤"健康肉"。"健康肉"成了"救命肉"，人们的夜盲症好了，浮肿病轻了，又一次从死神的魔爪下挣脱了。

6. 救灾第一位，干部有担当。1962 年商都县由河北省划归内蒙古自治区。在此前的 1961 年 5 月，原青山人民公社就被分为了三个公社。我的家乡属新成立的大库伦公社。原平地泉大队一分为三，五喇嘛沟村属中石门大队，被编为第二生产队。中石门大队的大队书记是王皋，他是五喇嘛沟本村人，二队队长仍是李风有。1962 年夏季，庄稼长势十分喜人，眼见的是一个特大的丰收年。一年的秋忙眼看快要开始了，但是经过二三年的饥饿，社员们个个面黄肌瘦，不少人走起路来都摇晃，这样的体质，怎能完成丰收之年繁重的秋收任务呢？王皋和李风有看在眼里，急在心上。二人多次商量，有了一个大胆的想法——庄稼一有成熟的就收割一些，给社员预发下年口粮，力争在大规模秋收时，人们能基本恢复体力。这样的决定在当时是冒着一定的政治风险的。为了眼看到手的丰收年，来之不易的丰收年，顾不得那么多了。当向阳坡上的一块麦田刚九成熟时，就组织人员拔倒，碾、扬出小麦，连夜加班磨面。第二天，雪白的面粉就分到了社员手里。这天晚上，因为来不及发面，大多数人家吃的都是烙饼或面条。上了点年纪的人拿起饼子或端起面条都失声痛哭。老天爷呀！我们又吃上白面了！吃上饱饭的人们，不到半个月就恢复了体力。到秋收大忙开始时，一个个生龙活虎地投入了紧张的秋收战场。

国难见忠臣，特大饥荒面前，党和政府的正确决策，干部的引领至关重要。庆幸我的家乡有上上下下的好领导，尤其那些与社员患难与共的基层干部：大队书记王皋、大队长冯有成、生产队长李风有、副队长刘开臣等。是他们带领人们渡过了饥荒，家乡没有饿死一个人。

五、大寨精神放光芒

1962 年，家乡获得了历史上又一个特大丰收年，而且收成比 1954 年还要好得多。粗略估算，二队的平均亩产超过了 300 斤，全队的粮食产量在 80 万斤以上，是正常年景的三倍多。按当时的政策，在留足口粮、饲料、种子，完成公粮征购任务后，剩下的余粮中的 60% 按工分粮的形式奖励给社员。这样全队有 20 多万斤粮食分到了社员手中，相当于社员二年的口粮，一个整劳力分到的工分粮达到 1500 多斤。这么多的粮食分给社员，很快惊动了县委、县政府，但经过认真核实，确实符合当时的政策。于是县里决定进行二次征购，以"议价粮"的方式，再从社员手中把粮食收购起来。"议价粮"不但价格是平价的 2 倍，还奖售当时的紧缺物资，如布匹、线毯、毛线、口袋、脸盆、暖瓶、雨鞋、水桶等。当时的县领导赵琇直接带领粮食、商业部门组成的收购组进驻五喇嘛沟村。收粮点设在打麦场上，县百货公司的奖售点，设在小学校的教室门外。那几天的五喇嘛沟村比赶交流还热闹。三天的时间二队集体和社员出售粮食（主要是小麦）30 多万斤，向邻村生产队和社员收购粮食 20 多万斤。百货公司也向售粮的社员出售了大批紧俏物资。

这些紧俏商品中，最珍贵的要数布匹了。从 1958 年开始，布票的发放标准一年比一年低。1961 年每人只有二尺二寸布票，连打补丁都不够。人们的衣服早已是"缝三年，补三年"了。有的男人裤子都是装粮食的口袋改制的，走起路来哗哗直响！这些奖励布可起了大作用，这年春节，多数人都添置了一二件新衣服。男人们都抽上了古巴产的"板板烟"，甚至还能抿几口烧酒，仿佛又回到了 1954 年的春节。

这一年，五喇嘛沟村（二队）的分红创了历史纪录，每个工（10 分）值人民币一元七角。农民的收入第一次，也是唯一的一次超过了工人和干部。这个工分值纪录后来一直没有被打破。1962 年秋冬，村里娶回了六房新媳妇，也创了新纪录。我的堂哥智忠和智春都是这一年娶的媳妇。这一年，生产队购置了两辆胶轮车，开始取代千百年来的木轮车。每当胶轮车响着"呜呜"的磨杆声，从西梁上下来时，孩子们都会欢笑着追上去，挤着往车上爬。小山村呈现出一片生机。

当时，消息闭塞的社员们还不太清楚，一些对农村影响深远的重大事件，正在发生或已经发生。

1961 年，党的八届九中全会，正式提出了对国民经济实行"调整、巩固、充实、提高"的八字方针，标志着"大跃进"运动已经停止，国民经济正开始转入调整的轨道。

1962 年之后，粮荒问题全面解决了，其他商品匮乏的情况也逐渐得到了改善，经济迅速得到了复苏。一个丰年就收到如此明显的效果，说明三年困难的主要原因是自然灾害，我们的社会制度还是优越的。经过"六十条"优化了的人民公社体制，在当时还是深受群众拥护的。"人民公社是桥梁，共产主义是天堂"仍是人民的共识。60 年代初，由张士燮作词，王玉西作曲的歌曲《社员都是向阳花》唱遍了大江南北，唱进了千家万户。

> 公社是棵常青藤，
> 社员都是藤上的瓜。
> 瓜儿连着藤，藤儿牵着瓜。
> 藤儿越肥瓜越甜，
> 藤儿越壮瓜越大。
> 公社的青藤连万家，
> 齐心合力种庄稼。
> 手勤庄稼好，心齐力量大。
> 集体经济大发展，
> 社员心里乐开了花！
> 公社是个红太阳，
> 社员都是向阳花。
> 花儿朝阳开，花朵磨盘大。

不管风吹和雨打，

我们永远不离开她。

公社的阳光照万家，

千家万户志气大。

家家爱公社，人人听党的话。

幸福的种子发了芽，

幸福的种子发了芽！

这首歌经郭兰英、王昆、梦鸽、王丽达等几代歌唱家传唱，历经半个世纪，至今仍为群众所喜闻乐见，不只是因为歌曲本身优美动听，也反映出人民群众对公社的热爱。

1963 年，毛主席发出指示："工业学大庆，农业学大寨，全国学人民解放军。"我的家乡学大寨是从 1964 年开始的。学大寨，学什么是关键，怎么学是实质。有不少地方，在学大寨中教条主义严重，不管当地实际情况，一味地开山凿坡、修梯田，结果是劳民伤财，收效甚微。还有少数地方学大寨被"左"倾路线利用，把整田变成了整人。我们中石门大队第二生产队在李风有（1964 年后成为中石门大队队长）、刘开臣（李风有的继任者）等大、小队干部带领下，因地制宜，把大寨精神同二队具体实际相结合，在学大寨中，因地制宜，自力更生，艰苦奋斗，壮大了集体经济，提高了人民生活，优化了生存环境，使中石门大队第二生产队成为全县农业战线的一面旗帜。

"村看村，户看户，社员群众看干部。"学大寨是否有成效，关键是干部。"政治路线确定之后，干部就是决定因素。"干部看准目标带好路，坚定方向不跑偏，学大寨才能学出成效来。现在让我们回过头来，回顾一下中石门大队二队当时学大寨的一些做法：

1. 植树造林，治理风沙。五喇嘛沟位于商都县北部，耕地风蚀沙化十分严重。被中科院综合调查队确定为风蚀沙化严重典型地带的格化司台公社四号地村山前坡，就与五喇嘛沟的骨乘梁毗邻。所以家乡一带，最要紧的是防止耕地风蚀沙化。防风治沙的最有效方法是植树造林。1958 年之前，家乡没有一棵树。前几年虽然零星栽了一些，但根本起不到抵御风沙的效果。1964 年以来，作为大队长的李风有，几乎成了二队的林业队长。每年春、秋两季，李风有都带领二队社员植树造林。土层薄的地种榆树，土层厚处栽杨树。骨乘梁西边种起了几十米宽的榆树防风林带。六七年后长到一人多高的树木，就起到了防风作用。植树造林美化了环境，保护了农田。直到包产到户前，二队没有一亩土地因风蚀沙化弃耕。近 20 年来因砍伐等原因，二队的树木虽然有所减少，但仍是当地绿化最好的村庄。绿水青山就是金山银山！可以毫不夸张地说，没有李风有就没有五喇嘛沟的那一片绿色！

2. 精耕细作，粮食满仓。要做到精耕细作，八道工序道道都得精细。耕地，是种庄稼的第一道工序。所谓耕就是把前一茬种过的土地用犁翻一遍，把土翻松，把茬子翻到下面发酵。耕地分秋耕和春耕，春耕是在第二年种地前进行，容易流失土壤中的水分。所以我们二队除种山药和豆类的土地，别的地基本都是秋耕。秋耕在收割完庄稼后进行，越早越好。有时割地的人还没离开地，耕地的牛犋就进地了。对于肥力不够的土地，在秋耕时还要压入基肥。深地要点一是深，二是匀。在 1966 年以前，公社没有机耕队，全部土地都是牛耕。后来机耕面积也不到四分之一。和邻村相比，二队的土地耕得又深又匀。当然这也得益于二队有几十头膘肥体壮的耕牛。第二道工序是碾地，用牛拉动长约 2 米的石碾在冬天把秋耕过的地镇压一遍。碾地有利于保墒也便于第二年耙碎土块。第三道工序是耙地，牛拉人字形带铁齿的耙，在耕、碾过的地上过一次（甚至两次），把土块弄碎，把没发酵的柴草拉出来。耙地的最佳时间是惊蛰前土地半消半冻时，这叫"顶凌耙"。第四道工序叫耱地，牛拉着用桦树枝做成的耱，从耙过的地上走过去，作用是把土地拉平。第五道工序是最关键的种，把选好的良种拌上农药和肥料，用耧种进地里。种地需要三人、两畜完成。一人负责帮耧，即拉住带耧畜，让其走直并保持适当垄距。另一人摇耧，掌握下籽的稠稀与深浅，非老把式不能胜任。最后一人驾驭拉着石砘的牲畜，把刚下种的垄沟压实以保墒。马铃薯和豆类则用犁开沟，把籽种、肥料撒入犁沟再覆土。第六道工序是锄地，也叫中耕，一般在芒种后进行。用锄头翻松土壤，并除去垄中杂草，谷类作物还需同时间苗。一般小麦、莜麦、油料等作物中耕一次，山药、谷黍类作物中耕两次。我们二队比别的队都多一次，即前者两次，后者三次。农谚说：锄头自带三分水。地多锄一次对抗旱增产效果十分明显。第七道工序收割，需要及时收，收干净，保证颗粒还仓，不必多说。第八道工序是拉碾。把作物拉上场，分离秸秆和果实（山药除外）。1966 年前主要靠碌碡碾和连枷打，之后都用柴油机驱动的脱谷机脱粒，然后扬、筛、扇、扛入库。八道工序每道都得精益求精，再加上天公作美，才能获得较好收成。从大丰收的 1962 年到包产到户前的 1980 年的 19 年，中石门二队年年都靠精耕细作夺取了好收成，19 年每年都能完成国家的粮油征购任务，19 年没有吃国家的返销粮。这在十年九灾的商都县是绝无仅有的。

值得一提的是，学大寨的高潮也正逢全国上下学习毛主席著作的高潮。毛泽东思想是学大寨的强大动力。

3. 多种经营，全面开花。《农业六十条》中第二十五条指出：生产队应该积极开展多种经营。当时乡镇企业还没有兴起。农村的多种经营一般是指农、林、牧、副、渔。在干旱缺水的北方，渔业无从谈起，农业是主业，林业前面已有所涉及。下面主要谈谈家乡的畜牧业和副业。

五喇嘛沟的畜牧业主要是大畜中的牛、马、驴、骡和小畜中的猪、羊。牛倌、羊倌、大畜饲养员（二人）、猪饲养员这五大员，撑起全村畜牧业的一片天。

好牛倌樊万富。樊万富从土地改革后开始放牛，一直放到包产到户，整整 30 年。可以说是五喇嘛沟的"终身牛倌"。在村里人们都叫他三牛倌，他的名字只出现在生产队的账目上。年轻时的三牛倌一副金嗓子，他的"放出牛来"一声吼，三里之外的冀家村都能听见。在我的印象中，三牛倌好像永远嘴疼，嘴唇上总贴着一块纸，说话"吸溜，吸溜"的。放牛是最辛苦的"熬阳婆"活，吃饭两头不见太阳，中午不回家。那时也没什么保温杯，整天喝不上一口热水，嘴疼那是自然的。五喇嘛沟山场面积小，每年夏季不使役的大畜都必须到外地"下场"，以减轻当地草场压力，让牲畜冬春有草啃。"下场"一走就是半年，住的是马架子式的干打垒，只配备些简单的炊具，能自己做口吃的。条件的艰苦，非一般人能够忍耐。三牛倌还有一手给母驴配种的绝活。一头驴价值不到百元，一匹骡子价值千元以上。母驴下骡子，简直是沙子澄金，其难度不亚于后来的转基因技术。在三牛倌的营务下，二队的母驴几乎都产过骡驹，其中一头叫"二黑"的母驴，前后产过三只骡驹，足可以拴一挂大胶车。1972年我曾写过一篇《好牛倌樊万富》的通讯，刊登在当年夏天的《乌兰察布报》上。

饲养员王皋是解放初期的老党员，因为姐姐嫁到富农家庭，1964年被免去大队支书。卸任后的王皋当上了二队的饲养员，无怨无悔地干了十六七年。饲养的营生不分昼夜，白天拉草、出圈（清理畜棚里的粪便），夜间添三趟草，饮一次水。凌晨还得给役畜添一次草喂一次料，清晨再饮一次水。六七十头大畜，每饮一次水就得从五六米深的井里提上四五十桶水。老家三九、四九天的气温零下 30 多度，夜间添草、早晚饮水的辛苦可想而知。每年联系下场的地点，也是一件很难的事，因为到哪里下场，就是与人家当地的牲畜争草场。这件难事就落在当过干部、有一定外交能力的王皋身上了，他每年都能顺利完成任务。1969年大旱，竟然把场下到了200多里外的察右前旗黄茂营公社范围内。我曾和乔蔼、智新给王皋他们送过一次口粮，发现王皋和当地村民相处得很好，人们都叫他"老牛倌"。有谁知道他有近20年党龄，曾当过一任大队支书呢？

个子很矮的李占祥，村人称小秃子，是樊万富的妹夫，和他婚兄一个级别，是五喇嘛沟村的"终身羊倌"。大概是"上火"吧，李占祥一年四季都在眼疼，眼睛红红的不停流泪。放羊除了和放牛一样辛苦外，还有一项重活——把生在地里的羊羔背回来。在产羔季节，羊倌出工时，都得背一个用毡子制成的"羊包"，如有母羊把小羔产在地里，羊倌就得把羊羔放在叫作羊包的"保温袋"里，一直背着到晚上背回村。产羔旺季有时一天产两三只羔，都得这样背一整天，累得人腰酸背痛。30多年，李占祥背回的羊羔总有三四千只吧！在难得见到荤腥的年代，五喇嘛沟的社员，每年中秋节每人都能分到二三斤羊肉，这都靠李占祥的辛勤劳作。

养猪员是一个叫南金和的单身老头，耳朵有点背，多数村人都称他南聋子。他负责队里七八只母猪的喂养。老母猪的食量可不小，每天光煮猪食的水就得十几担。再加上背柴火、出猪圈、侍弄小猪仔……这似乎一个人完不成的活，南金和一干就是20多年，一直干到60多岁。20年间，养猪场为社员提供廉价仔猪1000多只，户均15只以上。那年头养猪可是每户最大的副业啊！现在五六十岁的五喇嘛沟村人，父母结婚时的花销，一半以上是奶奶把南金和提供的猪仔喂大卖的钱。前年清明，我回村扫墓，发现在西坡上的南金和墓已经看不到痕迹了。岁月已经把这个无私奉献的老人搂进了大地的怀抱，但是他20多年的付出，20多年为村民做出的贡献，人们能够忘记吗？

畜牧业不仅为生产队和社员增加了一部分收入，更重要的是几十头（匹）役畜还是队里的主要的生产力。鼎盛时期的二队，能同时出动十二具犁和六辆三套骒马大车，这实力让别的生产队望尘莫及！牲畜的粪便又是绝好的肥料，截至包产到户的 1981 年，五喇嘛沟的大田作物从未使用过化肥。

五喇嘛沟村多次被评为畜牧业先进集体，受到上级的表彰。

搞副业的主要形式是大车跑运输。每年春天，小麦播种刚结束，二队就会派出三四辆大车到外地跑运输。一般是去西苏旗、二连浩特、锡林浩特一带。车队自带帐篷，吃住都在野外，一来省下住店费用，二来便于骒马放牧。每年春天到秋天的三个多月，车队能挣到运费 6000 多元。可别小看这 6000 元，它可相当于全队增产了六万斤小麦。光运输收入一项就能使每个工值增加 1 角多钱。1 角钱虽然不算多，但要知道有的生产队每个工的总值还不到 1 角呢！中石门大队的工值在大灾的 1969 年也有 5 角 8 分钱，比邻近生产队高出二三角钱。在包产到户前，二队不欠银行一分钱，账面还有现金万余元，粮仓中还有储备粮 2 万多斤，家底是全公社最殷实的。

世间万物，人是最宝贵的，要办好一切事情，人的因素是第一位的。生产队要办好，一要有一心为公的好干部，二要有勤劳奉献的好社员。用先进的思想武装人，用科学的管理约束人，什么时候都用得着。在公社化时期，特别是 70 年代以后，不少生产队，社员"拿"公家的东西，似乎成了一种"风尚"。当时有个顺口溜："外国有个加拿大，中国有个大家拿。不拿白不拿，白拿谁不拿！"出现这种情况，固然与生产队管理松散，社员觉悟不高有关。但究其主要原因，还是生产队没办好，社员分的东西不够吃用，越穷越偷，越偷越穷，成了恶性循环的局面。下面我用中石门大队二队的一个实例，说明社员拿摸根本不是治不了的顽疾。

那时候，好多生产队都不敢种瓜菜一类的作物，因为很可能没有成熟就被拿光了！在中石门二队，有两个老贫农营务着全队的四五亩菜园。一个叫王悦，一个叫徐殿元。20 多年来，两个老农，一匹老马，一架老水车源源不断地向 300 多社员提供着新鲜的有机蔬菜。每年从 5 月份吃头茬韭菜到 10 月份分秋菜，每家每户天天都能分到应时的新鲜蔬菜。韭菜、小葱、菠菜、香菜、水萝卜、白菜……到什么时节分什么菜。到了秋天每人还能分到几百斤冬储菜，有胡萝卜、圆白菜、青麻叶、大葱等。夏天分的菜全免费，秋菜象征性地每斤收几厘钱。生产队办成这样，社员还用得着偷菜吗？

那时候也确实存在个别社员出工不出力的现象。也就是人们说的："集体干活磨洋工，自留地里打冲锋。"减少这种现象的办法，主要是完善评工记分制度，真正体现多劳多得的分配原则。队里的活，能量化定额的尽量不要"打日工"。另外尽量不给比较奸懒的社员派"打日工"的活。

干部社员十几年的艰苦奋斗，终于结出了丰硕的成果。1972 年中石门大队第二生产队经过层层推选，被评为内蒙古自治区农业学大寨先进集体，（李凤有同志被评为先进个人）这是一个生产队当时能够获得的最高荣誉！

六、运动生产两不误

"文化大革命"历时十年。这场被称为触及灵魂的革命，究竟对家乡有什么影响？如果没有十年动乱，家乡的发展会是怎样的？这样的问题确实无法回答。因为没有这样的"如果"。我曾问过一个年龄与我差不多，几乎目不识丁的家乡老农对"文化大革命"的印象，他说，只记得乱哄哄的，今天批这个，明天斗那个，社员还是照样种地。"文化大革命"刚开始时的"破四旧"，在我们村子里其实也很简单：一是把全村女人不分老少都剪成了短发，二是把后坡上比鸡窝大不了多少的、摇摇欲坠的一座龙王庙两脚踹倒。

事实上，不同文化程度的人，对"文化大革命"的认知是有较大差异的。下面，我作为一个还算有点文化的农民，谈谈自己的回忆和感受。

大批判开路向前冲。大批判是当时使用频率最高的词，也是干得最多的事。在村里，一般把批判对象到场的会叫"批斗会"，批判对象不到场的会叫"批判会"。

有时候，批判了好长时间，一些没有文化的老农，始终不知道批的是谁，此人干过啥事？我们村的一个老汉，还以为天天批判的孔老二，是本大队四队孔家村的地主。还有一个邻村的老太太参加完批判林彪的大会后愤怒地说，林彪真不是个好东西，逃跑了还领着一群（叶群）老婆，还偷走公家的绿腰带（录音带）……

批斗会、批判会一般都不占用劳动时间，都在中午或晚上进行，因为抓革命还得促生产，搞运动也不能误了生产，更不能误了农时。

占领农村文化阵地，也是一项政治任务。占领阵地在我们五喇嘛沟村主要有以下形式：

1. 标语上墙。家乡在墙上写标语，大约是始于 1958 年。那时，墙上最醒目的标语有：鼓足干劲，力争上游，多快好省地建设社会主义。人民公社好等。到了"文化大革命"时期，墙上的标语就逐渐多了起来，直到所有能写的墙都写满。内容保持时间最长的标语有：

把无产阶级"文化大革命"进行到底！

战无不胜的毛泽东思想万岁！

为人民服务！

要斗私批修！

备战备荒为人民！

抓革命促生产！

千万不要忘记阶级斗争！

阶级斗争一抓就灵！

农业学大寨……

一般地，内容正面，保持时间长的，写在比较显眼的地方，一些临时性的就写在偏僻一些的地方。写标语的涂料可以就地取材，白土当地就有，红土到30多里外的一卜树就能挖到。比我高一届的格化司台中学毕业生罗英，就是写标语的一把好手，黑体美术字写得又快又好。

2. 政治夜校。"文革"期间，每个生产队都有政治夜校。我们中石门二队的政治夜校在村子中央地带，房间有80多平方米，配备了长条木凳，能容纳全村的所有社员。如果不是秋忙季节，政治夜校一般每隔几天就活动一次，以敲钟为号。一般是在晚饭后进行活动。社员们在这里接受政治教育：学习毛主席著作、毛泽东诗词、毛主席语录，学习党的方针政策，了解国际国内外形势，开批判会，举办故事会、赛诗会……1971年后还组织一些青年社员学习文化知识。我是当年的文化辅导员，我编了一本文化课读本，内容除政治方面的，还有农村、农业常用字。甚至还有村里的先进人物事迹。如《刻苦学习的铁姑娘宋春茹》《红管家王佃》《好牛倌樊万富》等。

3. 毛泽东思想文艺宣传队。"文革"期间，各大队都有自己的文艺宣传队，我们二队是大队队部所在地，所以大队文艺宣传队人员以二队青年社员为主。由于缺乏能歌善舞的人才，只能演一些"三句半"、小合唱之类的小节目，重在"政治性"和"革命性"。

4. 革命样板戏下乡。"文革"初期的样板戏有八个：京剧《红灯记》《智取威虎山》《沙家浜》《海港》《奇袭白虎团》，芭蕾舞剧《红色娘子军》《白毛女》，交响音乐《沙家浜》。后来又陆续出现了《（钢琴伴唱）红灯记》《（京剧）龙江颂》《（京剧）杜鹃山》等。这些样板戏拍成电影后，由公社放映队到各村轮流上映。也有一些小剧团"移植"革命样本戏，但艺术性很差。一个察右后旗的吴善金剧团，曾经来村里演过《红灯记》和《智取威虎山》，演出低俗、不堪入目，还篡改剧本，听说后来被取缔了。

无产阶级占领农村文化阵地的活动，在一定程度上活跃了农村文化生活，有着积极的作用。那几年，村里的赌博等恶习和一些封建迷信活动，基本上绝迹了。

1976 年 9 月 9 日，收音机中一次次地通知：下午 4 点将有重大消息发布。小队会计把收音机接通了当街的大喇叭。下午 4 时整，一阵哀乐过后，中共中央、全国人大常委会、国务院、中央军委向全国沉痛宣告：伟大领袖毛主席于 9 月 9 日零时 10 分逝世。刹那间，五喇嘛沟和全国一样沉浸在巨大的悲痛之中。9 月 18 日在收听完中央举行的追悼会后，中石门大队也举行了追悼会。贫下中农抑制不住心头的极大的悲哀失声痛哭。民兵连长方库的老母亲沙哑地哭喊着："毛主席啊，您这一走，谁还管我们呀！可让我们怎么活呀！……"

正当人们为失去毛主席的中国命运担忧时，1976 年 10 月 6 日，以华国锋为首的党中央，一举粉碎了"四人帮"，宣告了无产阶级"文化大革命"的结束。中国历史又掀开了新的一页！

七、脱贫致富奔小康

1977 年 10 月 12 日，国务院批转教育部《关于 1977 年高等学校招生工作的意见》，决定从本年起，高等学校招生采取志愿报名、统一考试、择优录取的办法，恢复"文化大革命"中被废弃的高考制度。1978 年起，五喇嘛沟村就陆续有学子考入大、中专院校，结束了全村没有大、中专学生的历史。

1979 年 1 月 11 日，中共中央作出了《关于地主、富农摘帽问题和地、富子女成分问题的决定》。随后，五喇嘛沟村最后三名四类分子全部摘帽，取得人民公社社员待遇。

1978 年 11 月 24 日深夜，安徽省凤阳县小岗村 18 户村民，在一份分田的"秘密契约"上按下鲜红的手印，从此拉开中国农村改革的序幕。商都县的包干到户是 1981 年春种结束后进行的。中石门二队的所有土地、牲畜、农机具、房舍全部分给了社员。从 1955 年开始实行了 25 年的集体化经营方式结束了。

25 年来，五喇嘛沟村经历了初级社、高级社、人民公社三种体制。人口由不足 200 人繁衍到 360 多人，土地由不到 2000 亩拓展到 2800 亩。初级社时集体财产只有社员入社的三十几头大畜和 60 多只羊，几件犁、耧等小农具。现在集体拥有各种房舍 100 多间，胶车 8 辆，柴油机、磨面机、脱谷机、抽水机、弹花机、发电机各种农机具百余台，大小畜 280 多头（只），树木更是从无到有，发展到数万株，其中成材的有近万株。包产到户虽然是大势所趋，但面对这些殷实的"家产"被分解，许多人心里难免有些五味杂陈。这些东西都凝结着干部群众 25 年的无数心血哪！ 25 年来先后在大集体呕心沥血，奋力拼搏的干部有：

大队书记：王皋、王吉昌、李凤有；大队长：张明；大队贫协主任：冯有成；大队会计：王佃武、乔有模；大队民兵连长：田丙亮、方库；小队队长：刘开成；小队副队长：方恒、王佃、郭才元、杨美；小队会计：付万金、南清玉、徐成。

到如今，包产到户又经过了 40 年，他们中的多数人已经离世。但他们为大集体作出的无私奉献，人们永远不会忘记。在这里谨向他们致以崇高的敬意！

1983 年 10 月 12 日，中共中央、国务院发出《关于实行政务分开，建立乡政府的通知》：决定撤销国家政权在农村的基层单位人民公社，建立乡、镇政府；撤销作为村行政机构的大队，建立村民委员会。1984 年 4 月，大库伦人民公社撤改为大库伦乡，中石门大队撤改为中石门行政村，后来中石门又和勇进合并为勇进行政村。至此五喇嘛沟村全称为：内蒙古自治区乌兰察布市商都县大库伦乡勇进行政村五喇嘛沟自然村。

随着改革开放和城镇化进程的推进，越来越多的村民进城务工，致使村里的土地撂荒严重。1999 年农村实行了第二轮土地承包，全村有 80 多人放弃了土地承包。所以第二轮土地承包中，每个村民都承包了 10.5 亩土地。

2006 年，国家取消了农业税，大大减轻了农民的负担。

从 2004 年起，国家对种地农民实行补贴，并且逐年提高。2020 年每亩补贴达到了 66 元，仅此一次，每个包地农民每年就能领到近 700 元现金。

2013 年 11 月，习近平总书记在湖南湘西十八洞村首次提出"精准扶贫"理念，作出了"实事求是，因地制宜，分类指导，精准扶贫"的重要指示。后来又进一步强调：扶贫开发贵在精准，重在精准，成败之举在于精准。精准扶贫，要坚持因人因地制宜，区别不同的情况，做到对症下药，精准滴灌，靶向治疗，不搞大水漫灌、走马观花、大而化之。

在此之前，五喇嘛沟村就实现了通电、通卫星电视。2017 年，水泥公路通到村子。2018 年起用三年的时间完成了全村的危房改造。多人户两间一砖到底的大瓦房，用的全是松木的椽檩和塑钢门窗。单人户每户一间半。2019 年上级帮助打了一眼 100 多米深的机井，每户还配备一台净水机，保证了村民的饮水安全。

因为近年来外出人员较多，目前五喇嘛沟全村常住的不足 30 户，且以老年人为主。除了六户之外，其余都符合低保条件，实现了应保尽保。不符合低保的六户中：刘秀明是种植专业户，荆红等三户是养羊专业户，刘秀生等两户每户安排一名公益岗位护林员。

另外，教育扶贫和健康扶贫在村里得到了落实。从 2015 年起凡建档立卡贫困户子女考上大学都有补贴，本科 4 万元，专科 3 万元。

对于患有 24 种严重疾病的村民，都可申请低保。贫困户因病住院经新农合报销后，还可二次报销。村民任永强因胃病做手术，总费用10 万多元，经二次报销后，自己才花 2 万元。他 2015 年胃全切除，今年清明节我见到他，看上去身体和精神状态都不错。通过精准扶贫，在村常住的村民确实达到了"两不愁，三保障"，实现了稳定脱贫。2020 年 12 月 24 日，商都县宣布退出国家级贫困县行列，全县"脱贫摘帽"！

作者简介： 智勇，商都县大库伦乡人。1948 年生。数学高级讲师（副高）。自治区先进教育工作者，乌兰察布名师。曾任乌盟师范副校长，集宁师专附中副校长。

父亲那个年代的事

刘世英

　　父亲 1918 年生在冀中平原宁晋县香亭村。民国初年，石家庄还叫石门的时候，仅有几百户人家。附近农村的贫穷与落后是不言而喻的。香亭村与其北面不到二里远的高口村，当时有一条保定府到济南府的要道。这一带的乡民崇尚武术，每年场收以后，村西打场的地方就成了老少爷们儿习武学艺的场所。舞枪弄棒举石锁，是年轻人最喜欢的事。当时那些走南闯北踢拳卖艺的，很少到这一带。他们说，宁走南北两京，不走高口香亭。他们怕当地会拳脚的人砸了场子。

　　民国以后，国民被禁锢的思想有了萌动。听我娘说，姥娘不再强迫她缠脚，原本缠好的脚，允许她放开。颇有远见的爷爷则让儿子梦石进了学堂，想让他读书识字，将来有点出息。

　　父亲念了四年小学，爷爷觉得他能识文断字，是个文化人了，就早早地给他办了婚事，那年他才 15 岁。在崇尚武德环境里长大的父亲，身材魁梧。他成家早，有文化，出过远门，办事沉稳，十七八岁就常被人误认作是 30 多岁的爷们儿。

　　17 岁那年，爷爷让父亲到平山县学做生意。就是给商家掌柜的当学徒。旧社会给掌柜当学徒，要识眼色能吃苦。除了包揽掌柜家的

260

一切杂活外，还要伺候好掌柜的三把壶。早晨要倒夜壶，吃饭要把酒壶，随时要提茶壶。学徒两年期满，赶上日寇侵华，兵荒马乱，既没资金，又不安定，只好回家务农。

日本鬼子占领华北以后，三里一个炮楼，五里一个据点，烧杀抢掠，无恶不作。叔叔结婚那天，正赶上日本鬼子进村扫荡，全村的人都四散逃命。按照当地乡俗，新婚洞房，结婚那天不能空着，可谁也不敢留下，只好捉一只公鸡扣在屋里。第二天，乡亲们回到村里，看到被抢掠一空的屋舍，欲哭无泪。那只可怜的公鸡早就成了鬼子们的餐中食了。

活跃在敌后的八路军同敌人展开了艰苦卓绝的斗争。在八路军的领导下，各村纷纷成立秘密的地下党组织，保护乡亲，打击敌人。各村都有一名敢担当不怕死的村长，配合八路军对敌斗争。他们铰电线，扒铁路，破坏公路，切断日本鬼子之间的联络，让日本鬼子听不到，看不见，变成聋子、瞎子。把敌人的据点变成一个孤岛，然后对其各个击破。抗日军民联手，沉重地打击了日伪的嚣张气焰。香亭村要选一个带领乡亲们抗日的村长，选谁合适呢？这可是掉脑袋的差事。乡亲们一合计，就想到了每年正月十五组织社火活动的那个后生刘梦石。

香亭村是个大村，姓曹的姓刘的居多，是大户，都有祠堂。每年正月十五，祠堂会选出本家健壮的青年人闹元宵，玩社火。就是用一辆车拉着一个整张牛皮绷成的巨鼓，车的四角各站一名鼓手，再拉一个用来装油的大缸，随从人员数人手持火把，到附近村庄去"添油"。每到一村，鼓手擂响巨鼓，大伙高喊："添油啦！""添油啦！"添油的进了村，是最激动人心的时刻。听到鼓声，全村的人都会跑出来看热闹。乡亲们用震天的鼓声驱除秽气，消灾消难，庆贺新春，祈求风调雨顺，祝福幸福安康。为了让擂鼓的小伙儿多出力气，多擂一阵子，农户都会从自家拿出豆油倒进油缸。遇上好年景，油缸不断地续油，鼓声彻夜不息。父亲六七十岁时，说起当年添油的活动，还会兴致勃勃。他说，那阵子年轻，正月天只穿一件夹袄，也不觉得冷，浑身是劲，干什么都不惜力气。正是父亲出色卖力的表演，赢得了乡亲们的赞许，让众多的乡亲记住了他。推选他当村长，八路军干部还介绍他加入了中国共产党。

父亲在 1938 年，也许是 1939 年入了党，当了八路军领导下的村长。这些事他从来没对任何人讲过。直到 1962 年，我入团时，问父亲有无历史问题，父亲才告诉我这些往事。

1943 年冀中大旱，赤地千里，颗粒无收，饿殍遍野。加上日寇汉奸侵扰，成千上万的灾民纷纷到口外关外逃生。父亲说，干革命，我不怕死。死了也值得。大活人，被饿死，太不甘心。夫妻二人就背着行李，拉着 10 岁的女儿，抱着襁褓中的儿子，加入逃荒的队伍。没想这一走成了父亲终生的遗憾。脱离了党组织，成了没娘的孩儿。解放初期，父亲曾多次与老家联系，终因介绍人找不到，无法恢复组织关系。父亲认为在革命最艰苦的时候，脱离了党组织是一种耻辱。当时的无奈之举，没法和人述说。在"三反""五反"运动中，父亲向党组织作了详细的说明，档案中记录在案，自有定论。因此，在"文化大革命"中未受到任何冲击。尽管如此，父亲从来不向任何人提起这段往事。对我也仅说过一次。

父亲经历了日寇侵华、冀中大旱、丧子之痛、失女之悲等许多苦难，为了活下去，他提着脑袋干革命，当八路村长，既要躲避日本鬼子的枪杀，又要提防汉奸的告密；为了活下去，他二十五六岁，就携儿带女，离乡背井，到千里之外的口外谋生。逃难途中襁褓中的儿子被活活冻死。到了商都，恰逢一家姓赵的人家生下孩子，女人没有奶水，让我娘给他家当了奶娘。住在他家腾出的房子里。自己的孩子刚刚夭折，因此对奶儿视如己出。奶儿一家也十分尊重我的爹娘。奶儿对我父母也一直是以爹娘称呼的。现在的奶儿赵春贵毕业于中央工艺美术学院，就职于天津博物馆，曾任中国博物馆协会理事，陈列艺术专业委员会主任，国家文物局专家组成员。已近八旬的春贵哥，每当忆及爹娘的养育之恩，总是感激涕零，情不自禁。新中国成立前夕，因缺医少药，不能及时救治，能做帮手的16岁女儿也早早逝去了。这无疑对父亲又是一个沉重的打击。父亲没有工作，只能靠街上摆摊卖些针头线脑来维持生活。由于受过党的教育，父亲比其他经商的人更容易理解党的政策。1956年公私合营，父亲第一个响应党的号召，热情支持公私合营运动，积极参加公私合营工作。工资定为四十九块五，这在当时的商业系统是较高的工资。无论在县供销总社当会计，还是到乡村当营业员，父亲总是像年轻时一样，满腔热情，积极努力。父亲大半辈子是在基层供销点工作。他走过的卯都乡、十八顷公社，人们提起"刘侉子"，都有口皆碑。他多年与农民打交道，深知农民生活的艰苦。在销售商品时，总会考虑到农民的利益，总会为农民着想。每年夏天，社员们最需要的调味品就是醋了。吃莜面调凉菜，能倒点醋就很满足了。可是拉醋要靠马车到县城去拉。好多供销点不卖醋，原因有二：一是太费力。一桶醋300斤，车倌不愿装卸。二是没利润。当时城里的醋是八分钱，拉到乡下还卖八分钱，不能涨价，商家无利可图。父亲所在的供销社无论冬夏总是有醋供应。每次进城拉醋，父亲都和车倌一起抬着300斤的醋桶装上卸下。周围村子的社员为了打一斤醋，都从十里八乡专程赶到父亲在的供销点，顺便卖点鸡蛋，买点其他日用必需的商品。父亲走到哪里，他的营业额都大于相应的其他供销点，因此年年被评为县里商业系统的先进工作者。在商品紧缺的年代，父亲不谋私利，总是公平地对待每位顾客。我参加工作以后，想买辆自行车。父亲说，村里张三的儿子要结婚、邻村李家的儿子要结婚，就缺一辆自行车，已经耽搁了两年，结不成婚。当时农村结婚的乡俗，女方的彩礼要"一拧两转三大件"，手表、缝纫机、自行车缺一不可。父亲答应人家排队等候，让我过几年再说。我只好托别人买车。1975 年我从乡下调回县城，在商都一中担任高中的班主任兼教语文课。刚到一个新单位，生怕工作做不好，日夜操劳，妻子临盆，竟然一两红糖也没有准备。父亲在乡下离不开，我工作忙也去不了，干着急没办法。最终还是一个关南老乡送了我三斤红糖。父亲的生活很简朴，不嗜烟酒。母亲有病常年吃药，为了照顾母亲，我寡居的姥娘常年和我们生活在一起。加上我和弟弟两个半大小子，又能吃，又要读书，靠父亲一人的工资养活五口人，生活虽不拮据，也不宽裕。大约是 1960 年的时候，我无意中发现父亲竟然有个存折。存款数额不足百元。我和父亲说起这件事，父亲说那是好几年攒下的，想买一辆自行车。父亲小时候腿受过伤，买一辆自行车代步，是他多年的愿望。但是最终他也没攒够买车的钱。他用买配件的办法，这月买俩轱辘，下月买个车座，攒够了钱再买个大梁、车把，一个零件一个零件地买，足足用了一年多的时间，才攒成了一辆杂牌自行车。这辆车父亲一直骑了十几年。供销社每年供应的取暖煤，是有限额的。为了节约用煤，父亲总是把烧过的料炭筛出来备用。父亲身体偏胖，下蹲很不方便，劝他多次不要再筛料炭，他也不听，他说晚上用料炭蒙炉子，火力不大不小，商店的商品就不会冻坏变质。父亲从来不占公家半点便宜，认为占公家便宜是最丢人的事。有一天晚上，我们都已钻进被窝，准备睡觉。父亲回来笑嘻嘻地说，今天帮货栈卸货，筐子里掉出两个小橘子，我看没人注意，就装回来了。说着从兜里掏出两个鸡蛋大小的橘子。我看到父亲说话很不好意思，像是做了错事一样。我知道父亲是想到了他的两个儿子，否则他一定会把掉出来的橘子再塞进筐里的。父亲的正直和节俭影响着我们，我们从来没向父亲提过想吃什么、想穿什么、想买什么的要求。只有在过年过节才能吃到糖块、柿饼、红枣之类的零食。每年中秋节，我家总是把提浆、尚红、翻毛、混糖月饼一样买一个，切成小牙，大家品尝。有时家里来了客人，父亲也只倒四两酒（十六两秤四两合现在二两五），买二角钱的花生米或是两块酱豆腐。（5分钱一大块）父亲退休后，偶尔也吸支烟，偶尔也喝点酒。虽然不会再为衣食而忧，生活仍然十分简朴，饮食仍然十分清淡。

我出生以后，商都解放了。公私合营后，父亲有了固定工资，生活好多了。父母仍然十分节俭。在父母的影响下，我从小也养成了俭约的习惯。记得我读小学的时候，鞋后跟掉了，让钉鞋师傅打了两个钉子。活计不多，不给钱吧，不好意思；给钱吧，又觉得两个钉子也不值几分钱。就给了师傅5分钱。我觉得这样既没白用人家，又没有花多少钱，暗自得意，期待父亲的表扬。没想到父亲却说："手艺人，风吹日晒，挣钱很不容易，不要和手艺人计较，给两毛钱也不多。"

1962年，我国遭受三年自然灾害，人们粮食不够吃。在暑假期间，我和弟弟拔了许多苦菜晒干，准备喂兔子。有一天，有个邻居来串门，看到我家堆放的干苦菜，像是发现了宝贝。央求母亲卖给她，她愿出高价。她说她家孩子多，口粮不够，整天挨饿。我怕卖给她，被父亲指责没有善心，送给她我又舍不得，就狠下心坚决不卖。结果父亲知道后还是批评了我："人家是当饭吃度饥荒的，你应该送给她一些才对！"我觉得父亲说得对，期待着她再来，我会送她一口袋干菜，可是她再也没来。我念初中时，住校生都挨饿，父母非常关心那些同学，王富财、席尚文等同学都在我家吃过饭。1966年，吃粮已不太紧张，但仍然是定量分配的。若家中常有客，口粮势必会短缺。但是去师范念书的乡下同学，开学或放假时路过县城，也常会在我家吃饭。有的同学说，我家是集宁师范在商都的接待站。多年以后，回忆起这些往事，同学们都感谢我待人热情，处事大方。其实这都是受父亲的影响而然。父亲常说，自己吃点苦，也要对得起朋友，自己吃点亏，也不能让朋友吃亏。

父亲失去了党组织关系，但他一直没忘记自己曾经是一个共产党员。"文革"开始，有人误认为商业系统的人都有贪污行为，就不分好歹，每人头上摸一把。可最终也没查出父亲一点错误。"文革"后期，国家推行亦农亦商政策，从农村推选可靠的青年到商业系统，补充日益老化的商业职工队伍。父亲对选用的两个青年严格要求，不仅从业务上指导，而且思想上也经常帮助他们。几年过去，他们都成了思想进步业务过硬的好职工。张贵财工作积极认真，后调任县公安局当了会计。吴永福工作能力强，成了公社供销社主任，县供销社副主任。

父亲不仅工作认真负责，心地善良，他还特别喜欢学习，喜欢读书。1958 年，全国开展扫盲活动。县工会大办夜校，还设立了高级补习班。对有文化基础的干部职工进行提高。父亲只读了四年书，赶上这样的好机会，自然不会放过。一年四季上夜校，风雨无阻。硬是把中学的文学课本、语法课本学完。文学程度几近高中水平。他舍不得吸烟，却订了《人民文学》《民间文学》两份刊物。1962 年，我正读初二，那年长篇小说《红岩》刚刚出版，父亲不知从哪里借来了一套。看到父亲借到了人们抢不到手的小说，别提有多高兴了。小说有上下两册，父亲先看上册，我等不及父亲看完，就先看下册。看完下册再看上册。煤油灯下，爷俩一夜读完。第二天，父子相望，黑眼圈，黑鼻孔，甚至牙齿都是黑的，十分好笑。

回想与父亲相处的日子，好像父亲从来没有教育过我们什么道理，他从来没打骂过我们，可是我们从父亲身上学到了许多好品质。他不善言辞，怎样做人、怎样学习、怎样工作，他都给儿子们做出了好样子。我还发现了父亲教育孩子的好方法。那就是引导阅读。从小让孩子在阅读中辨是非，在阅读中学道理，在阅读中培养学习兴趣。从小学二年级给我订阅《小朋友》开始，以后陆续订阅了《中国儿童画报》《中国少年报》《少年文艺》《中国青年》等多种报刊。我参加工作以后，也养成了订阅习惯。现在我的女儿也经常给她的孩子订阅杂志。她们也传承了祖辈喜欢阅读的传统。

我写父亲那个年代的事，不是为了忆苦思甜，也不是为了向子女说教什么道理。我只想告诉晚辈：父辈为谋生做出了巨大的牺牲和努力，我们这一辈也应该为谋取幸福生活，走正道，作出不懈的努力和奋斗。

太爷出口外

赵 林

太爷名叫啥，我真不知道，也许小时候父亲和我说过我没记住，也许没说过，因为太爷在爷爷和父亲的眼里，实在是地位不高，也或许因为爷爷另立了新坟，把自己完全与口里阳高二十里铺的赵家割裂开来，太爷的名字就没有传下来。但太爷的一些糗事却传下来，父亲有时候也不知道是出于什么心思，给我讲一讲，我还稍微能记住一些。

我们出口外是从太爷起始。

这里先要说说什么是口。明清时期，长城大小关口与堡城不下两千处，明代设九边重镇掌控关口要塞。所以，口就是各长城关口的意思。清代在长城沿线设五路驿站，即杀虎口、张家口、古北口、独石口、喜峰口五大驿站，使长城关口地位得到提升。人们习惯把张家口叫作"东口"，杀虎口叫作"西口"。当时人们出关谋生，有两种叫法，一是走西口，主要是沿杀虎口出关向西，直到包头一带。另一种叫法是出口外，这就不限于西口了。我太爷他们就是走东口，沿张家口方向北上，来到蒙古草原，所以我们这一带老一辈人叫这次人口迁徙为出口外。

出口外都是因为生活不下去的原因，然而，大多数人生活不下去是因为战乱不能安居，烧杀抢掠和各种苛捐杂税使得衣蔽体食果腹完全成了问题，才不得已逃亡内蒙古，到地广人稀的地方躲避，而我太爷生活不下去原因太奇葩，是耍钱把自己输得一塌糊涂才不得已拖家带口流亡口外。

太爷是个大白活，在阳高的二十里铺也小有名气。他善于琢磨人心理，再加上学了一些上不得台面的赌博技巧，赢多输少。除了明媒正娶的太太外，他后来居然赢了三房小老婆。所以，太爷以赌成家，在当地也算是有钱人家了。但成也赌，败也赌，最后赌到一无所有。

据父亲讲，太爷之所以赌到倾家荡产，完全是因为得罪了人，得罪了阳高城里的丐帮。据说，也只能是据说了，大概是爷爷给父亲讲过这事，说有一天丐帮的一个小分支队伍来到二十里铺，把这些有钱人家盘算了一遍后，便挨门讨要。讨到太爷这里，可能因为当天手气不好，宝场上没少输钱，心里不痛快，便没细想就把这几个讨吃子撵走了。当天晚上，便遭到丐帮报复，把他家的狗药死，把一头驴牵走了。要是太爷忍气吞声一点也就没有后来的事了，但太爷正是三十多不到四十的年纪，火气大，加上有点财气仗胆气，也加上赵家在二十里铺也是大户人家，族人多，亲兄弟都有四个，便发动人寻见这几个讨吃子，差一点把人家打死。

这下捅了马蜂窝了。阳高城的丐帮总舵听说此事，虽然明面上不能动太爷，因为赵家势大，但却派出赌博高手和太爷作对，只要太爷在赌场淘宝，人家便押。也不知是什么原因，或许在赌具上作弊，或许买通庄家只瞒太爷一人，反正，不到一年时间，太爷不仅将三个小老婆输了个干净，将房子也输了，幸亏只有两个儿子没有女儿，不然还得卖女儿去扳本。

最后一无所有时，多方打听才明白了怎么回事。然而，寻人说和想与丐帮和解，人家只有一个条件，阳高地界不想再见到太爷。最后，没办法，太爷只好出口外。

太爷出口外只带了我爷爷，因为我爷爷是大后生了，能劳动，太爷一辈子没当过庄户，腰软肚硬受不了，带上爷爷是为了能给他做营生。二爷还小，托给兄弟们照管。

来到商都一带后不几年，爷爷成了家。又过七八年，时局变了，阳高丐帮也作鸟兽散，太爷不习惯口外生活，又回到阳高老家，寿终正寝在二十里铺。而爷爷也恼恨赵氏族人当年对太爷的事不管不顾，便没有回去，在商都的尹司令围子（今天的大库伦乡库伦图村）定居，死时告诉父亲自立坟地，不归阳高祖坟。

大哥回过阳高几次，也寻过亲。但二十里铺的赵家不知何时分裂成了两部分，连祖坟都一分为二。太爷这一支人丁渐少，对太爷的后人也看不上。大哥寻上门人家爱理不理，也就淡了寻根问祖的心思。而我，从来也没有这种心思，今天讲一讲，也不屑于去细考证什么，只当个传说而言，让读者对那个混乱的时代粗略一瞥。

小时候的年

潘金忠

年越来越近了，但心却还是那么平淡，似乎过年与我毫无关系似的。确实，过年除了增长了一岁，多了几根白发，甚至添了几道皱纹，和平常也没什么两样。论吃的，平时的吃食相比小时候过年时都要丰盛。论穿着，平常的工作服甚至要比小时候过年时穿的都要光鲜。但论年味，现在却无论如何也找不回小时候的那种浓浓的气息了。特别是除夕夜禁止了烟花爆竹的燃放，更是将那最具特色的景象埋葬（因为烟花爆竹对环境造成污染，国家才明令禁止）。其实，这并不是说现在过年不好，而是好到连平时都像过年一样，因此，习以为常，就不那么期盼了。倒是每当这个时候，就总会回忆起小时候对过年的渴望……

记得小时候过年，刚刚进入腊月，就开始掰着手指头算起了时日，特别是吃完母亲一年中只有这天才做的、少许的、香甜的腊八粥，更是望眼欲穿地期待着年的到来。因为过年就意味着，能吃上平时吃不到的好吃的，也能穿上光鲜亮丽的新衣服。更重要的是，能按自己的意愿规划自己的所爱。其实那时候根本不懂得什么是规划，只不过每年在过年的时候，大人们就会给自己孩子几毛零花钱，让孩子们自主去买他们所喜欢的东西。于是拿到钱的时候，几个小伙伴聚到一起，兴奋地商量着该买一些什么样的东西。对于男孩子来说，当然是鞭炮、灯笼、蜡烛之类的东西。因为有了这些东西，年三十的晚上玩得才有乐趣，也根本不用操心天一黑就被大人拽着回去睡觉的顾虑，这一晚，无论你玩到何时，都不会有人去找你，你也可以提着灯笼，响着鞭炮，随意进出村里的每一户人家。所以，买几根小红蜡烛，几张糊灯笼用的彩纸，做一个灯笼是必不可少的。再就是，鞭炮要买几百响的，这些就只能按大人给钱的多少来定了。至于二踢脚那就是大人们的事了，有钱人家买上十来根，没钱人家买个三五根，以备接神之用。反正再穷也要接财神，期盼来年有个好光景。

那时候能买上一挂三百响的鞭炮，那在小伙伴当中就值得炫耀一番了，因为三百响就意味着从除夕夜到元宵节都有得响了。那时候响鞭炮，都是把一挂鞭炮拆开，每天自己固定的拿上几十根，响的时候都是一根一根地点着响。条件好的孩子还可以买上根粗香，点炮的时候就方便多了。那些没条件的只能找根草棍，在灯笼里先燃着了再去点燃鞭炮。当然了，有些脑筋活络的孩子，则从大人们平时舍不得抽的香烟盒里，偷偷地拿上几根香烟作为燃炮的工具。因此，那个时代的男孩子大都过早就染上了烟瘾。

那时候，我是一个很懂得克制自己的孩子，因为钱少，就只买一挂一百响的鞭炮，混迹在三五个同伴中间，嬉戏、追逐、打闹着。听着他们你一响他一响地燃放着鞭炮，看着他们喜笑颜开的面容，我的精神世界也被渲染得无比兴奋。有时候他们在燃放的过程中，难免有个别熄捻的（就是点着后没响的那种），我就跑过去捡起来。如果还有一点点捻子头，我就重新把它点燃。没捻子的时候，就从中间掰开，点燃火药，看着闪烁的火光，听着滋滋的声响，心中也非常惬意。因此，我一百响的鞭炮也能凑合到正月十五时听个声响。

那时，我们那些小孩，对于吃得好赖根本就不去关心，不去多想。遇上好吃的就多吃上几口，不好吃的填饱肚子为原则。况且，过年的这几天大人们省吃俭用也要让孩子们吃好。特别是初一拜年，对我们这些孩子，那是必不可少的。爷爷、奶奶、姥爷、姥姥、叔叔、姑姑、舅舅、姨姨……反正能挨着的就都要走个遍。为的就是那一毛两毛，甚至是几分的压岁钱，没钱至少也得给抓一把混合着花生、瓜子、糖块和黑枣之类的吃食。总之，年初的这几天，就是小孩子的天堂。

那个年代虽然贫穷，但却有无比的乐趣，虽然没有玩具，准确地说，没有多余的钱买玩具。但玩起来也是花样百出，津津有味。像"打钢"这种游戏，就是一方把一块稍微大一点的板片石块立起来，另一方用同样的石块在规定的距离内打倒算赢。为了能找到一块这样的石块不惜跋山涉水，到比较远一点的地方去寻找。由于石块不太结实，用力大的时候容易打烂。因此，一些聪明的小孩就想到了用铁片代替。这样一来，玩的时候更是得心应手（当年玩过的都应该懂得石块和铁片是种什么东西）。还有就是玻璃球（没玻璃球的，就用红泥捏成圆球，晒干了用），三五个小朋友混在一起，玩得不亦乐乎。有时候玩得连饭都忘记了吃，直到大人们找来了，才恋恋不舍地回去。其实这些简单的玩具，绝大多数都是凭自己的喜好自制的。还有像毽子，就是用过去的古钱币（中间有个方孔）配上马鬃而制成。没有古钱币，就用瓦片来代替。人们把厚一点的瓦片沿着边缘，转着圈用锤子慢慢地砸成不大不小的圆形，然后找一小块布包上，上面缝上一块带长毛的羊皮，这样另一种形式的毽子也就做成了。

再就是跳绳和推铁环（铁环就是圆形的铁圈，大部分是过去做木桶的箍），当时也风靡一时。因为这两项游戏有一定的技巧，比如跳绳，会跳的不仅跳得时间长，还能跳出多种花样，有单腿跳、双腿蹦、混合跳等等。这种游戏多数是女孩子爱玩的。至于推铁环，那就是男孩子的专利。因为推铁环是用一根五六十厘米的粗铁丝，把一头弯成一个∪形的钩状，另一头弯一个长方形的环（便于用手握住），然后一手握着用铁丝弯成的工具，另一只手助力把铁环扔出去，用钩子推着走或跑。他们是在运动中掌握平衡，还要中途变换勾、推、撒手等动作。由于这些技巧，因此，在当时学校的体育比赛中设立了这两个项目。还有各种各样的游戏，真是数不胜数，一时也难以表述……

不过这些都是题外话，只能说明我们的童年时代，是有乐趣、有创意的时代。任何的不足，都会自己想方设法地去完成去满足。特别是过年的灯笼，都是自己制作。有的是用粗一点的铁丝弯成各种立体形状，然后周围糊上彩纸。没有铁丝就用麻秆泡湿了以后，弯成各种形状，再用麻绳缠绕结实，最后周围也糊上彩纸，只留上下两口，以便穿提灯笼用的垫板。不过这种灯笼的最大缺点就是怕火，如果垫板上的蜡烛倒了，糊灯笼的彩纸立马就会烧着，这样一来灯笼就毁了。于是，毁了灯笼的伙伴就会大哭一场。这就是我们那个时代的真性情，高兴的时候，玩个天翻地覆也不知道害怕。伤心的时候，哭他个地暗天昏也要释放自己的愤懑，过后再想办法去弥补。于是，后来纸糊的灯笼就被玻璃罩子代替了……

慢慢地随着年龄的增长，许多游戏已经淡忘了，特别是近几年，随着国家的富强，物质越来越丰富，人们的生活水平也逐渐提高。因此，过年比过去隆重了许多，但总觉得少了过去的那种味。如今过年讲究的是排场、气势，释放的是富足、优越。而过去的过年仅仅是为了过年而过年，演绎的是欢乐祥和，期盼的是来年风调雨顺，富足充盈。如今，这样的愿望终于实现了，但似乎又失却了什么，总想去找寻什么，这一切似乎已在我们那代人的心中成了一种模糊的概念。特别是现在，小孩的玩具名目繁多，大多数还都是电动带遥控的，每一件玩具少则几十，多则上百，没一件是自制的。稍微大一点的孩子连这都不玩了，一部手机可以玩更多游戏。偶尔和现在的孩子谈起我们过去的经历，他们都置若罔闻。特别是对过年响的鞭炮，他们都会惊讶地瞪着眼，大惑不解。他们觉得我们把鞭炮拆开一根一根地响简直不可思议。至于一个玻璃球能玩到忘了吃饭，更觉得是无稽之谈。所以，我们那个年代一切的一切，对他们来说简直就是天方夜谭。我们那些自以为欢乐愉快的游戏，在他们这一代高科技的游戏面前，简直土得掉渣，不屑一顾。然而，我们却是实实在在地经历了，他们的不解只能说是时代变了，变好了，好的不是一星半点，简直就是天壤之别。因此，我们的过往，只能封存在记忆里，在有生之年，时不时翻出来回味一番，直至老去，随着我们一起埋葬！

记忆中的绿色家园

贾秀琴

　　我从小生活在一个满眼绿色的地方，房子坐落在绿树中，从院子里就可以看到西墙外高大的杨树林。方圆 500 亩土地，除了一些房子外，其余的地方全是绿色的树木。

　　这个地方就是商都县国营苗圃，我 2 岁的时候父亲的工作调动到这个单位，我们全家就跟着来到这里。我父亲是第一代建圃工人。解放初期，由于商都县树木稀缺，政府力抓植树造林，先后建成八股地林场、中心林场和苗圃。我父亲是拖拉机手，最早参加工作就是开荒耕地。他先后在八股地林场、中心林场进行开荒，后来又调到苗圃。

　　我父亲来苗圃时，这地方还是一片空地，后来才平整出 500 亩土地，四周围用板墙围了起来。板墙是一种夯土墙，制作过程叫作打板墙。先把木头模具摆放固定好，然后就地取土放进模具，再用锤子打压夯实。

　　板墙内侧围圃一周种着五六排大树，大树品种不一，隔一段一个品种，有杨树、柳树、榆树，还有沙棘等。这些树木就像卫士一样守卫在厂子四周，也像父母一样守护着圃中的小树苗。

　　板墙上只有两道门，分别是东门西门。东门一般不开，常用的是西门。厂办公室在西门这边。从西门进来还要经过一个单位，这个单位被包围在苗圃的围墙里面，占地面积很小，只有三排房的长度和十来间房的宽度那么大。起先住在这些房子里的单位是"水库管理办"，水库搬走后是"收审站"，然后是"钻井队"，最后是"光荣院"。

走出这个小院，接着走进的另一个小院就是苗圃办公所在地。为了跟那个单位分开界线，办公室西边有院墙，院墙上有一扇大门。大门里总共有两排房子，北边一排是领导和职工的办公室。长长的一排房子，从中间的门进去是一个大走廊，走廊两边是长长的过道，从过道里可以走进每一间办公室。南边一排开着北门，是存放各种东西的库房。两排房子的中间是花园，花园的四周用修剪齐整的榆树墙围起来，里边种着各种好看的花草和珍稀的小树木。正中间修一个长方形的大水泥池，水泥池里蓄着半池水，让太阳晒暖了，用来浇灌花园内的花草。我们小时候常常在办公室院里玩，那时觉得办公室特别气派，花园也特别好看。

家属院建在办公室的房后靠西，在刚才讲的那个小单位的房后。一排有十几间青砖面房子，里面住着四五家职工家属（苗圃当年也不止这几个职工，其他的职工住在县城内），我家住在最西边，从我家出来往西四五米远就是环圃林带。家属房往东是单位饲养院，饲养院里盖着马圈、羊圈和猪舍。由三个专业的饲养员进行养殖。马车师傅养着两匹马，还有一辆木制的大马车，负责给单位运输货物。车倌师傅长得身材魁梧，气势凌人，常常把鞭子甩得啪啪响。放羊的师傅每天赶着羊群到苗圃外面放。猪场的师傅不但养猪，还负责喂小羊羔，猪场里经常有闷土豆和煮黄豆，闷土豆是用来喂猪的，煮黄豆是用来喂小羊羔的。

从办公室往东是一条笔直的大路，一直通向东大门，大路两边不间断地有着一条条通向南北的小路和用来引水浇树的水渠。路旁种着各种树木，形成长长的林带，一直通向东大门。有一棵树特别好看，上面除了绿叶还长着一串串像鱼鳞一样的小叶子。我一直不明白这棵树叫什么，大人们对这棵树的品种也是众说不一。有了智能手机后，我在网上查过，叫桲叶槭。离办公室最近的地方建有一个四五亩大的菜园，有专职的种菜师傅种植各种蔬菜，在那个物资匮乏的年代，苗圃的职工餐桌上蔬菜还挺丰盛的。

苗圃的土地平整好后，按种植品种分成一片片，然后又打成一个个齐整的小畦。地里四通八达地修建着水渠，最早是从不冻河里引水灌溉，不冻河水位下降后，厂里打起了机井。种植的树苗有云杉、榆树和杨树等。我小时候常常跟着母亲到地里玩，也帮忙干过掰芽、插秧和种榆树之类的活，几样种树流程到现在我还记得。

种榆树是把地挖松了，用耙子搂平，再用镐头挖成一行行的小渠，然后把榆树籽撒进去，用土埋起来，再浇上水，过几天青绿色的榆树苗就长出来了，然后再锄草浇水，反复进行几次，榆树就长成了。哪里需要种植就来进行移植。种植杨树同样是挖好擀地搂平，然后用齿距很宽的耙子在地上画上印，横竖都画，形成交叉点。把已经长高的直溜杨树苗用剪子剪成20多厘米长的小段，把每个小段芽朝上在交叉点上插进地里，再用脚踩实了，杨树就种好了。等到长上来了，每个叶子上冒一个芽，工人们要把芽掰掉，隔几天就掰一次，最后小树苗长成一根根笔直的树苗。如果哪里要插秧就把树苗剪下来，再剪成段插秧，如果想要培植小树木就等到了第二年不再掰芽，让它自由生长，再把下面部分的叶子连芽一起剪掉，长一段时间就变成了小树木。

那时候是树苗出厂的高峰期，也是苗圃这个小单位最辉煌的时期。厂里职工包括家属都忙于生产，但是人手还是远远不够，有许多城乡青年都来苗圃做临时工，加入了生产行列。整个厂区一片繁荣景象，厂院里也被收拾得特别干净漂亮，到了夏天，放眼望去方圆几百亩土地平坦齐整、满眼绿色。水泥制的水渠里流着清水，地里到处分布着劳动工人的身影，现在想起来，真是一部美丽的田园交响曲。

　　我父亲平整完土地后就开着拖拉机给单位跑运输，母亲那时候也是苗圃的临时工，从打板墙开始一直在林业工人这份职业中干了几十年。大人们每天忙着在地里干活，家属院里的孩子们除了读书外，没事的时候在厂院里到处玩耍。

　　也许是因为住户太少的原因吧，家属院里的孩子们不分大小，不分男女，每天玩耍在一起。到了夏天，每人提一个用柳条编成的筐子，拿上大人们从城里铁匠铺打回来的铁铲铲到地里去挖野菜。由于每天给树苗浇水的原因，苗圃院里水渠边和地边上的野草野菜长得特别旺盛，拔过一茬后下一茬很快长了起来，整个夏天里都不缺嫩绿的野菜。几个孩子相跟着等每人拔满筐子便提着一起回家。

　　有时候一起聚集在饲养院里，帮喂猪师傅干活，为了挣点焖土豆和煮黄豆吃。师傅一般不给吃煮黄豆，等给人家干好活了，把人家哄好了，就像发奖品似的每人少给一点点。焖土豆是可以随便吃的，等土豆快熟的时候师傅一揭锅一锅白墩墩冒着热气的开花土豆就呈现在眼前，孩子们围着锅台抢着自己眼中那个最好吃的土豆。有一次几个大哥哥使坏，眼看着锅里的土豆要熟了，他们把我们几个小孩子哄到里屋，悄悄把门从外边插上，等师傅揭起锅，他们吃土豆的时候还故意大声说着好吃，我们待在里边没有一点办法，等他们吃完了才把门打开。

　　玩捉迷藏时候地点常常选在长高的树苗地里，藏的人可以藏着不动，也可以在树林里独自流动玩耍，反正有树苗挡着是不会被人发现的。找的人像进入迷宫一样到处找，迷宫还可以停下来研究一下路线，这里没法研究，只有一直跑下去试着碰到藏身者，跑着跑着忽然间看到了对方的身影，但是人家装作不理不睬，一个急转弯又无影无踪了，只有再继续找下去。这种游戏常常是只在树林里疯跑一阵，等到跑累了，跑尽兴了也就结束了。

　　夏天到菜园里找吃的，围着种菜师傅磨上半天，等师傅放话了就可以到地里拔点小葱、水萝卜、韭菜、胡萝卜吃。

水泥制成的水渠也是一个很好玩的地方，平整的水渠里常常流着清清的河水，孩子们在水渠边和起了泥，用泥在水渠上盖上简易的房院子，还有想象中的各种建筑物。如果大人们不到这个地方，这些建筑物可以存放好久。如果大人们正好从此路过便被一铁锹铲了下去。等下次来玩的时候，它要么消失了，要么变成了一片废墟。

我虽然不是出生在这里，但是从我记事起我家就住在这里。哥哥姐姐的记忆里有其他地方的故事，可能是因为那时候我太小，对其他地方的记忆为零。谈起故乡，我的头脑里只有这一个地方。我们家从我两岁在这里一直住到我 20 多岁才搬到商都县城。我也到了成家的年龄，成家后将近 30 年没回过我的故乡。这几年闲着没事忽然间想起来，就约了朋友相跟着去了几趟。

进入我眼中的绿色家园已经变迁，西门已经被堵死了，碰到一位我认识的苗圃的职工大哥对我说："光荣院"搬到城里后，这个单位小院变成私有产业，人家把西门锁住了。苗圃的领导和职工不住在原来的办公室里了。走东门后，在东门附近盖起了新的办公室。新办公室砖瓦结构，前墙上贴着白色的瓷砖很好看，只是没有过去的办公室房子多，也没有花园。房子后边有两个塑料大棚，一个里面培植着稀奇的小树苗，另一个里面种植着新鲜的蔬菜。

走过办公室，整个院子里已经今非昔比了。地里不再种植杨树和榆树，一片片大大小小的云杉和果树苗遍布整个厂区。贯穿东西的大路依然在，只是道路不再那么平整了，路边野草丛生，树木也不那么嫩绿了，漂亮的桦叶槭上半部分已经死去，露出枯死的干树权，只有下边还有绿叶，有几串鱼鳞状小叶长得小小的挂在上面。水渠里没有水，干涸地静静躺着。菜园已经不见了踪影。地里也不再每天有人干活。

走进旧办公室院内，房屋已经废弃，门上挂着锈迹斑斑的大锁，花园的榆树墙大部分已经死去，里面是一片杂草，蓄水池干涸地安放着。家属院里房屋都在，只是没有人居住了。饲养院里，昔日的猪舍和羊圈不成形地待在原地。

时代变迁，第一代建圃人都已老去，苗圃不再以往日的风采重现，它在以另一种方式应对着社会的需求。

"袁大总统嫡孙"袁家诚商都县支边八年

智 勇

20世纪70年代，有幸遇到一名天津籍"六二六"医生，后来知道他是袁世凯的嫡孙——袁家诚。如今袁家诚先生已至耄耋之年，我也过古稀之年，回忆那一段历史，往事历历在目。

初识"袁评委"

1975年，各地开展"社教"活动，我所在的大库伦公社在冬天农闲的季节，举办了一场故事会。故事会由每个生产队出一人参赛，我所在的中石门大队推荐我去参加。

故事会设在公社的大会议室，能容纳下七八十人，除了评委和工作人员外，观众大多数是公社、粮库、卫生院的职工和家属。

故事会由公社党委秘书刘纯德主持，他介绍了坐在前排的评委，评委中有卫生院的医生，有我认识的杨克敏大夫，还有一名不认识的大夫叫袁杰。

这次故事会非常突然，到腊月根上才通知，春节后正月初六七就要举办，除了过春节几乎来不及准备。各个大队准备都不充分，也有的不重视，12个参赛人中有一半上台讲不来，说大队只说让来参会，没说让讲故事。其余几个虽然登台了，有的东拉西扯地讲了几句，有的捧着书念了一段，匆匆应付了事。

在那个以"成分"说事儿的特殊时期，我因为"出身"不好，好不容易逮住一个露脸的机会，认真做了准备，从故事书上找了一篇《老班长送饭》，背得滚瓜烂熟，上台后流利地讲完了故事。

故事会结束后，朋友杨克敏向我介绍了评委袁杰。第一印象是，袁杰身高一米七上下，脸面白净，肤色像南方人，浓眉大眼，颧骨略高，是个俊人物。

袁杰对我说："你的故事讲得不错，不用看稿子，但又不是背书，要是能用普通话，就更好了。"当时心想，我顶多是给本村社员讲一讲，还用什么普通话？那时候，当然不知道他就是历史书里袁大总统的嫡孙，更不知道他原名叫袁家诚。

公社里的"明星"

1975年，春天的故事会结束后，转眼到了秋天。

我舍不下读过的书，放不下读书人的梦，暂时结束了种地的日子，到离家18里地的大库伦社中教初中语文，当了民办教师。

70年代的公社驻地，尽管比生产队农村好一些，但条件还是简陋的。公社驻地大库伦建在一个山坡下，社中居高临下建在山坡的高点。

从远处看，社中就像是建在山上的"书院"。这所社中，尽管地处偏远，我工作期间曾有过辉煌，也有学生考上了清华、北大这些高等学府。

校舍后面是一大片夯土大操场，校舍前平整出像梯田一样的平地，作为球类活动的场地。

即便是这样，社中的场地也是全公社最好的，篮球场是全大库伦唯一的一个篮球场，场上栽着一副有筐无网的篮球架，只有举办大型比赛时，才舍得挂一次篮网。

那个年代，生活方式简单，娱乐活动单调，当地人调侃为三句话不无道理，耕地靠牛、点灯靠油、娱乐靠球，打篮球就算是一项最热闹的集体活动。

公社组织各个单位进行联赛，各个单位也自行组织比赛，社中的篮球场上经常挑灯夜战，来观战的师生、村民围得黑压压的，人声鼎沸。

袁杰经常到我们学校打篮球，他的篮球技术在大库伦公社属一流水平，动作敏捷、标准、优美，投篮精准，看起来很是专业。公社组织比赛，哪个队有袁杰，准能赢球，因此袁杰很抢手。

袁杰还爱好下棋。打完球有时到学校老师的办公室，和我们一起下下象棋。社中体育老师李宝珍是公社范围内的"棋王"，但多次和袁杰交手，一盘也赢不了。

经过多次过招切磋，我们看出袁杰棋风稳健，轻易不进攻，而是尽量避免失误，并在对方失误时，一招制胜。多次交手后，"棋王"李宝珍不得不甘拜下风，承认自己是"公社"水平，而袁杰是"城里"水平。

不论打篮球，还是下象棋，或是各个方面，这个袁杰显得与众不同，大家猜想袁杰的家庭背景肯定不一般，用现在的话说就是，一定是接受过城里的素质教育，人家的这些爱好都是"吃奶功"，加上袁杰的形象好，人们普遍认为袁杰是公社里的"明星"，袁杰的神秘感越来越浓。

"六二六" 医生

随着活动增多，交往频繁，我们逐渐与袁杰熟悉，也经常去他家串门，有关他的情况了解得越来越多。

袁杰是大库伦公社卫生院的医生，是天津来内蒙古支援乡村医疗卫生事业的"六二六"医务工作者。

1970 年这一年，袁杰来到了商都县大库伦卫生院。这个地方非常偏僻，民国时期属于察哈尔，后归属张家口地区，60 年代又划归乌兰察布盟。

袁杰住在卫生院院内的家属院。当时卫生院长是张健，视"六二六"医生为难得的宝贝，想方设法创造条件，把最好的家属房分配给了他。

袁杰自小就是城里人，没有在乡下农村生活过，特别是不熟悉也想不到内蒙古农村的这种生活方式，家里布置的东西显得零乱，地上还摆着一个煤油炉子，这是当地人没见过更没用过的。

与袁杰一起来的，还有他的妻子和两三岁的孩子。夫妻二人在来之前，连土炕和锅台都没见过，更不会用灶台生火做饭，经常用煤油炉煮点粥或下点挂面，馒头主要从食堂购买，生活比较艰苦。

过了一段时间了解到，卫生院一共来了两批天津医生。第一批不带家属，单独成立医疗队开展工作。第二批共计 6 名医务人员，直接安排到卫生院工作，他们连人带家都搬来了，一看就是打算长久待下去，袁杰就在第二批。

第二批 6 人中，除了袁杰没有从医资格，负责发放药品算是行政工作外，其余都是可以看病的大夫，袁杰的妻子是第二批中的一名妇产科大夫。

这期间，卫生院配备了一台便携式 X 光射线机，要抽派一人到乌兰察布盟医院学习拍片技术，可偏偏当地人对放射这门新技术极为恐惧，没人愿意去。这倒好，让袁杰遇上了求之不得的好机遇，他二话不说，自告奋勇报名去学习。

经过两年刻苦钻研，袁杰全面掌握了 X 光拍片技术，成了名副其实的放射科大夫。进修后，袁杰成了"香饽饽"，盟医院想把袁杰留下来，县里和公社霸住不放，僵持了半天，最后袁杰还是回到了卫生院。也就是我去大库伦社中时，袁杰刚从集宁的盟医院进修回来。

自从有了 X 光机，公社卫生院诊疗手段上了一个大台阶，对于乡下来说，妇女生孩子接产、常见病的治疗是最迫切最现实的，小小一个卫生院，成了生产队社员的大医院，没有几年的功夫，各生产队、各村都有了赤脚医生。

就这样，袁杰从事放射拍片，妻子负责妇女接产，直到 1978 年秋天，夫妻二人返城回了天津。此后，袁杰从事放射影像工作直到退休。

隐 入 尘 烟

尽管我们小范围知道了袁杰的情况，但北洋军阀那段历史毕竟过去才半个多世纪，有些历史还没有完全解密，加上袁家宗谱复杂，当时只知道一个大概。

这是一个特殊的家庭，袁杰是个特殊的人，在 20 世纪 70 年代那个特殊环境下，从来不敢向外人透露，担心惹来不必要的麻烦，这也是他改名的原因。

直到近些年，随着各种资料的解密，袁家诚在研究袁家历史的过程中，接受媒体采访，他的情况才被公众所了解。袁杰原名袁家诚，是袁世凯第十子袁克坚的次子，母亲是陕西总督陆建章的女儿。

时间到了 1976 年，各地纷纷举办文艺会演，庆祝粉碎"四人帮"的胜利，社中也不例外。

寒假期间，公社组织了一支文艺宣传队，由粮库副主任王玉宝担任队长，抽调人员开始排练节目，准备参加春节期间县里的文艺会演。

社中教师中，我和曾部美都是语文老师搞创作，高继英会拉板胡，我们三人抽调进了宣传队。卫生院的袁杰会普通话，识乐谱，又会钢琴、手风琴等多种乐器，也被抽调进了宣传队。

我们集体创作了众口词等节目，重点打造了一个叫《上路》的二人台歌剧。

《上路》是"农业学大寨"题材，用二人台唱法表演的情景剧，反映了支书带领大家战天斗地的故事。曾部美执笔撰写剧本，由有"金嗓子"之称的公社话务员杨改珍扮演女支书红英，袁杰扮演了无私莽撞的生产队队长大虎，我在剧中扮演了小农思想浓厚的社员钱木匠。

这次演出结束后，人们大脑中的"那根弦"也绷得不紧了，后来我们得到一个惊人的秘密：和我们一块演戏的这个袁杰，竟然是袁世凯的嫡孙——袁家诚。

时间很快就接近了恢复高考前的历史性时刻。1978 年，靠着这些年当教师的积累和复习准备，我参加了恢复高考后第一次考试，考上了大学，结束了民办教师生涯。

从我第一次到公社讲故事遇到袁杰，结识交往，一起表演二人台，到 1978 年袁杰返城回天津，我考上大学，前后经历了 4 年时间。

与袁杰的人生经历相比，我的人生显得平淡如水。我的"出身"虽不好，但在恢复高考后实现了自我。

袁杰出生在"北洋军阀"显赫家族，但在历史行进中受到了磨难，由于出身问题考大学被拒之门外，袁杰最大的成功就是把自己过成了普通人，能心平气和隐入尘烟。

商都国营照相馆的故事

耿学军

  "国营照相馆"——这个称呼对于现在的年轻人来说肯定有些怪怪的，一个照相馆还顶着国营的桂冠？但是，对于五六十岁的人来说，"国营照相馆"应该还是个虽已过往但仍名声响亮的称呼。这个称呼承载了好多人的青春年华，也给好多人留下了美好的记忆。

  20世纪七八十年代的商都国营照相馆，是人们最爱光顾的地方，应该是整个商都县城最热闹的地方。平时，那里的顾客络绎不绝，人来人往。到了节假日，尤其是春节期间，更是摩肩接踵，人头攒动，里三层外三层，人们眉开眼笑，把不大的照相馆挤了个水泄不通。放到现在，真是难以想象，很难相信一个照相馆会熙熙攘攘、人山人海，成为县城最让人向往的地方。

  那时候，大多的公司、企业都属于国家所有，连理发馆都叫作国营理发馆，而且好多单位都是以国营打头。到了20世纪80年代，私人公司、企业的出现，"国营"这两个字更是一个响当当的名号，国营单位的人对比私营企业来说感到无比自豪。当时，人们对于国营单位的经营质量会觉得更踏实也更信任。后来随着私营单位服务的不断提升和品牌创新，逐渐获得社会的认可。市场经济的大潮引导人们消费观念的改变，各种经营模式的公司、中小企业、实体单位获得空前的发展，这是后话了。

商都国营照相馆隶属于商都县商业局，坐落于当时县城最繁华的主街建设大街中心的位置，虽然先后换了两个地方，也是仅隔50米左右，区别是先前在路北，后来搬到路南，位于东西大街和南北巷子的东南角。对面是百货商场和国营理发馆，再往东是城关镇医院、新华书店，往西是饮食服务公司的大食堂、各种店铺和住户。行人南来北往、东西穿行，人们去理发馆理完头发，再到商场转转买件新衣服穿上，来到照相馆拍张美照，脸上红扑扑的、心里美滋滋的，甭提多高兴了。

国营照相馆的业务人员忙得不可开交，等着照相的人们在进进出出的照相馆门口，得看准了瞅着有点儿空隙的时候赶紧侧身挤进去，门斗里边是一间照相登记和取相片的房间，登记照相的人们拥挤着排着队，取相片的人们着急想看到相片中的自己，从单位集体照、家庭照、个人照等分门别类编着号码的相册里使劲瞅着，和业务人员喊着自己的号码。拿到相片的人有的羞涩地揣起来，有的拿到眼前看个没够，没拿到的人一边跐脚瞅着别人手里的照片一边喊着自己手里的编号，还有的爽朗地大声笑说着指点着照片中的人的姿态，欢声笑语响彻整个房间。

房间的东侧有扇门通向正式照相的大房间，门里边挂着一块厚厚的外侧黑色里侧红色的门帘遮挡着外面的光线，按号排到谁就叫谁进去准备，有时是集体照或家庭照，进来拍照的人多，摄影师一边叫喊着让大家论资排辈或坐或站，摆弄着大家的姿态，一边让后面看热闹的人不要逗乐，以免人们进入不了状态影响了拍照进度，同时熟练地调整完灯光，回到大个头的照相机后面插换底片匣子，再把头伸进外面是布帘的黑洞洞的镜头箱里查看，那显示的人影却全是倒着的，随着抬起手喊一声"看这儿看这儿，别眨眼"，闪光灯哗地一亮，"咔嚓"一声快门声响，人们便笑着起来换下一拨，其中也有的说"这么快就照完了吗？照好了没有啊"？好多第一次来照单人照的，显得格外的紧张，有的害羞脸涨得通红，有的木然不知所措，都听任摄影师的摆布，"头低一点儿、身子往右一些、再微笑一点儿、把胳膊自然放下来……哎，刚好，别动别动，一二三好!"又是哗的一闪眼，咔嚓一声，"真是紧张啊"，刚拍完照的人说，"汗都快流下来了"。特别是给小朋友拍，那可是一个技术活，大人们要拍出精气神，小孩子要拍出可爱和活泼。摄影师手里拿着类似铃铛一样的玩具，发出丁零丁零悦耳的声响，吸引着小孩的目光，然后赶紧抓住孩子或惊奇地瞪着眼睛或天真无邪的笑容，甚至还有烦躁恼怒的每一个表情，每一个瞬间，快速给孩子拍着照，旁边的大人们也会跟着热闹半天。

照相室往右后方有个门，进去后是修复底片、黑白上彩、晾挂相片、裁剪照片、编码封装的工作间。年久或受损的底片经过修复，复原度会好很多，冲洗出来一定会得到一个你想要的结果。黑白的相片经过上彩，竟然会别具一格，具有比彩色照片不一样的韵味。但是修复底片和黑白片上彩却是个更具难度的技术活，认真细致是必然的，人物神采风韵的掌握则需要很高的理论素养和实践积累。

工作间再往里间是个叫作"暗室"的黑屋子，侧墙上亮着一盏暗红色的小灯泡，胶片的冲洗和相片的制作便是在这里完成的。暗室内分干区和湿区两部分，可以容得下两个人同时操作。当然冲洗胶片和相片制作也是技术活，显影和定影药液的配方浓度和冲洗的时长需要有个拿捏。据说个人拿过来曝光过度或曝光不足的底片，在这里也能冲洗出较好的片子来。

照相馆最红火的日子是每年正月十五，白天的时候，乡下的人们陆续赶过来，一家人或者几个好伙伴一起忙忙乎乎地转商场逛大街，兴高采烈地来照相，晚上则是看花灯、彩车、扭秧歌表演，那是一年中所有人一起最热闹最欢快的日子。过年那些天，照相馆的业务多到每天都要加班忙到晚上 10 点钟。

国营照相馆除了满足单位和个人日常的照相需求外，还有一个政治任务就是师傅带队到十里八乡为乡村单位、学校等去拍集体留念照，每年根据事先收到的相关信息排好计划，先去哪些乡镇再去哪些地方等等，一去就是十天半个月，最远的地方可能得近一个月才能回来。把底片带回来，冲洗相片后再送回去，满足偏远乡村的需求。那其实是个苦活累活，走到哪儿住在哪儿吃在哪儿，所以兢兢业业的照相馆师傅一直很受大家的喜欢和尊敬。

20世纪80年代末，彩色照片开始流行，私营照相业务兴起，人们的选择范围也更广，国营照相馆的业务受到冲击。受体制、机制、人员等各种因素影响，商都国营照相馆渐渐退出历史舞台，成了那个年代人们脑海中欢乐的记忆。

尘封的记忆

薛占元

穿过商都县城的东门，沿着察汗淖尔湖西畔的方向东行 39.7 公里，便是有名的公主城圣地了。站在公主城公鸡山山顶向北瞭望，一个形如锅状的盆地映入眼帘，七字八道的沟沟坎坎环绕着高低不平的土地。斜坡下，有三个不大不小的村庄不远不近地依坡而居。就见袅袅炊烟随风飘荡，仿佛能嗅到庄户人那宽厚、温馨的气息。

宋国珍河（指后河）勇敢地将商都县和化德县的地界区分开来，然后唱着商都化德一家亲的歌谣，汇入化五河（化德县到五台海的那条河流）。

清朝年间，这里还是茫茫一片山地，只有少数的蒙古人在这里居住过。等那些蒙古人走后，这里便拥进了一些汉人，他们开始三三两两地来到这里，又零零散散地分居在各处，有在大南山山底住的，有在后沟（过去叫宋国珍沟）住的，直到大青沟坊子村和乔杨二村建立后，这些不知名的零散小户才入村的入村，迁移的迁移。

大集体时期，大青沟坊子村和乔、杨二村被划分成一个大队。大青沟坊子村有三个生产队，一队由武喜担任小队长，二队由郭万金担任小队长，三队由赵喜担任小队长。乔家村为第四生产队，由乔尚荣担任小队长，杨海成村为第五生产队，由田胜担任小队长。那时候的大队书记称大队长，第一任大队长是武荣，第二任大队长是薛明。

下面，我再给讲一讲大青沟坊子村和乔杨二村的来由以及一些相关的人和事。

一、大青沟坊子村

大青沟坊子村始建于 1920 年前后，到如今已有 100 年的历程了。当年，一个叫王老六的人，随同徐永福、何富考、武禄旺从尚义县大青沟来到这里，选中了这片山峦宝地，并在这里建村立业，娶妻生子，慢慢地这里的人们开始亲拉亲，朋拉朋，亲擦亲，村子逐渐扩大起来。到后来，竟然有张、王、李、赵、武、薛、孙、焦、徐、何、吕、田、邓、吴、马、杨、谷、苏十八个姓氏家族在这里安了家，人们便沿用王老六旧居的名字大青沟给家乡取名为大青沟坊子村。

王老六有两个儿子两个女儿。大儿子王生福，自幼身薄力单，又有气喘。他讲得一口好故事，五六十年代的人们精神食粮比较贫乏，没有手机，没有电视，就连一台小小的收音机都没有，王生福讲的《呼延庆打擂》《薛刚反唐》给当地的老百姓带来了快乐和满足，那脍炙人口的讲述和有声有色的动作，成了当地人津津乐道的话题。

二儿子王亮，虽然没有什么本事，但种得一手好地，包产到户初期，人们还没有化肥使用，王生亮种的地，年年苗旺垄壮，硕果累累，到了秋天，别人家的地里，庄稼垛寥寥无几，而他家的庄稼垛满地都是，嫉妒的人们都说他是土地爷的孙子。他的两个女儿，一个嫁到了范家村乡，一个嫁给了杨海成村的杨有福。

大青沟坊子村人杰地灵，富有文化色彩，早在二三十年代，就有山东省乐陵县的王清明把文化遗产带到了这里，他的红红、绿绿给这里的每家每户带来了生机，人们用他的颜色，把白洋布染成有色布料，做成衣服或嫁妆，逢年过节人们都会用他的红色素，在馒头上点上几个红点点，以示喜气和吉祥，而且，他是我们大青沟房子村最值得尊重和敬佩的人，他曾只身下水，把溺水的小孩救起，挽救了一个幸福的家庭，他的磨剪子铲刀刀曾经服务于每家每户，是一个深受尊敬和欢迎的外地人。

二、乔家村

乔家村根据董员的姥爷姥姥而得名。

乔家村，建于1910年前后，和大青沟坊子村建村时间不分上下，由于时间长远，具体时间已无从查起。

乔家村的地理位置相对来说比较平坦，由于居住在"锅"的中心，土地也比较肥沃，最初，村子的西部靠山的地方有一条一步多宽的南北河沟，夏秋季时，水流不断，涓涓有声。待到冬季来临，它又蒙上冰被，沉睡起来，次年的春暖花开、万物复苏时，它又活跃起来。河边一人高的茂茂草漫过牛腰，引来众多动物在这里嬉戏、饮水。数不胜数的野兔、狐狸、獾子时不时地奔走在羊肠小道上，直到60年前后，这里还有狼在出没，至于鸟的种类那就更说不上了，真是一个万物生情的好地方啊。

据知情者讲，董元的姥爷姓乔，董元的姥姥也姓乔，董元有一个舅舅叫乔占魁，娶了大青沟房子村何家的姑娘。乔家村还有一位姓乔的后人叫乔三，估计和乔占魁辈数差不多，此人性情直率，疾恶如仇。土匪混乱期间，乔三运气不佳，被土匪击毙在东梁上，就是现在立变压器的那个地方。事情的经过是这样的：那一年的那一天，乔三正悠闲自在地坐在自家的大门口休息，一个马匪打此经过，看样子是被国军打散的逃兵，他来到乔三面前，想和乔三讨口水喝，不想乔三眼睛里揉不得半点沙子，他看不惯这些土匪，便没好气地说："西河沟有马槽（饮马的地方），那里有水，你到那里去喝吧。"土匪一听，气不打一处来，感觉自己受了极大的侮辱，可能是考虑到他当时人单力薄，就没有动手，临行前，他给乔三留下狠话，说："不杀你，爷爷誓不为人！"

说完，他策马扬鞭而去。果然，没出几天，那人带了一干土匪，手提长枪，将乔三喊了出来，又挟持了几位村民，一同押着他们，向通往大青沟坊子村东梁方向走，当来到东梁上，只听那位土匪高喊："立定！向右转！"

众人不敢怠慢，一齐向右转去，只听一声枪响，众人从恐惧中一看，见乔三直挺挺倒在血泊中，吓得陪看者差点尿了裤子。可怜乔三就这样稀里糊涂地被土匪打死了。后来，人们才知道，此匪不是别人，正是尚义县大营盘白家村土匪头子苏美龙的手下。此后，乔家村人受惊非小，董元姥爷便组织大家建起了联庄。买了长枪，建了大院，方保乔家一方平安。再后来，董员的姥姥姥爷搬至察汗淖尔以南的一个村子里去了，留下董员及一些异姓家族仍然在这里劳耕打作，如此才有了张、王、董、苏、史、吕、乔这几姓人家，据听说，后来居住在乔家村的乔尚荣、乔尚华、乔尚富、乔尚贵四兄弟虽然不是乔家村的创始人，但确确实实和董元的姥爷有一定的亲戚关系。

乔家村的村北有一片土地叫大北营子，西北有一片地方叫小北营子，它的起因就是在乔家村建村之前，就有两家蒙古人在那里扎过营子。故而叫大北营子和小北营子。

三、杨海成村

杨海成村是由杨背锅的独生子杨海成而得名的。民国时期，杨背锅带领儿子杨海成及其家人在这里安了家，当时，土地比较宽裕，皆由放地商人掌管，杨背锅便和放地商人买了些土地，南至公鸡山，东至大南山，西至吉庆脑包山（现在叫莲花山），北至宋国珍沟。如此大的一片土地，杨海成也够享受的了，难怪他家长工满院，牛羊成群，是当地首屈一指的好人家。

杨背锅死后，杨海成已有三个儿子、两个女儿，大儿子叫大杨坛，二儿子叫二杨坛，三儿子叫三杨坛，大女儿叫和鱼，二女儿无人记起。大儿子、三儿子耍钱成性，又抽大烟，只有二儿子比较成器。

他的女儿和鱼命运不济，嫁了三个人家，二女儿长得漂亮，嫁给一个伪军军级官员，也不知道是正妻还是小妾，到后来也不知道情况怎样。

杨海成在一次外出时，乘坐官员二女婿的小汽车到化德县朝阳镇盖房，打算在那里做买卖，不知何故，被人活活打死，后声称让车轧死，在十八顷镇发丧并厚葬。他的三儿子三杨坛后来学了点手艺，当了画匠，并在十八顷镇买了处大院子，后来做了铁匠铺。

如今，杨海成只留下大杨坛的后代了。大杨坛也有四子，长子杨有福（小名黑小子）已亡，次子少年病逝，三子杨有珍前几年寿终，四子杨有祥，后随母转至韩金兔农场当了村长，"文革"结束后，因为争权夺利误伤他人，被处以死刑。

我把这些陈芝麻烂谷子的事拾掇起来，就是想告诉大家，即使一个普通的小山村，有故事，也有色彩。故乡有我们的根，故乡有我们的梦。

身 在 异 乡

商都曾是国家级贫困县，有半数以上人口流落在外谋生。有家的地方却没有工作，他们只能外出打拼。他们渴望勤劳致富，于是，外出创业成了他们的首选。离开故乡，不论在哪里都会饱受生活的酸甜苦辣。尽管如此，他们仍然心存向往，恋祖爱乡，以积极的心态对待生活，在参与异乡经济建设的过程中，充实自己，成就事业，草根逆袭，不乏辉煌。虽身在异乡，却不忘家乡。成功之后反哺家乡的情怀令人感佩。

我所亲历的草原"白灾"

翟月仙

　　1995 年临近立冬，我和丈夫老冯举家迁往锡林郭勒盟一个牧场定居。那里有我的姨妈和舅舅，当初的想法也很简单，外出打拼几年挣点钱。然而，养畜并不是一件轻而易举的事，其中的甘苦是难以忘却的。

　　那是 2000 年的元旦早晨，草原上阳光和煦，一片祥和。我和老冯喝过早茶，老冯松开羊圈栅栏，羊儿懒懒散散出圈。老冯忙他的，我回蒙古包洗头发。刚刚洗完，头发还没擦好，这功夫，狗狗在羊圈里叫个不停，我用枕巾包住头，戴一顶老旧的皮帽子，急急出去。原来是一只没出圈落单的羊，受了惊吓冲出圈门，头也不回惊慌狂奔。其实羊群没走远，还看得见，可这只羊却跑反了方向。我也紧追，想将它拦回来，可哪里能追得上，越追越远，最后只能吊着羊的影儿。

　　我们住的这片冬草场是锅底壳型，平底锅，直径有四五公里，锅帮有一里左右，锅沿上去又是平坦的草原。那年夏季雨水足，草旺到了极点。入冬时，转场进去，草是齐胸脯的，羊群进去，远距离都看不着羊，只看见人头晃动。这是我们的冬营盘，距夏营盘有三四十公里，入冬后本浩特的羊差不多都赶过来，骆驼、牛马也过来。元旦前没下雪，再加上牲畜多，草糟蹋得厉害，一天低一截，到了元旦时，草已经低到膝盖高。

我跟着羊跑，眼睛使劲盯着，不敢让羊离开视线，离开了，可能就要失去这只羊了。我还在锅帮，羊已经跑到了锅沿。这时，远处来了马群，羊也打定，慢下来靠近了马群。赶马的小伙子也看出了我的情况，赶着马靠近，顺利把羊裹进马群。我也慢慢上来了。前后折腾了大约有两小时，才把这只落单羊归群。回到蒙古包，我头发也干了。一整天天气是那么好，草原平静，祥和。然而，傍晚时分，天突然就变了，丝毫没有给人准备的时间，大雪纷纷扬扬就落了下来。这一下就没完没了，整整持续了三天。开始的时候没有风，但后来呼呼的北风裹着雪，将整个吉格朗图草原盖成了一片白色。头天还能看见草，第二天只剩下了草尖，第三天连草尖也看不见了。草原遭灾了，白灾！

2号临近中午，我和老冯商量，把个小体弱一点的羊抱进闲置的蒙古包喂喂草，以免晚上受冷上垛（叠摞）压死。那仅有的百十来斤草是给牧羊马备用的。我们就顶着风雪把20多只小羊抱进抱出蒙古包，喂了草喂了料。羊料是老家村委会派人拉到草原让我们给处理的，300多袋，我们留在草原一部分准备卖掉，另一部分留在旗里处理。五毛五一斤，二舅全部付款打发老家人回去了。刚卸完玉米料没几天，东北玉米就甩进旗里，人家两毛八一斤。就地没转弯我们就赔了钱。当时真的挺懊悔的，因为我们都是小巴巴人家，赔不起。现在想来，却是那五毛多的料救了命。草原是春天接羔要回春营盘，这时候才加料，平常是不备用的。要不是老家拉来的，我们也不会拉到草原。正是这些还没有处理的料，让我们挺过了最艰难的时候。

2号，羊群一整天没出群，圈在圈里，雪没停。一晚上平安无事。3号又是下了一整天，平安无事。4号上午，还在下，丝毫没有停的意思。给马备用的草给单独圈起来的小羊喂光了，大群的羊两天没吃草躁动不安起来。老冯坐不住了，执意要赶羊群出去吃草。他说，羊肚子空空的，晚上受冻找暖会上垛压死。我们把保暖的衣服装备好，把羊放出圈门。这圈门一出，羊呼啦啦顺着风走，再想往回赶，已经没有可能。我和老冯想把羊赶回去，哪怕是原地不动也行，但拼尽全力，羊群不管不顾更不会停下来吃草，任凭你怎么费力，就是要顺着风走，不听指挥，疯掉一般。就这样离开营盘蒙古包又两公里左右。雪还在下，风还在刮。我胆子小有点慌了，带着哭音，喊他，我们这样会冻死的，五六百只羊也会走散的。劳累、恐惧、绝望，我真要倒下去了！老冯故作镇定，说我们没事，我们能回去。就在我们喊天天不应，叫地地不灵的时候，东苏走场的两位蒙古族兄弟出现在我们面前，他们骑着骆驼找牛群。天兵天将降临了！两蒙古族兄弟停下帮忙，四个人合力赶回了羊群。是他们救了我们，救了我们的羊群。

招呼两兄弟进蒙古包，倒茶倒水，老冯递烟，说不尽的感谢。他们抽烟的烟雾我吸了进去，喘不过气来，就是一种要呛死的感觉，喘咳。这是因为累的，肺要炸了，但心里是高兴的，庆幸我们和我们的羊还能回来。

5号，雪住了，风停了，天晴了。安静的草原被风雪整个盖住了，白色的草原，白得刺眼。往日喧闹的草原现在却是静谧一片。草原依然很美，另一种美。但，我们无心欣赏，只想着接下来该咋办。进入羊圈，最不愿意看到的事情还是发生了，圈拐角死了四只羊，四只小羊。应该是压死的，这个位置不是最冷。两人可惜了半天，日子还得过，得好好过，还有一大群羊饿着呢！

整个草原都被白雪覆盖了，就是最平坦最高处也是齐膝的雪。没有路，车辆十天半个月通行不了。没有通信的设备，我们和旗里无法通信。我们没有出路更没有退路！一切都得自救！

该干啥就干啥，都是成年人了，谁没个风风雨雨？喝完早茶，蒙古包里拾掇停当，日头也高了，把羊放开。它们很安静，踏着厚厚的雪，慢慢散开，刨雪觅草，它们早已肚子空空了。日子照样过，只是羊圈里每天都不平安。

一场大雪过后，草原人家的日子都不好过。经历了几天的磨难，忽然之间我好像成熟了好多。雪途大已经是注定的事情，不容人的意志去改变，我们能改变的只是不断地相互打气加油。我们改变不了老天，但也绝不容老天来压倒我们。我心里暗暗鼓劲，要和老冯肩并肩把家里家外操持好，把损失降到最低。羊出去就是活动活动而已，开始的几天，雪中刨草，只能垫个肚子。幸好那五毛多的玉米料还在营盘里，但喂料成了难题，根本就没准备料槽什么的。穷生变，变则通。我和老冯把羊赶到离营盘不远的地方，裹着羊群转圈。羊群的蹄力可是了得，几圈下来，转过的地方就比较瓷实了，形成了一个圆形"料槽"。把料均匀撒在这个"料槽"中，每天待羊群出圈后采食。开始几天浪费挺大的，很多玉米在羊的争食中溅和踩到雪里，几天下来，"料槽"范围不断扩大，更加瓷实，浪费也小了。营盘和旗里没了联系，成了"孤岛"，我们这里情况，在旗里的二舅根本不知道。十几天后，二舅联系待在旗里的牧民，搭顺车辗转来了我们的草场。准确地说，是草场的锅沿边，车根本进不来。二舅和老冯在草原上呼应着碰了面。二舅初步了解了我俩和羊群的情况，目前看不是很严重。

从二舅嘴里，我们也了解到，这次灾情可不仅仅是吉格朗图草原，这是整个锡林郭勒盟大草原的白色灾难。像我们还算是不错，有那玉米料暂时顶着，羊只是跌膘而已，只有零星的死亡。但其他地方的牧民可没有我家幸运了，各家羊死伤无数（牛马还好，大牲畜），每天旗里街道都是载满死牲畜的车。二舅还说，成群的马从很远的地方跑到了锡林郭勒盟街上。二舅妈焦心地病倒了。二舅得赶回旗里照顾二舅妈，照顾我姥姥，照顾还没上幼儿园的小表弟。看着焦头烂额的舅舅，老冯打保证给舅舅："舅，你回旗照顾好家，这里有我和月仙。"

二舅走后，我们用心地处理每一件事情，力争不让损失扩大。现在面临的问题有两个，一是雪后的严寒，二是羊草的问题。10来天过去，草原在风的作用下，又变了样。个别地方的草露出一些来，但大部分的地方，雪反而在风的作用下变得瓷实，羊刨食变得困难起来。但即使如此，每天还是能维护着吃个半饱。我和老冯做好了年后雪化的打算，开始对羊料进行精打细算，不敢随随便便撒出去喂了。羊圈低矮的石头围墙，西北处雪和墙一般高。每天的出溜溜风刚好把雪出溜到羊圈。我俩就近挖了壕，滑溜的雪正好刮进沟，刮入羊圈的就少了很多。挖好的沟几天填满了，我们再挖开，还挖了第二道壕。两道壕也起了大作用。虽然雪进不了羊圈，可挡不住严寒进羊圈。羊群的膘情急剧下降，肚子扁扁的。虽说是眼前损失不大，到接羔生产时情况一定不乐观。隔三岔五就有羊死亡，再加上膘情整体瘦弱，原本满满的羊圈小了很多，显得空起来，这给羊的保温带来考验。往年羊圈即使白天羊出群，温度也会在零上，但现在晚上也成了冰窖。羊圈开始结冰，羊粪冻结在一起，不利保温，每天羊群出圈都得有几十只羊尾巴冻粘在冰羊粪上，个别体弱的羊因为起不来，而被别的羊压死。我们用铁锹铲羊粪，呈薄饼状的羊粪松动了，找来橼寻来石头，用杠杆原理，撬动冰冻的羊粪，一大片一大片的。每天我们都这样干，或多或少能给羊群保温。就这样，日子重复地过着，用心地过着。眼看就要过年了。冬营盘，家家草场都是简易棚，十分简陋。就是用石头垒成的围墙，窟窿眼眼的。暴风雪中救了我们的蒙古族兄弟，他们的日子也不好过，他们连个棚圈也没有。东苏旗走场到阿旗，原本膘情就不好，这场暴风雪也让他们进退两难。补给供应不上，怀孕老母牛天天有倒下的。他们的牛经常留在我们的草场。我们草场避风好一点，再就是有硝块能舔食。牛群里瘦弱的老母牛体力不支，晚上扳倒起不来，老母牛凄惨号叫，我和老冯听到后就赶紧起来扶凑站立。总有照顾不到的时候，一头老母牛在我们草场倒下死掉了。他们剥掉拿走很少的东西，大部分牛肉留给我们。他们说他们蒙古包已经很多了，吃不完的。他们看到我们这个冬天苦寒的，更多的是想帮助我们。草原的野兔子很多。前面草场的小王是套兔高手，他套了很多。他送给老冯一些细铁丝，又传授了套兔经验。老冯的套兔技术差些，套住后又逃脱掉很多只，就这也套住七八只。我和老冯每天安顿好羊后，把牛肉兔肉加工煮熟，放在袋里存好，待接羔时老家来人吃。所以说过年我们不缺肉食，日子还算滋润。转眼大年到了，我和老冯一整天闷闷呆呆的。我俩谁都不说破，我们思家想妈想娃，更多的是想儿，想我的小阿耀。1999年夏天我小妹来阿旗把耀接回老家，耀虚7岁，到上学的年龄了。回老家我妈妈照顾，草原没有条件上学。本来打算我们年根回去看孩子，计划赶不上变化，计划落空了。过时过节，孩子不在身边，哪有不想的理？我们都没说破，其实两个人都在想，都想得心痛。晚上，小王两口子邀请我们到他家熬年。他们准备了丰盛的晚饭。小王，化德汉族，蒙语精通，小王媳妇儿，蒙古族，汉语精通。他们也是敦厚实在的人，他们有一个漂亮的小姑娘，和我们儿子一般大。他们很热情。可是再好的招待我们都吃不下。老冯小几杯酒就喝醉了，醉得一塌糊涂。他不停地吐，趴在雪地里，看着可怜。一晚上，两家人都没合眼。天亮了，日头高高的，老冯强撑着，我扶着他回了我们的蒙古包，两家有三四里远。蒙古包的炉火早已熄灭，冷冷清清。我把炉火点好，烧热了家，烧好了水，把老冯安顿好，我还得放羊啊！老冯一病就是三四天，软软的，吃喝都很少。自成家，老冯在我眼里都是硬汉子，牧区的苦累活我很少干。放羊时，他安顿我拿上长竹竿跟着羊，不要离开羊群，拿些东西也是个壮胆的。离开蒙古包营盘，草原上到处都是梅花瓣的狼蹄印，看到这些心里终究还是怯怯的。暴风雪过后没几天，羊圈西南角进过狼，狼吃掉一只小山羊，吃了半拉子，可能被狗叫和我们出动的声音惊跑了。附近几家也时不时有狼吃羊的情况。这也是雪灾的并发症，很多小动物被盖在雪下，狼的食物链有了破损，便找上牧人的羊来。我惊惊颤颤地放了三几天羊，老冯身体也恢复了。幸好，没有遇见狼。从元旦到现在，我们已经损失了 10 来只羊了，但我们没有沉浸在悲伤里，每天该干啥就干啥。挺过了初期的惊慌与不安，渐渐地对一切都泰然起来。包括后来的接羔，一多半的母羊都流了羔子，我们也没有痛哭流涕，毕竟，我们比起那些连一半大羊都保不住的牧民，已经算幸运太多。

生活总得向前看，不能活在懊悔里。20 年后，再想这场"白灾"经历，心里全部是淡然。

我曾经是他们的剌妈妈

剌彦林

近几日，常在梦中与曾经开托管班的那些孩子们相遇。我知道我又想他们了，四年的朝夕相处，成了难以割舍的情愫。

那年，女儿上一年级，经过再三斟酌，前后思量，觉得自己还是开托管班比较好。因为一来我喜欢孩子们，二来还能陪女儿，正可谓两全其美。

于是说干就干，去女儿学校附近租了一间 90 平方米的房子。去家具店买来桌椅板凳和床，零零碎碎都置办齐全，托管班便顺理成章地开了起来。

万事开头难，想起来容易，做起来难。开学日渐临近，也到了招生的时候。我却开始犯了难。

还记得招生那天，学校门口人山人海，各个托管班培训班的招生工作人员都如狼似虎般围着报名的家长们。只有我拿着一沓招生简章远远地站在人群后面。报完名的家长们从学校内走出来每人手里都拿着十几张招生简章。有些家长看也不看就随手扔在了垃圾桶。

我微笑着将招生简章递给从我身边走过的每位家长。有位家长透过密实的人群把目光投向了我，他拨开围堵着他的那些托管班老师们径直向我走来。我还没反应过来，他就从我手中抽了一张招生简章，迅速浏览了一遍笑吟吟地对我说："就你这了"，"啊，您说什么？"我惊诧莫名，那位家长重复对我说："我说我家孩子就送你这个托管班了，看你这人就不错，过几天开学，你负责接送。"

顺利地招到了一名新生，我不禁兴奋异常，信心也陡然大增。但是由于自己经验不足，招生工作准备得不充分，再加上女儿学校周边开的托管班太多，竞争激烈。等孩子开学那日，只定下来四个孩子，一年级新生两个，二年级两个。

虽说只招了四个孩子，但我还是尽心竭力地呵护着四个孩子。我一个人接送，一个人做饭，一个人辅导作业，四个孩子却也忙得团团转。

我的托管班饭菜有时一个月都不重样，我为了孩子们的身体健康，每天一大早起来买回新鲜的蔬菜水果，变着花样地为孩子们做每一顿饭。

我为了培养孩子们阅读的兴趣，每天中午饭后不厌其烦地为孩子们讲故事，孩子们总是津津有味地听着我的故事午睡。

后来我把女儿心爱的图书全部奉献出来，每日给孩子们借阅，因此好多孩子都爱上了阅读，我也倍感欣慰。

我从不打骂孩子，金无足赤，人无完人，我始终坚信在我的循循善诱下，以身作则下，再淘气的孩子都会被我感动。

孩子是最纯真可爱，也是最容易被渲染的，只要你足够真诚与认真，终会将每个孩子渲染成你想要的颜色。

我的付出孩子们都看在眼里，我把每一个孩子都当成自己的孩子对待，孩子们也都特别喜欢我，常常听到他们窃窃私语道："刺老师就和我们的妈妈一样，我们以后就叫她刺妈妈，刺老师做的饭太好吃了，刺老师是世界上最美的老师，刺老师就是白雪公主"等等，每每听到孩子们天真无邪的赞美之词，我不禁感动得热泪盈眶。也时时提醒自己，绝不能忘记初心，把每个孩子当成自己的孩子。

我明白我的一个很小的举动却可能对孩子的未来产生很深远的影响。所以在教育孩子方面，我注重方式方法，我用我的言传身教更多地去影响着孩子们。

我还认为作为教师，无论年少年老，无论学历高低，都该拥有和善的眼神、博爱的心和虚怀若谷的胸怀。人最重要的品质就是善良，其他的优点则是锦上添花。善良和平和是最重要的。

不积跬步，无以至千里。不积小流，无以成江海。孩子们的成长不是瞬间完成的，而是一点一滴进而形成质的跃变。

就这样，在我的用心与努力下，家长和孩子们的口口相传下，我的托管班日益壮大，从四个孩子扩展到了四十几个孩子。而且凡是在我托管班待够半年以上的孩子，言谈举止无不都在改变着，不说脏话、不打架、不吃垃圾食品、尊重老师、团结友爱、爱读书、懂感恩。

可是正当托管班如火如荼发展着时，由于孩子爸爸决定回乡创业，我也经过再三思虑后，忍痛将托管班转租了出去。我觉得我辜负了那些孩子们，没有陪伴到他们毕业，没有看到他们考上自己心仪的中学。

与孩子们离别已有三年，托管班和孩子们无数次在我梦中呈现，每一个孩子的音容笑貌时时在我的脑海中浮现。我想他们！

我将用一生怀念与孩子们朝夕相处的那些岁月。

武师铕，像胡杨一样活着

赵奇明

我赞美胡杨，赞美它生而千年不死，死而千年不倒，倒而千年不朽。去年我去了趟额吉纳旗，久久凝望着成片的胡杨林……在千里戈壁滩上，在恶劣的环境下，历经狂风暴雪，烈日严寒，傲然挺立，顽强地活着。我的人生不也像胡杨一样，是一路战胜艰难险阻走过来的吗？

武师铕，商都人，1946 年出生。说他普通也可以，一辈子只有很短的一段时间吃过公家粮，绝大部分时间都在自己打拼。说他不普通，因为他最初只有高中文化，命运把他拒在了大学之外，但他硬是凭着一股不服输的劲儿闯出一番天下，硬是到了不惑之年，圆了大学梦。他的人生曲折传奇，就如他说的那样，像胡杨一样，是一路战胜艰难险阻走过来的。写他，不是为了宣扬他，而是想向年轻的一辈传达这样一个思想：命运不会给你关上所有的门，只要努力，你总会走出属于自己的精彩人生。

一、梦碎高考

1940 年，武师铕的爷爷武九星带着他的儿子武尚安从河北怀安东沙城来到了商都，落户到了西井子灰菜沟村，同时在七台也置了房产。1946年武尚安的儿子武师铕在商都出生。武尚安性情开朗，乐善好施，而且很能干。在大库伦买了十几亩地让别人种但不收租。在不冻河开了一座油坊让朋友经营也不收任何费用。夏季在家种地，冬天跑外做些小买卖，还去过乌兰巴托。所以他家的日子过得很"沙"，引起了村里一些人的眼红。土改时村里有的人说他家来路不明，划成分时工作组派人调查，结果是有地但不雇工不收租，地也并不多，达不到地主标准。有油坊但是朋友经营也不收任何费用，所以也不能划成资本家，况且农村还没听说过有划资本家的。可是把他划为富农也不妥，富农不过是富裕一点的农民，但富农似乎也没他家富。没办法，工作组就把他们家的成分挂起来了，就是不给划任何成分。这在当时是无所谓的事，但后来却断了武师铕的大学路。1962年，武师铕考入商都中学高中班。1965年，完成了三年学业，准备迎接一年一度的高考。武师铕学习不错，他渴望当一名工程师，报效祖国。高考结束后，他自信考得不错，上大学应该没问题，但很多同学接到了录取通知书，武师铕始终未接到，名落孙山了。这对他是一个沉重的打击，他茫然，消沉，不知所措……后来他才反思，拦下他的很可能是他的家庭成分。当时高考对考生用三个章，一是可录取机密专业章，二是可录取一般专业章，三是不予录取章。档案盖章是不可能让学生知道的。挂起来的成分，那就意味着不能定性，不确定自然不能当确定，所以"不予录取"就顺理成章。这是武师铕自己想的，他也有过去寻找真相的念头，但"文化大革命"开始了，1966年高考中断，寻找也失去了现实的意义。就这样，命运改变了武师铕的人生轨迹，他的大学梦破碎了，很彻底。

二、脚踏实地

接不到录取通知书的武师铕心灰意冷，消沉了很长时间。父亲武尚安终于看不下去，对武师铕说："孩子，人总是要生活的，不念大学就没出路了？我看你还是学点手艺吧，哪一行干好了，都能出人头地呀！"过了一段时间，武师铕想通了，父亲说得对，总不能这样消沉下去。大学无门，脚下有路，既然不想劳动，那就学点手艺谋生。秋天，他和白生雨、燕永华、杨丕良等几个同年高考落榜的同学，去了商都县拖拉机修理厂当学徒。在修理厂武师铕干了三年，把全部心思都用在了学技术上，不舍得浪费一分一秒，刻苦学努力钻仔细研究，功夫不负有心人，他学会了车工、铣床、铇床、钳工、焊工、电工、铁匠和开拖拉机，成了厂里的全面手。然而，命运再一次捉弄了他，1968 年，受"文革"影响，修理厂下马了，他被撵回了家。这时武师铕已经有了底气，因为学了一身手艺。当年武师铕只身去了土牧尔台，因为手艺好，给南菜园修好了磨面机、榨油机，队长很高兴，于是把户口落到了南菜园。土牧尔台人多市场大，武师铕就在土牧尔台当上了修理工。在修理机器的过程中，武师铕体会到，一要技术过硬，二要吃苦耐劳，三要客户满意，这样才能走得开走得远。有一次在八股地修拖拉机，他一个人顶住 200 多斤的油箱底壳几个小时，硬把机器修好了，受到了客户的称赞，回家后累得半天爬不起来。过了几年，常年流动修理的武师铕觉得土牧尔台的天地还是小一些，不甘心一辈子就在这个小天地里，又只身闯荡到了西苏旗，继续搞各种机器修理。几年功夫，武师铕在后旗、西苏旗一带闯出了一点小名气，很多人都知道有这么一个人是"修理大拿"，只要是故障，就难不倒他。这时"文革"还没结束，正搞得"轰轰烈烈"。武师铕在西苏旗都呼木公社、吉呼郎图公社、阿尔善图牧场一带搞修理，入乡随俗，也按要求参加一些当地"革委会"组织的活动。当时部队在那支左，大搞轰轰烈烈的学哲学演讲活动，一次武师铴也被指派在大会上发了言，谈了《矛盾论》《实践论》的学习体会。他的体会有个特点，就是联系自身学技术搞修理的实际，来谈如何活学活用矛盾和实践的思想。支左部队有个战首长，对其他人的发言不满意，唯独对武师铴的演讲大加赞赏。会后战首长说："你真有水平，讲得好，说说，你有什么要求？"武师铴在社会上闯荡了这么几年，胆量练出来了，就说想把父母哥妹转到牧区，战首长说："行，马上办理。"命运这次终于在武师铴的头上停留了一下，降下一点甘霖。战首长的一句话改变了全家的命运。在灰菜沟常年吃不饱，转到牧区像市民一样吃面面粮，而且牛羊驼肉不断，武师铴全家生活从此改变。这与其归于命运的垂青，不如说命运总垂青有准备的头脑。他爱学习，爱钻研，爱思考，这三点，让命运开始对他刮目相看。武师铴在牧区搞机器修理，收入也不错。1978年，武师铴落脚西苏旗碱矿，随着社会风气的转变，国家对经济的重视，政策放宽了，他承包了矿上机器的修理，同时还承揽了周边印刷厂、皮革厂的机器修理，在当地很有名声。1979年西苏旗工业局知道了武师铴，特地招他为正式工，并转为市民户。武师铴心里没上大学的伤感，终于在这里得到一点补偿。这次，既得益于他的技术能力，也得益于国家的政策有改变。随着十一届三中全会的召开，随着改革开放政策的实施，敏锐的武师铴嗅到了当今社会与以往的不同，开始顺应政策，大胆干大胆闯起来。1984年，武师铴辞了西苏旗的正式工作，搞起了个体运输。辞职下海搞个体，武师铴是西苏旗第一人。当时他买了辆挂斗车，跑起了运输。武师铴这10来年一直在西苏旗，他人缘好，技术好，能吃苦，从来不抱怨，也喜欢交朋友，从来不吝啬，积攒了很广的人脉，所以业务干得是风生水起。旺季运输为主，淡季兼做买卖贩羊绒羊皮，同时仍不忘记修理本行，有大的营生找到他也是随叫随到。其间武师铴还合伙开了金矿，并经销工业氧气和医用氧气，业务也不错，但他挣钱放在第二位，不斤斤计较，进一步扩大了人脉关系。就这样，几年时间武师铕成了当地的"大款"，当时人称武师铕是"武老万"。当地人还说：想吃饭找老万，一些贴边不贴边的人经常让他做东请客。对于这些，武师铕无所谓，反正也花不了多少钱，他也乐得交朋友，传名声。

三、开拓进取

1992 年的一天，武师铕偶尔遇见了高中同学庞启。庞启大学毕业后分配到了西苏旗委宣传部，一直搞党的宣传工作。庞启很有水平，上级发现了他，把他调到自治区《党的教育》杂志社，后又调入区政府办公厅，最后做到了民政厅厅长位置。庞启见到了老同学很热情，当时正值邓小平南行，全国各地都在学习"讲话"，关于"计划"和"市场"的讨论逐步深入，作为党的干部，庞启自然对形势把握比较准确，就对武师铕说，将来改革开放的力度更大，你要瞄准市场扩大再创业。武师铕早有此想，但对政策的脉搏还是不自信，庞启一句话坚定了他的信心。1992 年当年，他又购置了大客车，跑起了客运。当时锡林郭勒盟有 2000 多人报考客车驾照，但通过考试得到驾照的只有 200 人，通过率十分之一，其中就有武师铕。武师铕是锡林郭勒盟第一班私人搞客运的创业者。由于他门路广，取得了锡林浩特、西苏、东苏、后旗、商都的客运线路的许可。业务搞得有声有色，成了一名响当当的个体户。这是武师铕人生第二次巨大转折。在社会上混，武师铕坚持他父亲的一个信条，就是乐善好施，帮助有困难的人。所以，有困难的病人买武师铕的氧气，他大多收半费或免费，经济有困难的亲朋好友乘车也常免费。跑运输返回，从大兴拉回西瓜时，亲朋好友拿袋子随便装，不要钱。他做什么事都把人品放在第一位，绝不做坑蒙拐骗之事。任何事业成功都要具备"天时，地利，人和"，不具备的武师铕就自己创造。他相信"善恶到头总有报，不修今世修来世"的说法。

四、圆梦大学

闯荡了几十年，武师铕事业有成，也挣了钱，但没念过大学始终是一根刺扎在心上。加上实践中他深刻体会到了知识的重要性，决心再圆大学梦。1987 年，不惑之年的武师铕报了深圳大学传播系函授班，当起了"大学生"。结业后又报了国际大众传播函授班，取得了国际传播资格证书。圆大学梦并不是为了装门面，武师铕学习认真，刻苦钻研，每年都坚持去好几次深圳校区请教教授，面对面指点，确实把提高自己做目的。所以老师很喜欢武师铕这个学生。

五、幸福家庭

武师铕有一个幸福的家庭，一个称心的贤内助和一儿一女。儿子自己办公司业务不错，女儿也很优秀，在红十字会工作，乐善好施，多次受表彰。武师铕家庭幸福美满，其乐融融，人们很羡慕。晚年武师铕真正过起了自己想过的生活，带着老伴全国游，欣赏祖国的大好河山。他喜欢自驾游，方便，全国除西藏、新疆外都去过。全国大部分好景点都留下了他们的足迹，甚至还去过国外知名景点。应该说，武师铕的人生是成功的，纵观他的人生轨迹可以看出，只有努力，不懈的努力，才能在命运的波折中把握自己，当春风吹来的时候，才能发芽成长，最后成就。嗟叹命运的不公，只会耽误自己。根扎荒漠不言休，虬枝向天问春秋。无霖千年复千年，难消魂魄系绿洲。

心纯酒也醇

安志明

"现在的酒都是酒精勾兑。看着包装漂亮，实际表里不一。"这些关于如今市场上白酒的评论，想必大家都听到过。但在包头，在我们身边，有一种酒却可以让人兴致盎然地推杯换盏，人们对它的反馈是，喝了不难受。"喝了不难受"，仿佛是对某种酒的最高评价了，这位做酒的老板名叫徐彪。

1974年出生的徐彪憨厚朴实，内敛沉稳。他做酒已经近20年，对于他生产、销售的原浆白酒，他一言以蔽之：我就是要让普通老百姓喝上真正的粮食发酵酒，扭转人们对现在没有好酒这一观念的错误认知。

徐彪经历坎坷，有着跌宕起伏的创业经历。他出生在商都县三大顷乡于家村，1992年只身来到包头闯荡。他在水磨石厂打过小工，在建筑工地当过瓦工，包过小工程，也养过猪，其间起起落落，尝尽了给人打工的委屈无奈及自己创业的辛酸苦辣。但他总觉得自己这一辈子不应该只与钢筋水泥和猪圈饲料打交道，应该在商海更深处扑腾扑腾，于是他不断留意着新的商机。1999年，徐彪发现包头市青山区向阳市场人流量密集，货物吞吐量很大，如果在那儿开食品批发部，生意一定不错。但养猪时由于一场意外，不但资金全部打了水漂，而且还背负了几万元的债务，可以说那是徐彪人生的谷底。怎么办？刚订婚不久的未婚妻看出徐彪的心思，便主动回老家和父母借了一万块钱，在向阳市场租下了个摊位，徐彪的食品批发部就这样在资金严重短缺的情形下开张了。交了摊位费，进货无款就成了大问题，好在徐彪人缘好，送货的商家通过几次与徐彪打交道，认定他是个诚实可靠的主，便大胆赊货给他，慢慢地徐彪的生意有了起色。在徐彪的食品批发部所有货品中，酒类占了大头，葡萄酒，散装白酒，盒装白酒……出货都比较快。徐彪也逐渐发现酒类经营应该是他事业的突破口，于是在次年，他选择了东北的一款红酒、一款白酒，与厂家商议买断包头市场，厂家很痛快地答应了。

徐彪在这款白酒上下足了功夫，他像抚养自己的孩子一样精心经营，很快这款白酒也给他带来了相应的回报。找到了突破口，徐彪意气风发，决心大干一番。2002年，徐彪又买断了多款白酒的包头代理权，之后无异是一次飞跃，市场出奇的好，一年下来几百万的销售额，这在当时来说，绝对会让人刮目相看。对徐彪刮目相看的还有某家酒厂的老总，他见徐彪酒卖得这么好，便三番五次邀徐彪入股投资酒厂。徐彪考虑再三没有入股，但他提出自己可以做该酒的开发代理商。由他来开发并推到市场。酒厂老总求之不得，于是一拍即合。

原来，之所以提出做白酒的开发代理商，是因为徐彪有一个自己成熟的规划。早在开食品批发部时，看到"野生葡萄酒果酒"这类酒时，徐彪就心里一动，这类酒有营养价值，对人们的健康有益，如果白酒也能有养身保健的效果，那将会是一个巨大的市场。他做这家酒厂的开发代理商的目的，就是要撬动这块巨大的市场。说干就干，徐彪马不停蹄地调研市场，设计包装，经过紧锣密鼓的忙碌，一款名为"苦瓜酒"的产品横空出世。由于苦瓜有很好的祛火功效，所以"苦瓜酒"一经推向市场，便受到了消费者的青睐，销售之火爆出乎了所有人的意料，这为徐彪的事业逐渐迈向巅峰奠定了坚实的基础。紧接着，"银杏酒""苁蓉酒""冬虫夏草酒"等系列养生酒也相继被他开发出来并迅速投向市场，每一款养生酒的销售都异常火爆。短短几年间，养生系列酒不但使徐彪积累了丰厚的资金，还给这家酒厂带来了空前发展，其工厂从最初的占地2亩扩容到40多亩。不仅如此，内蒙古其他酒厂看到养生系列酒市场行情一路高歌，也陆续上马养生酒，好几家之前半死不活的酒厂也因此起死回生。

后来，由于种种原因，徐彪决定不再开发代理某酒厂的白酒品牌，这之后他分别与鄂尔多斯达旗酒厂、北京的二锅头酒厂合作过，但都因中途发生的令他遗憾的变化而放弃。偶然的机会中，他自己也办过酒厂，开过宾馆，做过进口种牛引进，但都因失利而告终。

就这样兜了一圈之后，冷静思考过后，徐彪觉得自己还应该回到熟悉而擅长的养生酒领域。

2014年，他注册成立了内蒙古养身快车贸易有限公司。除经销进出口红酒以外，还在山西建起了发酵酒基地。挖掘传统酿酒技术，不添加任何添加剂，酿造出"养身快车牌"几大系列养生酒，这是对目前市场上散装白酒的一次彻底的升级改造。喝了不难受酒便是徐彪养生的原浆酒。

由于出师告捷，市场一路看好，好多人找到徐彪要求加盟养身快车酒坊。这样，徐彪便正式开启了养身快车牌原浆酒坊的全国连锁加盟经营。

目前，徐彪的养身快车牌原浆酒坊全国连锁的加盟店有180多家，已在呼市、包头、乌兰察布、锡林郭勒、山西大同等地区遍地开花。尽管如此，还是不能满足一些高端客户的需求，于是徐彪又重磅推出了定制酒服务，为高端人士和企业生产专属定制酒。这一个性化的白酒定制服务，一经推开，便赢得了目标客户的高度认可。

经过多年的打拼，徐彪相信，做酒如做人，品质是生命，为了能让更多人喝上他的养身快车牌原浆酒，他愿意精益求精，不断提升养身快车牌原浆酒的品质，最终将其打造成全国白酒的主流品牌。

滑学龙的逆袭

安志明

　　滑学龙出生于大库伦乡滑家村村民委员会冯家村，今年43岁，给人的第一印象是憨厚朴实，待人热情，善于获取别人的信任。这种个人气质绝对不是能伪装出来的，而是一种与生俱来的浑然天成，对于他的经商之路是大有裨益的。

　　滑学龙文化不高，仅念了一年初中便辍学了，他兄弟姊妹共有10人，他是最小的。16岁那年，他只身一人跑到包头打工，先是在饭店端盘子，也去工地搬砖，居无定所，漂泊成为他青少年时期的主要生存方式。他学过厨师，开过饭店，饱尝了打工人的艰辛。1980年，他又跑到东胜，当时鄂尔多斯风头正劲，富集的煤炭资源助力当地经济腾飞，滑学龙瞅准东胜的商机，勇毅下海冲浪，当时东胜市房地产开发盛行，他瞅准了门窗行业，决心在此领域大展身手。他利用手头仅有的5万元存款，又跟亲朋好友筹措了一些，在包头市注册了"内蒙古博天工程有限公司"。此时，他凭借那种厚道的天性，自然地融入了当地的商圈，也赢得一大批开发商的信任。他与许多地产商联手，把他的门窗推销出去，并在包头和东胜两地同时发力，两城两店，生意兴隆，效益可观。十几年下来，滑学龙已经身家过万。

　　经商致富的滑学龙没有挥金如土，没有贪图奢华，他积极筹办公益事业，2016 年 5 月，他同一批志同道合的朋友筹组成立了"包头市红山情志愿者公益协会"，并担任常务副会长，主持日常工作。

滑学龙有写日记的习惯，他每天所做的事情都要记录下来，且看滑学龙从事社会公益活动的部分记录：

2016 年 7 月组织百人在丁红湾景区清捡垃圾并为救助化德老乡郝志宝募捐 3 万多。2017 年，宴请 170 名环卫工人吃饺子过小年。3 月 17 日组织 160 人无偿为赛汗塔垃公园清捡垃圾。端午节为 120 名环卫工人送粽子鸡蛋矿泉水。国庆节慰问兴和县农村孤寡老人。11 月 19 日组织 260 人无偿献血暨加入红十字会志愿服务队大型公益活动。2018 年，2 月 1 日走进福利院为孩子们带去了生活物品，同时为老人和孩子们理发、剪指甲等搞卫生等公益活动。3 月 28 日联合包头市昆区城市管理综合执法局为大型铲除小广告公益活动，为 60 名环卫工人理发送水。6 月 7 日组织"爱心服务车"免费接送考生及为考生及家长送水公益活动。6 月 14 日参加献血日活动协会荣获包头市献血先进单位。7 月 21 日固阳抗洪救灾捐赠救灾活动。7 月 28 日举办助学西藏活动。10 月 1 日回商都、化德、后旗看望孤寡老人送温暖活动。11 月 25 日组织红山情志愿者 320 人年会传递爱心引领更多爱心企业人士一起公益。2019 年，2 月 1 日走进王老大养老院参加公益活动。4 月 12 日大青山义务植树活动。6 月 13 日献血日第三次献血暨荣获包头献血先进单位。12 月 7 日慰问羊山窑意外事故遗属活动。2020 年，1 月慰问环卫工人。2 月抗击疫情为慈善总会捐款。3 月为驻包乌兰察布外出务工人员服务中心捐助抗击疫情物资。10 月回老家看望孤寡老人。2021 年，1 月慰问贫困户。3 月创建文明城市走进社区。4 月义务植树活动。7 月参加歌唱祖国诗朗诵庆祝建党 100 周年活动。10 月第四次回乡慰问。

2022 年，1 月慰问养老院。3 月抗击疫情共 8 次慰问。2023 年 6 月第九次无偿献血活动。

几年来组织 9 次大型无偿献血活动，2700 多人次参加，700 多人次无偿献血 288000ml，2 次大型植树 600 多人次参加，四次回乡看望孤寡老人，4 次走进福利院，7 次慰问抗疫一线工作人员，一次救助水灾！

致富不忘乡亲，从前年开始，滑学龙的目光投向乡村振兴，能为家乡兴办产业、带动乡亲共同致富是他的一大心愿，他听说商都县计划在大库伦乡上马一个饲料加工厂，他立马赶回商都，与有关方面接洽，最后项目敲定，他投资 500 万元，县里投资 500 万元，在大库伦乡滑家村建立饲料加工厂。目前滑学龙已投资到位 250 万元，政府投资 250 万元已到位。厂房已建起，设备基本到位，现处于调试阶段。预计项目达产后，可年产饲料 30 万吨，给乡亲们就业提供更多岗位和创收的机会。

扬帆启航，滑学龙的人生之路又从城市反哺故乡，这难道不是一次全新的逆袭吗？

饲料大王杨子江

张　鑫

　　杨子江，1962年生人，出生地商都县三大顷乡新海子村，现任河北省张北县诚兴饲料有限公司股东、诚兴饲料有限公司驻包头市办事处总经理。

　　杨子江身材高大，面目慈祥，热情豪爽，说话有思想、有深度，出口成章。他身上的这些特质为其日后的发展奠定了坚实的基础。

　　1980年秋，高中毕业的杨子江面临人生的第一次抉择：出去打工，还是回乡务农？接受过高中教育的他，眼界自然不同于村里的同龄人。他想去外边看看，也想闯闯，如果待在村里，父辈的生活就是自己未来的写照。几番思索，1981年，他毅然来到了包头。

　　就像绝大多数的乌兰察布老乡一样，来包头后，他加入了建筑队的行列，管吃管住，一月还有八九十元的工资。那时候，城市大规模的建设刚刚起步，但一切都很正规，建筑队是国营的，管理严格，工资按时发放，虽然苦些累些，没有固定的地点，但比起农村来，收入不知要强上多少。因此，他咬牙坚持着，同时下决心，今后就在这座城里了。

　　在工地干了两年后，正赶上民政局下发的一家砖厂招工，干活特别地重，待遇却差不多，重要的是工作地点固定，天天能像城里人一样上班下班。这么好的机遇当然不能错过，杨子江很快报名成了那里的临时工。

经过几年的打拼，杨子江手里也有了一些积蓄，他就在东河区买了一块地皮，没钱盖正房，就先盖起了南房，其他三面就用篱笆围着。那时候，人们开始流行吃肉鸡，都说快熟、肉嫩。这么大个院子空着，弄些饲料，闲着没事干的妻子来养鸡不是挺好吗？说干就干，杨子江出去一打听，共青农场的红羽肉鸡挺出名，于是就跑过去买回500只雏鸡养起来。

养鸡得喂饲料，离家不远处刚好有家国营的宏光饲料门市部，经营正大饲料，杨子江就经常去买。看杨子江养鸡能挣钱，周围的邻居纷纷效仿，他们不仅向杨子江打听养鸡的经验，还要他给买雏鸡买饲料。宏光门市部看杨子江去买的饲料是越来越多，不仅给他价格打折，而且还给送上门。

随着周边养殖户越来越多，也随着各家养殖户规模的不断扩大，他们对饲料的需求越来越大，脑子活络的他干脆成立了个饲料门市部，低价进货，然后以市场价出售，自己挣差价。

之后，内蒙古正大公司成立，杨子江的门市部成了宏光门市部的代理商，正式开始了饲料经营。由于经营思路正确，敢闯敢干，他的营销范围逐步扩大。而作为国营单位的宏光，受体制捆绑限制，经营日渐式微，最后只能将这块市场拱手让给了杨子江。踌躇满志的杨子江将门市部改名为光明饲料经销部，成为内蒙古正大公司的正式代理商，而且一口气干了10年，也成功完成了自己的原始积累。这10来，他年年是先进，年年受表扬，平均每个月能达到500吨的销量。

由于经营有方，成绩斐然，杨子江的名气大了起来，各种荣誉和头衔接踵而至。他当上了包头市工商联执委、九原区工商联执委，并参加了北大总裁研修班学习，后加入民主建国会，成为民建成员。

2007年、2012年，他还连续两届当选为九原区第七届、第八届政协委员。

2009年，正大公司投资期已过，利润期到来，对经销商越来越苛刻，大家纷纷退出不干。杨子江也毅然退出。下一步该干啥呢？先他3年退出正大的一位河北朋友，到河北张北县开创了诚兴饲料公司。听说杨子江也退出了正大，便极力邀请他加盟。后来，杨子江正式加盟诚兴，成为诚兴的股东。诚兴是一家从事畜牧业科学技术应用及优质饲料生产的高科技外向型企业，以生产和销售牛羊系列饲料为主，成立于2005年。公司投巨资兴建，拥有科研人员数名。其产品依托中国农科院、内蒙古农大等单位的科研成果，研制开发出"荣康""埃帝斯"等知名品牌，深受广大用户青睐。尤其是经过几年努力，公司先后通过了ISO9001国际质量管理体系认证、ACCP食品安全体系认证，成为张家口地区唯一一家同时通过这两个体系认证的饲料公司。

如今，杨子江自己的事业做得顺风顺水，与此同时他还热衷于帮扶正在创业的其他人，在他及几个志同道合的朋友的倡议和努力下，包头市九原中小企业促进会成立了，促进会的宗旨是为政府、企业和银行三方搭建对接平台，帮助中小企业解读政策、解决贷款等。许多中小企业通过促进会学习交流，已得到了想都没想到的实惠。

帮助别人，快乐自己，杨子江很惬意于他的所有付出。

走 山 东

王 军

　　三年大学生活转眼即逝。到 1994 年的五一后，同学们都已无心学习，各自考虑自己的归宿，大部分选择回老家工作。我也有回老家的念头，但后来否定了。父亲还不到 50 岁，就已经满面沧桑，走起路来沉重的拖地声，时刻在告诉他，身体已不堪重负，但他却始终视而不见。每次假期回家，我都看在眼里，痛在心上。我姊妹三个，上面一个姐姐，下面一个弟弟。姐姐大我一岁。我大弟弟三岁。如果回到商都，马上面临的就是我和弟弟二人结婚所需费用，在时间上拉不开 5 年，这对一个家庭来说，不大好办。我决定远走他乡，离开父母的视线，不想让他们为我的婚姻操心。

　　1993 年，慧明同学大学毕业去了山东，来信说山东的环境和气候不错，工资水平也不错，我便也有了走山东的念头。毕业前 5 月份，我去了一趟山东。5 月的齐鲁大地到处都是绿色，气温已是 25—26℃，一片夏季来临之景，与内蒙古似乎分属两个季节。我在慧明单位待了七八天，在山东各地转了转。看什么都新鲜，就一个字，好。特别是山东济南人，言必称老师，张口一个老师，闭口一个老师，把我叫得不知天高地厚，不知几斤几两，就这样被山东人的热情俘虏，我喜欢上了这里。若干年后，我才明白，这就是孔孟之乡，面子上，是绝对让你过得去，挑不出个什么来。至于里子，人都一样，不分地域的。

转眼就到毕业季，7月1日，我们商都几个同学，结伴上山东，很快便在山东龙口市找好工作。公司老板很有人性，直接对我们说，"回家去耍吧，这是你们学生生涯最后一个假期，耍够了，再来上班"。一块石头落地，不论是西瓜还是芝麻，终于有所收获。

回程的心情是高兴的，尤其是晚上在烟台火车站候车室，看到烟台售票员是如此的漂亮，我就想，也许我也可以在山东讨一个如此漂亮的媳妇。胶东半岛，我真的喜欢上了这里。过济南、天津、北京，到集宁下车。坐一下午客车，晚上，我回到我的老家——三面井缸房村。把具体情况和父母亲一说，父母亲也很高兴，说就是有点远。"不远不远，过北京就到了"，我笑着说。何尝是远！简直是太远了，到了天的尽头，再往前走一步，就是大海。但我不敢顺着父母说，怕他们担惊受怕！

待了几天，父母亲就说，快去报到吧！去晚了，单位不要你了。说实话，的确不爱走。我从14虚岁读初中始就离家住宿，离家早已成习惯。但这次，我心慌得很，说不清，道不明。前方的路，到底能走多远？能走多久？大学一毕业，风雨扑面而来，我不再需要父母保护了，需自己独立面对生活的艰难了。在家又待了一天，那天下午，雨下得特大，村前的水塘都注满了水。现在我想起老家，还是那天下午的雨，和村前那深深的水塘和满满的水。

第二天，父亲把我送上了开往集宁的汽车。望望窗外的父亲，看看路旁不高不低的土山，我的泪水止不住流了下来。在汽车上，我不管不顾地哭泣。车内人大眼小眼看着我，车过三面井，我没有止住哭。故土难离！这可不是上学有假期可享，这一去，再回来就不知是何年何月！车到商都汽车站，司机说，下去洗把脸吧。男儿有泪不轻弹，只是未到伤心处。我一个人要去山东了，我不得不向前，与故乡渐行渐远。

好在那时年轻，伤心了半天，男子汉的阳刚之气再度回来，就天不怕地不怕，只顾往前赶路了。要是现在，让我一个人上山东，说什么也不能去。

1994 年毕业，我来到山东龙口市油泵厂工作，分配在三车间实习数控车床。实习也是没事干，师傅在哪儿干活，我们就站在旁边看。师傅说，数控车床没有什么，学会磨刀也就可以了，别的都好弄！师傅说的其实是经验总结，但听者不以为然，觉得是小看了我们这些大学生。

不就是磨把刀，有什么，我去磨得了。我上午磨两把，下午磨两把。一连三四天，我只琢磨不"琢磨"，结果磨出来的刀上车床很快就报废了。一天，车间主任对我说："你这样不行，一把刀成本 10 元，到你手里除了创造不出效益，每天浪费 40 元刀钱，你一个月实习工资才 180 元！你得动脑。"当时年轻，仗着学历也硬气，认为他欺负我，从来没考虑过这确实是一项技术和经验活儿，不请教不琢磨，你永远也不会磨。倔脾气一上来，我还就不磨了。当然，只是实习，不磨刀可以干别的活儿，但一气之下我与磨刀这项技术活儿擦肩而过。第二年，春节过后，正式定岗，新的岗位不需要刀具知识。这个问题也就放在一边。

年轻气盛，我以为这个问题被我拿下了，但实际上我被拿下了。不会就是不会，躲了一时躲不了一世，14 年后，磨刀的问题再一次拦在眼前。2008 年，时隔 14 年，由于工作上轮岗，我又和刀打上交道。经过十来年的打磨，棱角终是少了一些，才觉得当初在刀具面前，自己实际是当了"逃兵"。这十来年，虽说不直接和刀具打交道，但耳濡目染，也知道磨刀不是简单用外力磨几下就完事，而是要用"心"磨，磨刀本身要注意前角后角锋利度，左右角的倾斜度，还要和作业材料配合，和切屑液配合，可不像小时候磨镰刀，快就行。

这次，决不绕过去当逃兵了，要直面正视这个问题，脚踏实地解决它。"学会磨刀，提高对刀具认识，增长一门技能。"老师傅的话犹在耳边。他还说过，"假如你现在死去，你的一生，没出徒。"老师傅的话，虽说难听，但理不糙。

我又跟在老师傅的身后。10来年后，我也不是青头小伙子了，开始能听进去话了。师傅说啥，我认真听，认真琢磨，不断点头。一次老师傅可能觉得自己说得多了，就说："我是受你朋友所托帮你，否则，不会说你。"这使我想起了"批评使人向上"这句话，同时又想起"不满是向上的车轮"这句话，才理解了"不满"的意思不是不满于别人对自己的态度，而不是不满于自己的知识和技能。

悟通了这个理，白天上班，晚上躺在床上，不再想别人对我如何如何，而是开始琢磨刀的事。每当我磨的刀不到位时，老师傅不说话，把我磨过的刀重新磨一遍，现场无言地教学，有些东西他也不一定能用语言表达出来，但刀具经他这么过一次手，设备干活，又好又快。晚上，当窗外的月亮悬在半空，我一点睡意没有，枕边，妻子的鼾声一阵阵敲打着我的心灵！连妻子都学会我打呼噜了，而我还是如此的愚钝。起床，睡不着。看看窗外的月亮，月亮中嫦娥姐姐，也看着我，好像对我说："你行不行啊。"生活中，父亲生前常说："你们姊妹三个，最不放心的就是你，身体不好，干不动重活，又不会说话。"父亲去世三年了，我还未开窍。唉！睡吧，明天还得上班。

认识到了师傅磨的刀确实好，但好在哪，这个问题得需要自己解决。问师傅，他也只有说出大的方向，如刀具要与材料配合与切屑液配合等，至于如何配合，这个可能只可意会，难于言传了。没办法，除了问和看，我又去书中找出路。带着问题看书，时间过得真快，看得多了，也渐渐地琢磨出点味来。有点苗头后，抓紧把思路理一下，第二天，再在实践中检验。在师傅过来之前，把这个折磨我的家伙，重新磨了一遍。慢慢地，刀具这家伙，好像也不欺生了，也听话了。

过一阵子，师傅过来一看，没说什么，就走了。一连几天，他都是过来看一眼就走，什么也不说。隔了一段时间，他忽然说："你这么快就会了？"我说："让你骂的，骂会的。"他笑了笑，我也笑了笑。

谢谢啊！

山东的路就这样一步一个脚印往前走。

2021 年清明后，想起了去世 15 年的父亲，我想说，父亲，你放心吧，路虽然难走，我还是一步一步走过来了。虽然我愚且钝，但愚者千虑必有一得。我不会一辈子钝下去的。

非 遗 传 人

中华五千年文明，留存于神州大地，万世景仰。有的看似微不足道，却于屑小指缝间，世代传承。这些毫不起眼的非物质文化遗产中蕴藏着古老的中华民族的智慧结晶，它们是中华优秀传统文化的重要组成部分。有这样的一群人，他们生活在商都，却默默地肩承非物质文化遗产的守护神，用他们灵巧的双手，将个性创造融入传承实践活动中，他们的创作帮助人们汲取民族精神养分，并使非遗文化的花朵在商都这片土地上悄然绽放，为我们多元的文化生活锦上添花。可敬的非遗传承人，值得点赞。

（本栏目稿件由商都县文化和旅游局提供）

凹凸世界的平凡人生

——记民间木雕传人曹爱

他，在凹凸世界展现自己平凡的艺术人生。作者见到他时，他正在雕刻一幅献寿图，30厘米见方的木板上，铅笔描画的图案清晰可见；依据画好的线条，一刀一刀由浅入深，他耐心地雕刻着。

曹爱，1963年出生在卯都乡卯都坊村，爷爷是个民间画匠，父亲是个木匠。受爷爷和父亲的影响，在七八岁时，曹爱便开始描描画画，凿凿刻刻。初中毕业后，曹爱跟着父亲做木工活儿，没活儿的时候，就自己在家里画画，因居住地与锡林郭勒盟牧区接壤，曹爱和父亲经常到牧区为牧民做家具。在牧区，细心的曹爱发现牧民家里摆设的柜子、桌子的生活物品上，都画着各种图案，包括放牧等用具都用木头和竹子雕刻着各种图案，非常好看，牧民非常喜欢，因此喜欢画画的曹爱便开始慢慢琢磨自己除了画画要学会雕刻。因为没有专业的老师为他讲授专业的课程，因此如何构思，如何下刀，全凭自己的领悟和实践。

曹爱画画和雕刻时，注意力高度集中。尤其雕刻时，对刻刀的把握也必须到位，如果有一丝的差错，就会前功尽弃，从头再来。随着时间的推移，曹爱的手艺日渐成熟，请他画画和雕刻的牧民越来越多。成家以后，曹爱和妻子来到牧区居住，与牧民进行了近20年的接触，曹爱为牧区无数的牧民服务，同时也把雕刻技艺在草原上进行传播。三年前曹爱的妻子患病，为了照顾生病的妻子，曹爱回到家乡。因原来居住的村子环境恶劣，去年，曹爱享受国家的异地搬迁政策，住上了宽敞明亮的砖瓦房，生活环境得到了很大的改善。而且两个儿子已参加了工作并成家立业。冬季，清闲下来的曹爱继续拿起刻刀从事他的雕刻技艺。

一般雕刻的原料木头是平板的，竹子就像过去的竹扁担，而曹爱雕刻木头的时候，他根据长短需要，拆成一截一截的，然后雕刻需要长的就在长的上（雕）刻画，需要短的就在短的上（雕）刻画，这样，雕刻在他灵巧的手中变得栩栩如生。

村长说："曹爱的木雕画不光在我们村很有名气，在三里五村人们都知道，他的画都销售在锡林郭勒盟那一带，牧民也都喜欢。"

孟繁双的"核舟记"

　　明末著名散文作家魏学洢所写的《核舟记》脍炙人口，描述的是一个叫王叔远的雕刻家，他能用直径一寸的木头，雕刻出宫殿、器具、人物等，各有各的神情姿态。尤其是技艺精巧，能用桃核雕刻成小船，刻的苏轼乘船游赤壁的图案更是栩栩如生，被历代文人所称赞。

　　而今被评为市级核雕非物质文化遗产传承人的孟繁双，在核雕方面也是技高一筹，他以各种果核为载体而创作的艺术品被多少人赞叹，好多作品成了网红。核雕选材通常要用李子核、杏核、橄榄核、核桃或者有一点硬度的其他果核雕刻。核雕之所以能在我国民间工艺中独成一系，独树一帜，不仅因为它历史悠久，源远流长，而且是因为核雕这门工艺有着它自身的特点。首先是核雕创作载体的独特性，它是以果核为创作原料，这一特点使它同玉雕、石雕、牙雕、根雕等雕刻艺术区别开来。其次，这门工艺创作的随意性小，创作人必须以丰富的想象将果核的形态构思成型，核雕艺术创作在很大程度上受到果核肉质和形状的限制。而且核雕属于微雕范畴。这门工艺与同是微刻的米刻、发刻又有区别。雕和刻的区别在于，前者至少是三维的，后者是一维的，所以米刻、发刻虽然是微刻。但那至少在平面上留下划痕，而核雕至少是浅浮雕。

孟繁双核雕工艺的创作，如《诗经·淇渔》咏唱的："如切，如磋，如琢，如磨。"需要掌握浮雕、圆雕、透雕、线刻、磨制等技艺，创作上既需要有一定的写实性，更需要有丰富的想象力。

孟繁双祖籍是吉林省延边州汪清县，他自幼喜爱美术，初中时期第一次接触核雕，拜师学艺，2010 年他来到商都后，娶当地妻子成家，在家人的支持下，经过 20 多年的不断探索，取得了非凡的成就，成了商都雕刻艺术界的佼佼者。

孟繁双的雕刻作品以人物、花鸟、瑞兽、摆件等题材为主，他通过网络经常与同行业国家级、省级核雕传承人学习交流，他的雕刻水平也得到了核雕大师名家们的广泛认可。

从 2017 年开始，他在网络上推广传承核雕技艺，进行核雕教学，现有网络学员 200 余名，分布全国各地。在政府的支持下成立了核雕传承工作室，现在不断有学员从吉林、河南、北京、辽宁等地来到商都县学习。经过几年的打拼，孟繁双终于在核雕雕刻领域开拓出属于自己的一片新天地，他的作品 2018 年参加京津冀蒙艺术家作品展览；2019 年，他参加了"非遗过大年"乌兰察布市展览；同年，他的核雕作品进入乌兰察布市非物质文化遗产景区宣传展览；2021 年，他的五件作品被选送到全国第五届创业创新博览会暨中华传统手工艺传承创新大会上进行展览。

在孟繁双看来，核雕不单是一门养家糊口的手艺，更是一门传统文化和雕刻艺术。我们相信，在政府的支持和宣传推广下，更多的人会了解接触核雕雕刻，用优秀的雕刻作品为建设美丽新商都增光添彩。

巧手绣娘张梅梅

　　我叫张梅梅，生于山西省繁峙县横涧乡，现住内蒙古乌兰察布市商都县卯都乡卯都村。我奶奶、姑姑是我们当地有名的绣花、剪纸的高手，我从小在她们的熏陶下，从12岁就开始学习绣花、剪纸、捏面食。在读初中时，由于当时的课程少，我就没少学习绣花的理论，在下课与星期天的时间里我到村外观看一些植物的特性，什么样的花是什么颜色、花瓣有几片，动物的特性，站着是什么样、卧着是什么样，只要有时间就研究并作笔记。初中毕业至现在一直在绣，绣了40多年了。

　　奶奶是第一代，姑姑是第二代，我继承奶奶、姑姑是第三代。奶奶本来就手巧、聪明，再加过去没有机器，不管做什么样的衣服都是手工缝制，奶奶出生在100年前。以前在皇宫的一些绣娘们流落在民间很多，尤其是山西籍绣娘很多，我奶奶她们学习了很多针法与技巧，后来把学到的东西教给了我姑姑，过去为了生存，我奶奶经常给当地富户人家的子女们缝制婚礼服饰与头戴，还有布艺、挂件。在奶奶、姑姑的亲手指教下，还有我平时收集的材料以及多年绣花的经验，我绣的作品别具一格。

　　在2008年，山西省文化厅授予我"山西民间艺术大师"称号，在山西省著名旅游胜地五台山，我把绣好的作品与布艺出售给旅游观光的人和外宾们，每年的收入也不少。我还在当地招收了很多爱好刺绣的年轻妇女们，现在出师的徒弟很多，她们以刺绣为生，收入也很可观。

2015 年随丈夫回到了丈夫的老家——内蒙古商都县卯都乡。在一次偶然机会与文化局领导相遇，我把我的一些作品给他们展示，受到局领导们重视。在 2016 年 7 月份我拿了几幅绣品和一些布艺、鞋垫，参加了首届乌兰察布市博览会，会上受到时任市长艾丽华亲切的接见。在 2016 年 11 月份内蒙古自治区妇女手工制作技能比赛中，我的作品获得了优秀作品奖，还获得了专项职业能力证书。2016 年 11 月 23 日内蒙古电视台播放了关于我的刺绣与经历，乌兰察布市电视台也播放了我的刺绣与作品，乌兰察布市晚报也报道过。

2017 年 12 月份我被评为非物质文化遗产传承人，2018 年受邀参加了乌兰察布市春晚非遗节目，2018 年 3 月 8 日县妇联授予我县"三八红旗手"称号。

刺绣是一种中国古老的手工技艺，已经有 2000 多年的历史了，我的刺绣风格以蒙古刺绣为基调，结合晋绣、苏绣融为一体的刺绣绘画风格，刺绣有如下几大特征：一是色彩艳丽，针脚细腻、平滑，把原有的绘画艺术加以深化，巧夺天工。二是生动逼真，用独特的技艺把各种植物美化得栩栩如生。三是质感强烈，通过巧妙的刺绣技艺，把绘画艺术提高到主体感、真实感，有强烈的融入大自然的感觉。

我力争在我的有生之年把这项工作推向高潮，让全社会都热爱刺绣，珍惜刺绣，把我们祖传的这项艺术传承和发扬光大。

蛋壳雕世界　微粒载万千

　　白文平，商都人。7 岁患胸椎结核因无钱治疗落下残疾，14 岁小学毕业就跟随父亲学习木匠，由于身体原因只能做一些轻活，所以就跟父亲学习雕刻。2019 年被评为乌兰察布市市级蛋壳雕项目代表性传承人，2020 年 8 月 26 日内蒙古晚间新闻对他进行过专题报道，乌兰察布市"非遗过大年活动"将他当成主角。

　　蛋壳雕，是在飞禽类蛋壳上刻琢成画，源于 6 世纪的复活节彩蛋，是近年来逐渐兴盛起来的一种民间手工艺品。远在明清时期，民间在喜庆婚娶、祝福庆寿、喜得贵子时，为图吉祥如意，就有了赠送红鸡蛋的习俗。经过多年演变，彩蛋工艺逐步提高，如今，人们将鸡蛋钻孔掏空，在蛋壳表面雕刻精美图案，终于形成了具有较高欣赏价值的艺术珍品。

　　白文平的蛋雕作品蕴含着独特的人文魅力，代表着人们的美好心愿，单薄的蛋壳显得格外的美感。在既不损坏整体结构的基础上，进行各种图案的精致雕刻，使得微不足道的蛋壳重新焕发生机，赋予多彩的艺术价值。

　　在蛋壳上雕刻山水、人物、花鸟等各类绘画和书法，采用雕刻、彩绘、镂空的绝技精心制作而成。蛋壳一般只有 0.2 毫米至 0.4 毫米的厚度，而蛋壳的颜色从外到里深浅不一，为了能让一个图案更有层次感，在下刀时只能轻轻地一刀一刀刮，并不是一刀捅下去。所以，白文平克服了许多身体上带来的不便，形成了适合自己的一整套工序和技巧，包括选择禽蛋、设计图案、打型构图、刻刀雕刻、清除蛋液、抛光打磨、上漆晾干等；作品类别上，他的阴雕、阳雕、阴阳雕和镂空雕法也是逐渐娴熟，普普通通的一枚鸡蛋在他手里竟然成了一件件栩栩如生的艺术品，白文平的艺术想象力和创造力不断在勤学苦练中得到提升。

白文平，他凭着一颗执着的心，克服了肢体上带来的不便，经过他坚持不懈的努力，在他的刻刀下，每一件蛋雕作品都呈现出了生活的气息和不朽的魅力，他是一位身残志坚的强者。

郭建国和他的"一撮毛东路二人台艺术团"

　　郭建国，男，汉族，生于 1983 年 1 月。2001 年毕业于山东齐鲁音乐学校，2002 年拜自治区级东路二人台郭有山为师系统学习东路二人台，2009 年创办"一撮毛东路二人台艺术团"，2010 年 5 月成立了"商都县商道情传媒演艺有限责任公司"。现有二人台、杂耍、小品、歌舞等一线演员 30 多名，演出剧目以地方戏曲、小品、歌舞为主。主要在商都及化德、后旗、康宝、尚义等周边旗县举办的集会、庙会、交流大会和农村家庭举办婚丧嫁娶等活动开展演艺活动，年均演出 200 余场次。为丰富农村文化生活、宣传党的政策做出积极贡献，受到基层群众的热烈欢迎和高度赞誉。2016 年 7 月在商都县文化馆和乌兰牧骑的指导、支持和帮助下，成立了东路二人台培训中心。现有 15~24 岁学员 29 人，其中男生 19 人，女生 10 人。专业教师 4 人。2008 年荣获商都县第二届"水漩春民宇杯"文艺汇演大奖赛三等奖；2012 年 6 月，荣获乌兰察布市第二届戏迷大赛最佳人气奖；2017 年在乌兰察布市"艺苑秋韵"小戏、小品展演中，公司原创二人台小戏《富裕之后》荣获最佳展演奖；2017 年在商都县庆祝自治区成立 70 周年文化周活动中，荣获优秀奖和优秀组织奖；此外连续多年参与商都县春晚、商都县农牧民会演以及协助县乌兰牧骑开展惠民演出等，为商都县文艺事业的发展作出积极贡献。2017 年被评为市级东路二人台代表性传承人。